KB041205

뜨겁게
사랑하거나
쿨하게
떠나거나

TOO GOOD TO LIVE, TOO BAD TO STAY:
A STEP-BY-STEP GUIDE TO HELP YOU DECIDE WHETHER TO STAY IN OR
GET OUT OF YOUR RELATIONSHIP
by Mira Kirshenbaum

Copyright © Mira Kirshenbaum, 1996
Korean translation copyright © Candybook/KoreaOneBooks, 2007

This Korean edition published by arrangement with Mira Kirshenbaum c/o Baror International, Inc.,
Armonk, New York, U.S.A., through Shinwon Agency Co., Seoul

미라 커센바움 지음 장은재 옮김

뜨겁게
사랑하거나
쿨하게
떠나거나

Too Good to Leave Too Bad to Stay

라의눈

제 가장 소중한 스승인 환자들께

당신들은 여러 해 동안 그 소중한 삶을 나와 함께 했습니다. 저는 당신들로부터 배운 모든 것에 영원히 감사할 것입니다. 건강해지기 위해 들인 시간과 노력, 행복을 발견하기 위한 열망과 수고, 감당하기 버거울 수도 있는 교훈을 기꺼이 수용하는 태도, 그리고 제게 보내주신 신뢰에 감사드립니다.

어머니께

당신이 얼마나 많은 성취를 이루셨는지 압니다. 그리고 얼마나 힘들게 악전고투하셨는지도요. 당신이 가장 어려웠을 때 도움을 드릴 수 있었더라면 하는 아쉬움이 있습니다. 하지만 그때는 내가 너무 어렸었죠. 내 힘으로 다른 사람들을 도울 수 있다는 믿음을 가질 수 있게 격려해 주셨고, 사랑에 관한 진실을 배워야겠다는 소망을 갖도록 자극해 주셨습니다. 고맙습니다.

내 딸들에게

너희들은 최고야, 사랑 가득한 세상을 누릴 자격이 있어.

당신은 혼자가 아니다. 오늘날 1억 4천만 명의 미국인이 지속중인 관계에 놓여 있고, 그중 5분의 1인 2천 800만 명은 관계를 지속해야 할지 끝내야 할지를 결정하지 못하고 있다.

당신은 당신이 바라는 행복을 누릴 자격이 있다. 나는 여러 해 동안 관계 속에 머물러야 할지, 아니면 떠나야 할지를 한 번에 판단할 수 있도록 상황을 분명하게 볼 수 있게 해주는 단순하지만 포괄적인 질문과 진단들을 개발하기 위해 노력해 왔다.

이 책에 등장하는 남녀들은 당신과 같은 문제로 힘겨워하고 있다. 당신과 파트너와의 관계가 얼마나 오래 되었는지, 당신이 관계를 지속할지 끝낼지를 결정하지 못하고 망설인지 얼마나 오래 되었는지는 상관없다. 당신과 같은 문제를 먼저 겪었던 사람들의 경험은 당신에게 도움이 될 것이다.

이 책에는 좋은 소식만 담고 있다. 관계를 지속하는 것이 최선이라면, 모든 문제를 다 따져 보아도 당신의 관계가 끝내기에는 아까운, 만족스러운 상태라는 것을 경험을 하게 된다. 다른 해결책을 찾을 필요 없이 당신의 관계가 이미 안정된 상태에 있었음을 알게 된다. 그리고 관계를 끝내고 떠나야 행복할 수 있다면, 당신의 관계가 머물기에는 좋지 않은 것이었음을 이해하고 그에 따른 확신과 안도감을 갖게 될 것이고, 더 나은 삶으로 나아가게 할 것이다.

이 책을 통해 관계를 지속하든, 떠나든 무엇이 최선인지를 알게 되기 때문에 당신은 전보다 훨씬 행복해질 것이다. 당신의 삶은 모든 면에서 전보다 훨씬 나아질 것이다. 이 책은 당신이 그렇게 되도록 도울 것이다.

Contents

PART
1

이대로 머물러야 할까,
떠나야 할까?

01

아직,
나를 사랑해?

당신은 지금까지 온갖 일을 겪으며 살아 왔을 것이다. 그리고 아마도 사랑이면 충분할 거라 믿고 싶었을 것이다. 관계로 인해 생긴 문제를 해결하려 애쓰기도 했을 것이고, 상황을 있는 그대로 받아들이려는 노력도 해보았을 것이다. 그러면서 관계를 끝내고 떠나야 할지도 모른다는 생각 때문에 괴로워했을지도 모르겠다.

그렇지만 당신은 아직도 무엇을 어떻게 해야 할지 모르고 있다. 이제는 당신 마음이 기우는 쪽의 결정을 받아들일 준비를 해야 한다. 이 책의 목적은 당신이 최선의 길을 찾도록 돕는 것이다.

관계를 유지해야겠다면, 의심에서 벗어나고 머뭇거림에서 빠져나와서 당신의 사랑과 에너지를 관계에 쏟아 부어라. 그리하여 모든 것을 원래 상태로 되돌리는 것에 전념한다.

관계를 끝내고 떠나야겠다면, 혼돈과 고통에서 해방되어 관계로부터 자유로워져 새롭고 더 나은 삶으로 나아가도록 하자.

지금까지 당신은 무엇이 최선인지를 분명하게 보여주는, 확실한 증거를 발견한 적이 없다. 예를 들면 아래와 같은 신호들 말이다.

떠나야 한다는 신호 헤더는 햇볕 따가운 오전 내내 정원에서 일하고 있었고 빌은 뭘 하는지 모르지만, 집안에 있었다. 열린 부엌 창문을 통해 빌이 냉장고에서 맥주 꺼내는 소리를 들은 헤더는 하는 김에 샌드위치를 가져다 줄 수 있는지 물었다. 돌아온 대답은 이랬다. "당신이 해." 마치 엄청나게 어렵고 너무나 가당찮은 요구를 받은 것처럼 말이다.

그때 헤더에게 확실한 감이 왔다. 빌의 이기심은 의심할 여지가 없고, 한도 끝도 없으며, 관계는 끝이 났고, 그녀에게 남은 것은 아무것도 없다는 것. 빌과의 관계를 끝내고 떠나는 것이 낫다는 게 분명해졌다. 그녀는 빌을 떠났다. 물론 이후로 단 한 순간도 후회한 적이 없다.

머물러야 한다는 신호 어느 금요일, 귀갓길에 스티브는 라디오에서 흘러나오는 <남자가 여자를 사랑할 때When a Man Loves a Woman>를 듣자, 가슴 깊이 와 닿는 무언가가 있었다. 바로 린을 사랑하고 있다는 사실, 그리고 그것을 그녀에게 확실히 알게 해 줄 책임이 자신에게 있다는 것이었다. 둘 사이는 이미 극과 극으로 멀어진 지 오래였다. 스티브는 린이 사랑받지 못하고 있다는 생각 때문에 자신을 사랑하지 않을 수 있다는 가능성 따위는 생각해 보지도 않았었다.

스티브는 노래를 들은 그날 밤부터 주말 내내 자신이 린을 얼마나 사랑하는지 보여주기 위해 노력했다. 일요일이 되어서야 그의 진심이 전달되었다. 그리고 린은 얼음 녹듯이 그냥 녹아 버렸다. 린에게 예전의 사랑스러움이 돌아왔다. 중요한 것은 스티브가 관계를 끝낼 건지 말건지를 생각하게 만든 문제가 이렇게 쉽게 해결될 수 있었다는 점이다. 물론 스티브는 떠날 생각 같은 건 깨끗이 지워 버렸다.

14

위와 같은 신호가 올 때까지 그저 기다리는 것 말고는 할 수 있는 일이 아무것도 없다면 정말 끔찍할 것이다. 다행히도 완벽하게 현실적인 새 희망이 생겼다. 이 책은 그 현실적인 희망을 나누기 위한 것으로 당신에게 중요한 답을 알려줄 것이다.

- 우리 두 사람은 서로에게 잘 맞는 것일까, 맞지 않는 것일까?
- 나를 괴롭히는 문제가 좋아질까, 아니면 더 나빠질까?
- 문제들이 개선되거나 악화되는 것을 나는 어떻게 느낄까?
- 관계를 나만의 노력으로 개선할 수 있을까, 아니면 누군가의 도움을 받는 게 나을까?
- 관계를 정리하고 떠나면 어떤 일이 생길까? 지금보다 상황이 나아질까, 나빠질까?
- 나를 위한 책임과 내가 사랑하는 사람들에게 져야 할 책임 사이에서 어떻게 균형을 잡아야 할까?

아무리 결정하기 힘든 문제라 하더라도, 이제는 진실을 발견할 수 있다. 그 진실은 '궁극적이고, 실제적이며, 모든 것의 핵심에 있는' 진실이다. 이제 당신은 일생일대의 가장 중요한 선택을 할 때 확신을 가질 수 있게 해주는 분명한 결론을 얻을 수 있다.

그러나 결론을 찾는 문제는 당신에게 달려 있다. 당신이 최우선적으로 원하는 것이 명확한 결론인지, 아니면 지금까지 그래왔듯이 결정을 미룬 상태에 머무는 것이 편하다고 느끼는지에 따라 달라진다. 당신의 관계는 떠나기엔 너무 좋거나, 머물기엔 너무 나쁜 상태일 것이다. 그렇지만 둘 다 일수는 없다. 그래서 여기에 분명한 답을 제시한다. 또한 당신이 둘 중 어느 쪽이든 결정을 내리길 원하지 않는다면, 미뤄야 할 이유도 충분히 이 책에서 찾을 수 있을 것이다.

—— 도대체 사랑이 뭘까?

앞으로 우리는 사랑에 관해 많은 이야기를 할 것이다. '진실'을 발견한다면 당신의 사랑이 얼마나 강하고 진실한지 알 수 있다. 처음에는 사랑으로 인해 모든 것이 분명해 보였지만, 이제는 사랑 때문에 모든 것이 복잡해 보인다. 때로는 모든 상황이 지독히 안 좋은데도 사랑만은 여전히 강렬한 듯 느껴진다. 그럴 때 당신에게 사랑은 대체 무엇인가? 상황은 그리 나쁘지 않지만 서로 간의 사랑이 거의 남지 않은 경우, 그때의 사랑은 또 무슨 의미를 갖는가?

지금 장담할 수 있는 한 가지는 어떻게 하는 것이 옳을지를 찾아 가다 보면 당신도 사랑을 단지, 고려할 모든 요소 중의 하나로 담담하게 다룰 수 있게 될 거라는 것이다.

당신이 얻게 될 행복

나의 임무는 두 가지다. 첫째는, 지금 당신과 똑같은 문제와 씨름하다가 그 문제로부터 벗어난 사람들의 경험을 당신과 함께 나누고, 그 사람들이 찾아낸 해결책을 알려주는 것이다. 예를 들어, 파트너와 관련된 것으로 당신을 너무 괴롭히는 문제, 그 때문에 파트너와의 결별을 생각하게 되는 문제를 생각해보자. 당신은 당신과 같은 문제에 시달린 다른 사람들이 관계를 끝내고 싶어 했는지 아닌지를 알고 싶지 않은가? 다른 사람들의 경우, 관계 속에 행복하게 머물 수 있는 근본적인 힘을 무엇으로부터 얻는지 궁금하지 않은가? 당신이 마음 졸이고 있는 문제가 실은 어찌되든지 간에 큰 상관없는 문제라면? 이 책을 통해 당신과 똑같은 경험을 한 이들이 찾아낸 해결책을 알게 될 것이다.

둘째는, 당신의 경험이 가치가 있는지 재발견하도록 하는 것이다. 당신이 파트너와 그 관계에 대해 느끼고 있고 알고 있는 것과 전혀 상관없는, 그저 자극적일 뿐인 얘기를 늘어놓을 생각은 없다. 오히려 그 반대다. 항상 당신의 경험이라는 '기본'으로 되돌아가서 문제를 다룰 것이다. 무슨 일이 일어나고 있는지 당신이 모르는 것은 문제가 아니다. 확실하게 해결해야 할 것을 해결 못하고 있는 것이 진짜 문제다.

일단 선택을 하고 나면 그 선택으로 인해 기분이 좋아야 하고, 시간이 갈수록 점점 더 좋아져야 한다. 후회 없는 선택이어야 한다는 말이다. 그것이야말로 당신이 최우선적으로 추구했던 것이 아닌가!

양가감정이라는 덫에 갇히기

결정을 내리지 못한 막연한 상태에 머무는 것이 가장 안 좋은 일이 아닐까 의심했다면, 그 생각이 옳다. 사실 어느 쪽으로도 결정을 내리지 못하고 양가감정 Ambivalence(다른 사람이나 사물, 또는 상황 같은 하나의 대상물에 대해 서로 대립하는 감정과

태도, 경향성이 동시에 존재하는 것이라는 의미의 심리학 용어─옮긴이) 상태에 머물러 있
으면 엄청난 상처를 입는다. 이런 상태에 붙잡혀 있으면, 떠나야 하는 데도 머물
다가 정서적인 죽음에 이를 수 있다. 마찬가지로 에너지만 쏟아 부으면 제자리
를 찾을 수 있는 관계에서도 항상 떠날 생각만 하다가, 결국 관계를 죽여 버리고
마는 실수를 저지를 수도 있다. 머뭇거리기만 하다가는 기쁨과 자유, 친밀함과
희망을 놓쳐버린다. 무작정 기다린다고 해서 최선의 해결책이 나타나지 않는다.
양가감정으로는 현실적인 대답을 찾을 수 없다. 그저 위험하기 짝이 없는 덫일
뿐이다.

____ 어중간한 상태로 머물다

구매 담당자로 일하는 29세의 디이는 남자친구 키스와 4년 동안 동거했다. 서로
에게 강렬한 즐거움을 준 섹스를 비롯해서 둘 사이엔 좋은 일들이 많았지만, 디
이는 결코 진정한 행복을 느낀 적이 없다고 여겼다. 그들은 사사건건 다투었다.
디이가 문제 삼은 것은 키스의 무책임한 성격이었고, 그의 무책임함은 시간이
지나도 나아지기는커녕 점점 심해지는 것만 같았다.

지난 해 둘이 헤어진 후, 디이는 동거할 때보다 행복하다고 느꼈다. 그렇지만
그녀는 외로웠다. 현재 그들은 다시 데이트를 하고 있는데 이유는 세 가지다. 하
나는 디이의 성욕, 또 하나는 더 좋은 남자를 만나지 못했다는 사실, 마지막 하나
는 더 성숙한 모습을 보이겠다는 키스의 약속 때문이었다. 그렇게 둘의 관계는
다시 시작되었는데 이전보다 나아진 것이 전혀 없었다. 늘 그랬듯이 둘 사이는
다시 친밀감과 비참한 고통으로 뒤엉켜버렸다.

이제 디이는 어느 쪽이 됐든지 간에 확고한 결정을 내려야 할 상황에 처해 있

다. 어떻게 하는 것이 좋을지 모르는 어정쩡한 관계인 채로, 자칫 잘못하다가는 오랜 기간 붙잡혀 있게 될지도 모르기 때문이다.

___ 케이트 이야기

어정쩡한 관계인 채로 무려 40년간 허송세월한 경우가 있다면 믿을까? 케이트는 결혼 관계 속에 행복하고 안정적인 상태로 있지도 못하고 떠나지도 못하면서, 어쩌면 좋을지 분명한 신호를 기다리다가 비참한 상태로 40년을 흘려보냈다. 케이트는 내 일생에서 가장 중요한 여자 중 하나였다. 케이트가 양가감정 상태를 벗어나지 못한 탓에 그녀도 나도 안 좋은 영향을 감수해야만 했다. 그 영향은 직업적 측면뿐만 아니라, 개인적인 측면에서도 내게 많은 타격을 주었다. 그 때문에 나는 관계를 어떻게 처리해야 할지 몰라 사람들이 치르게 되는 온갖 종류의 가혹한 대가를 다 치렀다. 끝내 결정을 미룸으로써 수백만의 사람들이 지금도 겪고 있는, 그런 모든 고통과 시간 낭비 말이다.

케이트는 첫 결혼 후 바로 이혼했고, 그 보상이라도 하듯 곧바로 재혼했다. 지금은 고인이 된 그녀의 두 번째 남편은 사업가였다. 변덕스럽고, 약삭빠르며, 때로 불쾌하기까지 했지만 어떤 면에서는 점잖은 구석도 있는 사람이었다. 케이트와 남편 모두 허세가 있어서, 바깥에서 둘의 관계를 보는 친구들에게는 가장 멋진 결혼 생활을 하는 커플로 부러움을 사기도 했다. 그렇지만 케이트에게 남편과 함께 할 수 있는 것이 무엇인가를 회상하는 일은 끔찍한 것이었다. 둘은 입만 열면 싸웠다. 싸우지 않을 때는 함께 이야기할 거리가 아무것도 없었다.

세상에서 가장 불행한 결혼은 아니었겠지만, 거리감과 불화로 인해 아주 불행한 관계인 것만은 분명했다. 케이트의 입장에서 그 관계를 10점 만점(10점이 최상)

으로 평가하면 3점짜리 결혼이었다. 그렇지만 케이트는 자신이 생각하는 의무를 다하면서 여전히 그 관계에 머물러 있었다.

당신이 생각하기에 케이트는 어떻게 했어야 할까? 그녀에겐 두 가지 대안이 있었다. 여자에게 결혼이 필요하다는 신화에도 불구하고, 케이트 같은 여자는 혼자 독립해서 살아야 훨씬 행복할 수 있다는 것이 이제는 많은 증거까지 확보된, 분명한 사실이다. 한편으로 케이트는 떠날 생각을 계속함으로써 활기를 잃어가는 대신 결혼 관계에 머물러서 관계를 위해 더 많은 투자를 함으로써 행복할 수 있는 기회가 있었을 것이다.(예컨대 부부를 위한 심리치료를 받는다든지 해서.)

어중간하게 머무는 데 드는 비용 케이트는 어느 쪽으로도 행동하지 않았다. 그랬기에 40년 동안 끔찍하게 불행했다. 케이트는 아이들의 입학, 자기 직업으로의 복귀, 자녀들의 출가, 남편의 은퇴 등 인생의 이정표를 하나하나 거치며 기다렸다. 그저 막연히 자신이 어떻게 해야 하는지 알려줄 신호를 말이다!

그 오랜 세월을 떠날 생각만 하며 지내는 상황이 어땠을지 상상해 보라. 그야말로 남편의 온갖 잘못과 그런 남편을 떠나지 못한 자신의 잘못으로 생긴 문제들로 인해 늘 안달복달 속을 끓이며 살았다. 사람들은 이같이 부정적인 일에서 헤어 나오지 못해 대가를 치른다.

케이트는 일생 동안 의사결정을 하지 않은 대가를 다른 식으로도 치렀다. 앙갚감정 상태에 붙잡혀 사는데 따르는 긴장과 고통으로 인해 자녀와의 관계에도 큰 문제가 발생했고, 이를 치료하는 데에만 여러 해가 걸렸던 것이다.

케이트는 사실 내 어머니다. 사생활 보호를 위해 세부 사항은 약간 변화시켰지만.(이 책에 소개되는 다른 사람들도 모두 마찬가지다). 케이트의 남편은 내 의붓아버지였다. 여러 면에서 케이트는 여성 영웅이었다. 유태인 학살에서 살아남은 사람이었고, 자수성가한 여성 사업가였다. 그러나 중요한 건 그녀가 행복을 선택하는 방법을 몰랐다는 점이다. 그리고 양가감정 상태에 빠진 그녀는 대다수의 우리 부모들과 같았고, 많은 중년들과 너무도 흡사했으며, 이제 막 결혼생활을 시작하는 사람들, 권태롭거나 위태로운 연애 관계에 빠진 많은 사람들과도 비슷했다. 나는 내 어머니가 갔던 길을 갈 수도 있는 다른 사람, 바로 당신을 위해 이 책을 썼다.

양가감정이라는 전염병

관계가 너무 힘들게 느껴지면 당신에게 무슨 잘못이 있는 것은 아닌지 걱정스러울 수도 있다. 사실 오늘날 많은 커플들에게 '양가감정'이라는 전염병이 유행하고 있다. 현재는 자각self awareness을 강조하는 시대이면서도, 정작 올바른 의사결정을 위해 자각을 어떻게 활용하는지에 대해서는 가르쳐주지 않는 시대다. 사람들은 자기 자신에 관해 더 많이 배우지만 그 지식을 정리하는 방법이나, 그 지식으로 인해 생겨난 내부의 느낌을 처리하는 방법에 대해서는 배우지 못했다.

우리가 살아가면서 흔히 하는 말 중에는 모순된 것이 정말 많다. 자신을 책임지고 배우자에게도 책임을 다하라든지, 혼자서 행복할 수 있는 동시에 부과된 의무에 대해서도 성숙한 태도를 가지라든지, 무엇보다 중요한 것이 스스로의 인생관을 정립하는 것이라면서 또 무엇보다 우선해서 관계를 제대로 하라는 등의 말이 그렇다.

타인에게 느끼는 사랑이 얼마나 진실하든지 간에 우리는 자신을 사랑할 책임이 있음도 알고 있다. 심리치료사들이 TV에 나와서 어떤 관계든 생기 넘치는 처음의 상태로 되돌릴 수 있다고 주장하는 것을 흔히 보지만, 관계에서 아주 사소한 것 하나라도 변화시키기가 얼마나 어려운지 우리는 잘 알고 있다.

많은 사람들이 무엇이 자신에게 최선인지를 명확히 파악하는 걸 어려워한다. 그렇지만 당신은 원하기만 하면 분명한 결론을 찾아낼 수 있다. 나는 당신이 분명한 결론을 원한다고 믿는다. 그리고 당신에게 무엇이 최선인지 알아내기 위해 필요한 것 역시 모두 갖고 있다고 믿는다.

함께 책임진다는 것

개인이 각자 고유하고 독특하면서도 다른 사람으로부터 배울 수 있을 만큼은 유사하다는 것 때문에 이 책이 나올 수 있었다. 사람 사이의 유사성이 없다면 의약품이나 심리학은 불가능할 것이다. 우리가 유사하기 때문에 심리 검사나 특효약이 수백만 명의 사람들에게 적용될 수 있는 것이다.

하지만 우리 개개인이 독특하기에, 약물이나 심리학이 과학인 정도만큼 예술로서의 여지가 남는다. 심리치료사로서의 나는, 당신이 고유한 개인임을 한시도 잊지 않는 것이 책임을 다하는 것이라고 생각한다. 당신이 다른 사람들과 어떤 면에선가 유사하다는 것이 당신이 다른 사람과 심각한 차이를 가질 수 없다는 뜻은 아니기 때문이다. 그리고 나는 항상 그런 차이들을 중요하게 생각한다.

그러나 사람들에게 공통적으로 받아들여질 수 있는 경험을 밝혀내지 못한다면 역시 내 책임을 다하지 못하는 것이다. 사람들 사이에 공통적으로 받아들여지는 경험의 규명은 연구와 임상 경험에서 얻은 힘이 있어야 가능하다. 그것은 나 자신의 것이 아니라 헤아릴 수 없이 많은 연구자들과 임상치료연구자들의 덕분이며, 특히 찰스 포스터 박사의 덕택이다. 이 책은 포스터 박사의 연구가 있었기에 그 토대 위에서 가능했다.

─── 궁극의 해답

이 책은 오랫동안 사람들이 품었던 의문에 답을 제시하려 한다.

- 불확실한 관계 중 회복될 가능성이 높은 것은 어느 것이고, 현실적으로 정상화되기 어려운 관계는 어느 것인가?
- 관계를 포기하고 떠나는 사람들을 행복하게 하는 건 무엇이고, 관계를 위해 다시 애쓰는 사람을 행복하게 만드는 요인은 무엇인가?

우리의 연구조사에는 당신이 지금 처해 있는 것과 같은 상황을 사람들에게 설명하고 응답 받은 것이 포함되어 있다. 응답자들은 자신의 오락가락하는 감정과 파트너의 긍정적인 점과 부정적인 점에 대해 질문 받았다. 오랜 기간에 걸쳐 추적했다. 그 기간 동안 많은 사람들이 나름대로 문제를 해결하려 노력했고(많은 사람이 성공했다) 많은 이들이 관계를 끝내기도 했다.

관계를 포기하고 떠났을 때 그 결정이 정말 엄청나게 자신을 행복하게 만들었다고 사람들이 말한 것과 또 다른 이들이 관계를 유지하고자 머물렀을 때 이것이 정말 나를 행복하게 만들었다고 말하는 것들을 추려내 정리하였다. 이 응답들이 발전해서 이 책의 중심축을 구성하는 질문과 진단이 되었다.

모든 이유들에 대한 일대일 검사는 당신과 같은 사람들에게 행해진 것이다. 이렇게 튼튼한 진실이 다양한 개인들에게 의미가 통할 때 사람들에게 실질적인 도움이 된다고 확신할 수 있는 것이다,

─── 진실을 믿는다

당신만이 가진 특성을 최대한 존중하기 위해서 나는 당신이 무엇을 해야 한다고 말할 때도 매우 조심스럽게 접근할 것이다. 그렇지만 다수의 사람들에게 유효했으며, 여러 차례 타당성이 입증된, 깊이 있고 강력한 진실을 발견했을 때 이 진실을 당신에게 전해주는 것 또한 나의 책임 아닐까? 당신에게 '이렇게 하라'고 말할 수는 없더라도, 내가 알고 있는 것은 말할 수 있고, 또 말해야만 한다고 생각한다. 미래를 예언할 수는 없지만 가능성을 말할 수는 있다.

이것이 신뢰받는 전문가들이 하는 일이다. 예를 들어보자. 10년 전쯤 나는 간헐적이지만 묵직한 치통 때문에 치과의사를 찾은 적이 있다. 의사는 치아를 보호하고 통증의 원인을 제거하기 위해서는 치아의 염증을 밖으로 배출하는 근관치료가 필요하다고 말했다. 근관치료를 안 해도 통증은 없어질 수 있지만, 결국 통증은 재발하고 더욱 심해질 것이라는 말이었다. "어떻게 그걸 확신하시죠?" 내가 물었다. "글쎄요, 100퍼센트 확실한 것은 아니지요." 의사가 말했다. "사람마다 다르지만, 당신과 같은 경우에는 문제가 그렇게 풀릴 가능성이 높다는 겁니다. 내가 경험한 사례들에 근거해 볼 때 당신과 같은 상황에서 문제는 대개 그렇게 풀리더라는 거지요."

나는 증거를 보여주지 않으면 믿지 않는 의심 많은 성격의 사람인지라, 치과

의사의 권고를 따르는 대신 기다려 보기로 했다. 종잡을 수 없이 고유한 나의 무엇이 치과의사가 그렇게 잘 알고 있는 '패턴'에서 벗어난 결과를 가져올 것이라고 믿었다. 물론, 치과의사가 옳았다. 결국 나는 근관치료를 하기 전까지 내 평생 가장 심한 통증에 시달렸다. 의사 말을 따르는 것이 옳았다.

___ 당신과 나의 계약

당신과 나 사이에 거래할 것이 있다. 나는 당신이 관계를 지속하는 것이 최선인지, 포기하고 떠나는 것이 최선인지에 대해 당신이 처한 현실과 나의 연구, 그리고 20여 년 간의 임상 경험에 근거해서 후퇴하거나 움츠러드는 일 없이 단호하게 권유할 생각이다. 그러나 당신은 당신과 같은 상황에 있던 사람에게 먼저 제공했던 나의 권고를 맹목적으로 따르고 싶지는 않을 것이다. 무엇보다 당신은 당신에 관한 이야기를 듣고 싶어 할 것이고, 그것이 당신의 현실에 부합하는 진실인지도 확인하고 싶을 것이다.

만일, 당신에게 전담 심리치료사나 다른 신뢰할 만한 조언자가 있다면 당신은 이 책에서 배운 것을 그들에게 이야기하고 싶을 것이다. 그렇지만 명심하라. 이 책의 어떤 내용도, 당신의 훌륭한 심리치료사가 해주는 것 이상을 할 수는 없다는 사실을.

당신은 그 어떠한 결정을 내리지 않은, 애매모호한 상태에 머물기가 얼마나 쉬운 일인지 알 수 있을 것이다. 당신의 상황에서 분명한 것을 찾아내서, 그 분명한 결론에 따라 행동할 수 있게 하는 것이 이 책의 목적이다. 그러니 당신과 나, 우리의 계약은 이렇다. 나는 당신에게 내가 아는 진실을 가능한 단호하게 전해줄 것이다. 그러면 당신은 그 진실을 발견하고 마주 보아야 한다.

내가 발견한 진실은 어떤 사람이라도 진실이라고 인정할 수 있는 그런 것들이다. 그 진실이 당신에게도 통할 수 있도록 기회를 주어야 한다. 진실의 의미가 당신에게 진심으로 통하기 전에는 행동하지 말라. 마찬가지로, 그 의미가 확연해진 후에도 행동하지 않는 실수는 범하지 말라. 당신의 삶은 어중간하고 모호한 상태에 빠져 아주 작은 부분이라도 낭비하기에는, 너무나 소중하지 않은가.

02

함께하긴 힘겨운,
떠나기는 아쉬운

만약 당신이 떠나기는 아깝고 머물기는 괴로운 관계에 놓여있다면, 머물거나 떠나야 할 것을 명백히 보여주는 사건이 일어날 때마다 스스로 이렇게 생각할 것이다. "아니야, 이렇게 간단할 리가 없어. 곰곰이 생각해 봐야 할 것들이 더 있을 거야."라고 말이다. 그러면서 많은 기억과 느낌들이 한꺼번에 쏟아지며, "모두에게 무엇이 최선인지 알게 될 때까지는 결정을 하지 않는 편이 낫겠어."라는 결론에 이른다.

그러나 모두에게 좋은 방향 같은 건 결코 보이지 않는다. 당신의 이런 상태를 한 마디로 표현하는 말이 있다. 바로 '양가감정적 관계Relationship Ambivalence'다.

___ 양가감정에 빠지는 길

누구나 자기 파트너에 대해 종종 의심을 하는 때가 있다. 그러면서, '이 사람이 아니라 다른 사람과 살았으면 어땠을까' 혹은 '혼자 살았으면 어땠을까'라고 진지하게 생각하기도 한다. 이런 것은 양가감정적 관계 상태라고 할 수 없다.

내가 말하는 것은 당신의 관심 대부분이 관계 속에 있는 것이 아니라, 관계를 지속할지 끝낼지를 결정하는 쪽으로 옮겨졌을 때이다. 이 같은 관심의 이동은 언제든 일어날 수 있다. 데이트를 시작 한 지 며칠 만에 그럴 수도 있고, 결혼 25주년 기념일 다음날, 혹은 그보다 더 나중에 일어날 수도 있다.

그런 관심의 이동이 일어나기 전에 어느 틈엔가 파트너와의 관계를 당연하게 여기는 생각이 자리 잡는다. 한 번 그러고 나면, 많은 일들이 잘못되어 간다. 새로운 문제들이 드러나고, 상대편의 나쁜 점이나 관계에 대한 불만이 점점 더 심해지고, 좋은 점은 점점 줄어들거나 사라져 간다. 결국 다음과 같은 불평을 하기에 이른다.

- "그녀는 직장동료와 불륜을 저질렀어. 물론 그 관계는 1년 전에 끝난 것이 확실해. 하지만 그 일을 모른 체하고 지나가기가 너무 괴로워. 어떻게 하면 좋을지 모르겠어."
- 시트콤에나 나올 에피소드처럼 들릴지 모르지만, 내 파트너는 숨소리가 너무 시끄러워. 그가 숨 쉴 때는 마치 다스베이더가 말하는 것 같은 같은 이상한 소리가 난다니까. 그 사람이 이상한 거야, 아니면 내가 너무 좀스럽고 예민한 거야?"
- "그녀의 가족들은 참견하기 좋아하고 너무 잘난 척을 해대. 그리고 돈을 미끼로 그녀를 주물럭대지. 그녀가 가족들과 절연하든지, 내가 그녀와 헤어지든지, 양단간에 결판을 내야겠다는 생각이 들어."
- "내가 그이에 대해 불평하는 건 있을 수 있는 일이야. 그렇지만, 내 친구들이 그가 얼마나 시답지 않은 짓거리를 해대는지 알게 될 때는 정말이지 당황스러워. 너무 끔찍해!"
- "결혼한 부부라면 섹스를 해야 당연한 거 아냐? 참 나, 이렇게 섹스를 안 하

면서도 결혼생활을 한다고 말할 수 있어?"

- "휴가를 어디로 갈까와 같은 문제조차 의견이 안 맞으면 어떻게 만나?"
- "우리는 언제나 돈 문제만 나오면 대판 싸워. 그녀는 낭비하는 성격이고, 나는 알뜰하게 아끼는 스타일이거든."

일단 떠나는 걸 바람직하게 생각하게 만드는 이러한 문제들이 당신이 머물기를 원하게 하는 모든 힘들과 합해지면, 당신은 양가감정적 관계라는 복잡한 상태에 들어선 것이다. 그렇지만 당신의 경험에는 관계에 대해 느끼는 모든 긍정과 부정의 느낌들, 이상의 것들이 숨어 있다.

천칭 접근법

당신을 사로잡아 옴짝달싹하지 못하게 하는 양가감정적 관계란 도대체 무엇인가? 훌륭한 질문이다! 수년간 상담치료로 내가 만났던 이들은 모두 현명한 사람들이었다. 오랫동안 풀리지 않는 의문 하나. 도대체 어째서, 이렇게 똑똑한 사람들이 양가감정적 관계에 빠져 허우적대는 것인가!

상담심리 연구자의 눈으로 볼 때 양가감정적 관계로 고통 받는 사람들에게는 파트너에 대한 의심, 다시 말해 누구나 가끔 파트너에 대해 품게 되는 그런 의문 말고, 의심에 '집착'하게 만드는 심각한 요인이 있다. 바로 그러한 원인으로 인해 양가감정적 관계에서 벗어나지 못하는 것이다.

양가감정적 관계에 사로잡힌 사람들은 모두 갖고 있는 아주 강력하고 지배적인 이미지가 있다. 이 이미지가 전적으로 당신의 관계를 어떻게 할지 결정한다. 바로 천칭의 이미지다. 당신도 알고 있듯, 천칭은 법원의 상징물로 쓰인다. 정의의 여신이 손에 들고 있는, 양쪽에 달린 접시에 죄의 가부에 관한 증거를 달아볼 수 있게 되어 있는 저울 말이다.

천칭의 이미지는 대부분의 사람들이 머물지, 아니면 떠날지를 결정하는 방식의 핵심에 자리 잡고 있다. 나는 이를 '천칭 접근법'이라 부르는데, 사람들은 머물지 떠날지를 결정하기 위해 파트너에 관련된 모든 증거들을 일종의 거대한 저울에 쌓아 올리고 추가 어느 쪽으로 기우는지 보려 하기 때문이다.

한쪽에는 머물러야 할 이유와 떠나면 안 될 이유를 지지하는 이유들을 쌓는다.

다른 쪽에는 떠날 이유와 머물면 안 될 이유를 쌓는다.

관계에서 좋았던 모든 것, 희망적인 모든 것, 그리고 떠나는 것을 두렵게 하는 모든 것.

관계에서 안 좋았던 모든 것, 두려워하는 모든 것, 다시 혼자가 되었을 때 생기는 모든 희망들.

혼자서 법정에서 설전을 벌이는 양측 변호사의 역할을 다 해본다고 생각하면 된다. 각각 자신의 의뢰인에게 유리한 증거(이유)들을 모두 모아 제시하는 것이다. 그 다음에는 판사가 되어서, 어느 쪽 증거가 더 무거운지를 평가한다. 이런 과정들은 본능적이고 보편적인 것이다. 그리고 장담하건대, 이 일은 당신을 '미치게' 만들 것이다.

관계를 유지할지 정리할지, 찬반의 무게를 달아 보는 것은 토마토 한 캔과 시리얼 한 상자를 달아 보는 것과는 본질적으로 다른 문제다. 차라리, 강아지들을 시소에 올려놓는 것과 같다고 생각하는 편이 낫다. 모든 것이 끊임없이 움직이고 변하기 때문에 꼼짝 않고 그대로 가만히 있는 것은 하나도 없기 때문이다.

어떻게 보면 관계 문제에 있어서 천칭 접근법은 해결책이 아니라, 골칫거리다. 천칭 접근법으로는 문제에서 벗어나기는커녕 더 많은 문젯거리들로 인해 골머리를 앓을 수 있기 때문이다. 어떻게 현재의 문제들을 막막하고 불확실한 미래와 비교하여 무게를 달 수 있단 말인가? 당신에게는 심각한 문제지만, 같은 문제를 가진 다른 사람들은 그로 인해 관계를 끝내지 않고 있다면 당신의 문제는 얼마나 무겁다고 판단할 수 있을까? 내일은 더 이상 그로 인해 괴롭지 않을 수 있다고 하더라도, 오늘은 비명이 나올 정도로 고통스럽다면 그 문제를 얼마나 무겁다고 할 수 있을까?

천칭 접근을 하다 보면 여러 가지 잡다한 증거들이 끊임없이 나타나 당신을 괴롭힌다. 당신은 더해선 안 될 것을 더하고, 비교할 수 없는 차원을 비교하게 된다. 마치 낯선 숲 속에서 길을 잃은 사람처럼, 길을 찾으려 애쓸수록 더 헤매게 될 뿐이다.

── 캐롤 이야기

그렇다면, 실제로 천칭 접근법을 사용한 캐롤의 이야기를 들어보자.

2주 전까지는, 톰은 상냥했어요. 앞으로도 늘 이런 식이기를 바랄 정도로요. 그러나 지난주에 톰은 평소 모습으로 돌아왔어요. 심술궂게 굴고, 뭐든지 내 잘못이라고 윽박질러서 내 인생을 비참하게 만들었죠. 그런 것들은 대체 어떻게 합산할 수 있죠? 톰은 날 혼자 내버려 두고 하루 종일 스포츠중계만 봐요. 그러면서 내가 우리들의 문제에 관해 이야기하려고 하면 버럭 화를 내고, 소리를 질러요! 하지만 톰하고의 섹스는 여전히 좋아요. 그것들은 또 어떻게 합산하나요? 더욱 혼란스러운 점은 따로 있어요. 때때로 톰하고 사이가 좋을 때는 나를 괴롭히던 문제들이 그렇게까지 괴로운 것은 아니라고 느껴지기도 한다는 거예요.

더 많은 말들이 있지만, 캐롤의 이야기는 그녀의 관계와 관련한 긍정, 부정의 요소들에 관한 밑그림을 보여준다. 캐롤이 어쩌면 좋을지 당신은 분명하게 알 수 있는가? 누구에게도 분명치 않을 것이다. 찬·반의 증거들을 저울에 달아보려면, 당신은 끝없이 증거들을 찾아내서 저울에 올려야 하고 무언가 증거를 하나 올려놓을 때마다 그림의 형태는 더 혼란스러워질 뿐이다.

심리치료사 역시 이와 같은 일을 한다. 천칭 접근법을 사용하는 경우는 도움을 청하러 온 사람이 상대를 비난하는 게임에서 벗어나게 하기 위해 많은 노력이 필요한 때이다. 다시 말해, 어떤 사람이 한 일이 '나쁜' 것처럼 보일 때마다 우리 심리치료사들은 상대방이 그런 행동을 이끌어 낸 것은 아닌지 확인해 본다. 예를 들어, 파트너의 잔소리 때문에 미치겠다는 사람이 있으면 심리치료사는 이렇게 말한다. "그래요, 당신의 파트너가 잔소리가 심한 사람일 수도 있겠죠. 하지만 당신 역시 귀담아 듣지는 않았을 것 같군요."

그러나 어떤 사람이 관계를 유지하는 것이 좋을지 끝내는 것이 좋을지를 결정하는 데 도움을 주기 위해서는 흠잡을 거리를 찾아내야 할 때도 있고, 그것이 누구 탓이냐는 문제는 중요하지 않을 수도 있다. 천칭 접근법은 누구에게도 도움이 되지 않는다.(천칭 접근법이 유용하다고 생각하는 사람이라면 이 책을 읽지도 않을 것이다.)

허우적대고 있는 양가감정에서 벗어나기 위해 당신이 당장 시도해 볼 방법들이 있다. 당신의 관계를 더 이상 재판정에 세우지 말 것. 더는 거대하고 볼썽사나운 찬반의 증거 더미를 저울에 달아 보려고 말 것.

끝없는 논쟁을 불러올 뿐, 분명한 것 하나 없는 찬반 양편의 목소리는 이제 듣지 말자. 다행히도, 훨씬 훌륭한 대안이 있다. 그 대안을 따르면 진실을 통해 당신의 관계를 직시할 수 있을 것이다.

PART
2

진정한 행복을 찾아가는
심리여행

03

위험신호

.
.
.

"의심스럽고 불안하고 두려워"

관계 진단

이제 양가감정적 관계에서 벗어나는 방법에 대해 알아보자. 법률가들처럼 당신 관계를 법정에 세우지 말고, 의사들이 하는 식으로 '진단'을 해보자.

우리가 여기서 할 일은 진단이다. 한 번에 한 개씩 차례차례 질문을 해서, 당신이 어떻게 하는 것이 최선인지를 분명하게 해줄 수 있는 확실한 증거나 사실을 찾아내는 것이다. 이런 방식은 모두 당신과 같은 상황에 처한 사람들의 경험과 그에 대한 연구결과에 근거를 두고 있다.

복통 때문에 의사를 찾은 경우와 마찬가지라고 생각하면 된다. 몇 가지 질문과 검사 끝에 맹장염이라고 진단할 수 있으면 그것으로 끝이다. 진단을 내린 다음에도 다른 검사를 해보고, 가능한 모든 증거를 찬반으로 나눠 비교할 필요가 없다. 한 질문에 대한 당신의 응답이 진단하기에 충분하지 않으면, 이를 테면 당신이 "아뇨, 선생님. 거기는 아프지 않은데요."라고 답했다면, 다음 질문이나 검사로 넘어가면 된다. 병명을 찾을 때까지만 계속하면 되는 것이다.

이 책에서 내가 취하는 방식도 이와 마찬가지다. 찬·반을 저울에 달아보는 대신 당신 관계를 '진단'하려 한다. 매 단계마다 당신과 파트너 사이의 문제에 관한 질문에 답한다. 질문 대부분은 직설적이고, 대답하기 쉬운 예·아니요 형식이다. 당신의 응답에 따라, 머무는 것과 떠나는 것 중 어느 쪽이 최선인지에 대한 분명한 지시를 받게 될 것이다. 그러면 당신은 더는 이 검사를 진행하지 않아도 관계의 진실을 알게 될 것이다.

1단계 ▶ 최고로 좋았던 때를 떠올려보라

관계가 좋지 않았던 사람의 대부분은 나빴던 때를 생각하는데 많은 에너지를 쏟고 있겠지만, 우선 첫 단계에서는 잠시라도 좋았던 때를 생각해 봤으면 한다. 최고의 시간을 회상해 보는 것이다. 가장 편안하고, 가장 만족스럽고, 그 관계에 대해 최고로 낙관적이었던 때를 말이다. 당신과 파트너가 처음 만났을 때일 수도 있고, 함께 간 첫 여행, 혹은 비 오는 주말의 어느 특별한 날, 아니면 공동의 목표 달성을 위해 함께 노력했던 기간일 수도 있다. 당신들이 함께 한 시간이 길다고 해서 '그 긴 시간을 다 돌이켜 보며 찾아야 되나' 하는 걱정을 할 필요는 없다. 당신의 무의식을 신뢰하고, 절대적이라고 할 수는 없더라도 최고로 좋았던 시간을 찾아보라는 것이다. 스스로에게 이런 질문을 해보자.

질문 1

당신과 파트너 사이에 모든 것이 최고였던 시간을 생각해보자. 돌이켜 보면, 그 때 둘 사이의 일들이 진짜로, 아주 좋았다고, 지금 말할 수 있겠는가?

이건 매우 단순한 질문이다. 당신들 사이의 상황이 최고로 좋았을 때 실제로 정말 좋았는지를 묻는 것이다. 그렇다면 아주 좋았냐는 건 무슨 뜻인가? 어떤 사람들은 현재 끔찍스럽게 느껴지는 관계에 있으면서도, 과거 언젠가 모든 것이 훌륭했던 시간이 있었음을 안다. 둘은 사랑에 빠져 있었고, 진심으로 행복했고, 다른 사람들과 함께 섞여 있을 때도 둘만의 교감을 했고, 행복한 마술에라도 걸린 듯한 따뜻함과 서로에게 연결된 느낌들 말이다. 그렇다면 질문 1에 대한 답은 '예'다.

그러나 어떤 사람들은 '최고'가 아주 좋은 것은 아니었음을 알게 되기도 한다. 무언가 잘못되었다. 그들 관계의 핵심에는 공허함과 거리감, 오염되고 고통스런 기운만이 있을 뿐이다. 예나 지금이나 마찬가지다. 그렇다면 질문 1에 대한 답은 '아니오'다.

'최선'의 시간에도 아주 좋지는 않았다고 말하는 사람들의 이야기를 들어보자.

- "처음에는 내가 그 남자를 아주 많이 사랑했어요. 그리고 우리가 가까운 사이라고 생각했죠. 그런데 그런 때조차도 우리는 하루건너 한 번씩 엄청나게 싸워댔어요. 그러면 나는 기진맥진해져요. 결국 모든 것을 망쳐버렸어요."

- "우리 사이 최고의 시간은 함께한 첫 여행 때였어요. 우린 행복했지만, 지금 돌이켜보면 그 즐거움들이 우리가 함께한 여행지에서의 활동에서 온 것이지 둘이 함께 있었기 때문은 아니었다는 것을 알겠어요. 그건 모르는 사람과 함께 한 진짜 근사한 휴가 같은 거였어요."

- "우리가 한 번도 싸운 적이 없는 기간이 있었어요. 하지만 우리는 함께 많은 시간을 보내지도 않았고 서로 가까워지지도 않았죠."

- "처음 2년 동안의 섹스는 정말 환상적이었어요. 사실, 그 어떤 것보다도 그 끵

장한 섹스가 우리를 만나게 한 거죠. 하지만 그것 말고는 우리 사이에 서로를 진정으로 배려해 줄 공통의 것은 정말이지 아무것도 없었어요."

조건들이 최상이었을 때도 실제로 아주 좋지는 않았다는 말이 무슨 뜻인지 감이 올 것이다. 지금의 관계를 의심스러워하는 대부분의 사람들에게 한때는 꽤나 좋았던 시절이 있었다. 그렇지만 그들 중 10퍼센트는 실제로 아주 좋았던 시절이 없었다고 말한다.

___ 제니퍼 이야기

당신이 질문 1에 응답한 것의 의미는 곧 알게 된다. 그러기에 앞서서 우선 당신의 문제와 똑같은 문제를 겪었던 사람의 사례를 통해 그 의미를 살펴보자.

36세의 제니퍼는 어떤 문제도 빠르고 잘 해결할 능력이 있는 매력적인 여성이다. 제니퍼가 나를 찾아 왔을 때 파트너와는 9년차 관계였고, 6년 전부터 영원히 떠나야 할지, 아니면 머물러야 할지로 끊임없는 고민을 하고 있는 중이었다. 그녀는 어떻게 할지에 모든 시간과 신경을 집중했다. 그렇게 6년 동안 제니퍼는 차츰차츰 분명한 확신을 잃어가고 있었다.

이런 딜레마에 빠져든 것이 이상할 만큼 제니퍼는 머리도 좋고, 교육도 많이 받았으며, 식견도 뛰어났다. 제니퍼는 상위 25퍼센트에 드는 우수한 성적으로 의대를 졸업했다. 촉망받는 암 연구자였지만, 죽음 앞에 무력감을 느낀 후에 정신의학으로 전공을 바꾸었다.

균형 발견 제니퍼가 정신의학자라면, 관계에서 발생하는 문제 해결에 필요한 기술이나 능력을 갖추고 있을 거라고 생각할 것이다. 그렇지만 정신의학은 도움이 되지 않았다. 오히려, 혼란만 가중시켰다. 제니퍼는 그녀의 양가감정이 어디서 시작됐는지를 기억해 낼 수 없었다. 사실, 특별한 원인을 찾기 어려울 수도 있다. 그렇지만 지난 6년 동안 명확한 문제 확인도 하지 못하고, 해결책도 찾지 못한 채 이런저런 생각만을 줄기차게 해온 탓에, 그녀의 가슴은 더 답답하고 무거워지기만 했다.

제니퍼가 따져 보았던 엄청난 양의 생각과 증거들을 요약해서 보여줄 수는 없지만, 그 중 압권을 몇 가지 소개한다.

- 플러스 요인은, 파트너 돈이 제법 매력적이며, 컴퓨터 회사의 중역으로 수입이 매우 좋다는 점이다. 제니퍼와 돈은 일종의 영적인 가치를 공유하고 있었다. 돈은 제니퍼에게 일을 하기 위해 필요한 만큼의 공간을 주었고, 그녀의 친구가 되기를 원했다. 제니퍼는 자신이 아직도 돈을 사랑하는 면이 있다고 생각한다.

- 마이너스 요인은, 돈은 거의 대부분의 시간을 제니퍼에게 화를 냈으며, 그녀에게 싸움을 걸었다. 제니퍼에 대한 실망을 끝없이 표현했고, 줄기차게 그녀를 변화시키려 했으며, 다른 여자와 바람을 피운 적도 있고, 심한 언쟁 중에 제니퍼가 돈을 밀치자 그도 제니퍼를 한 번 밀친 적이 있었다. 제니퍼는 자신이 돈을 충분히 사랑한다고 생각할 수 없었다.

양쪽의 증거들을 보면 제니퍼가 어느 쪽으로 결정해야할지 분명해 보인다. 하지만 제니퍼는 한 번도 분명하다고 느낀 적이 없었다. 시시각각으로 마음이 동요한 적도 있었고, 결정을 내렸다고 생각했지만 결국은 그게 최종 결론이 아니었다는 식으로 뒤엎기도 하면서 긴 세월이 지나갔다.

도움 구하기 제니퍼는 아주 많은 심리치료사를 전전한 끝에 나에게 왔다. 내 목표는 내가 그녀의 마지막 심리치료사가 되는 것이었다.

제니퍼는 어떻게 할까를 놓고 아주 많은 시간을 친구들과 이야기했었다. 가장 친한 친구 사라를 비롯해서 대부분의 친구들도 끝없이 그녀의 이야기를 경청하고, 동정하고, 할 수 있는 만큼 최선을 다해 그녀 편이 되어 주었다. 사라는 제니퍼의 말을 듣고 마음속의 생각을 솔직히 이야기했고, 사라의 솔직함을 고맙게 생각했다.

문제는 사라에겐 깊이 있고 정확한 정보가 없다는 데 있었다. 물론 제니퍼도 잘 알고 있었다. 사라는 현명하고 정직한 친구였지만, 제니퍼의 관계에서 진짜 어떤 일들이 있는지를 본인만큼 알 수는 없는 일이었다. 그리고 제니퍼가 모든 것을 다 이야기한 것도 아니었다. 제니퍼는 이야기를 할 때 사라에게 조차도 어느 정도의 보호막을 쳐 놓곤 했던 것이다. 동정이 필요할 때는 실제보다 더 나쁘게 들리도록 각색했고, 그 문제를 이야기하고 싶지 않을 때는 사정이 더 나은 것처럼 들리도록 말했다.

그러면서 제니퍼는 친구나 심리치료사와 이야기하는 것 이상으로 관계를 위해 노력했다. 제니퍼와 돈은 서로에 관한 배려와 책임감에 불을 댕길 수 있을까 하는 기대를 가지고 휴가도 여러 번 갔었다. 상황을 진정시키기 위해 서로에게 거리를 두어 보기도 했다. 그러나 결국 제니퍼는 떠나는 쪽을 선택했다.

제니퍼의 응답 제니퍼가 내게 왔을 때 시간이 얼마 지나지 않아 질문 1을 던졌다. 나는 그녀가 얼마나 빨리 대답하는지 깜짝 놀랄 지경이었다.

아니에요, 아주 좋았던 적은 정말로 없었어요. 아시다시피 우리는 책, 음악, 영화 등에 대한 취향이 비슷했고 여러 가지 면에서 성향이 비슷했어요. 하늘이 정해준 짝이라기보다, 컴퓨터가 맞춰준 짝이었나 봐요. 우리는 서로에게서 진정한 기쁨을 느낀 적이 없어요. 각자가 즐기는 것을 할 수 있으니까 함께 있는 것을 즐긴다고 생각했던 거예요. 돈과 함께 요트를 타러 간 적이 있어요. 근사한 시간이었죠. 그런데 거기서 나는 내 애완견 챔프와 산책을 나갔고, 돈과 내가 그 동안 가깝게 느꼈던 것보다 훨씬 챔프와 가까워졌다는 느낌이 들었어요. 나는 스스로를 책망했죠. 돈에게는 늘 내 마음이 닫혀 있었다는 느낌이었고, 언젠가 무슨 일이 일어나 내 마음이 열리기만 하면 그를 향한 내 마음속의 사랑이 넘쳐흐를 거라고 생각했어요. 하지만 그 후 긴 세월 동안 내가 도대체 무엇을 기다리고 있었는지 스스로도 도저히 이해가 안 돼요.

이렇게 말하고 나자, 제니퍼는 일종의 감정적 충격에 휩싸였다. 갑자기 모든 것이 분명해진 것이었다. 이때까지 그녀가 돈과의 관계를 확실히 하기 위해서 애썼던 것은 모두 시간 낭비였을 뿐, 무엇보다도 '진짜 관계'라고 할 만한 것이 없었던 것이다. 존재하지도 않았던 것을 두고 마음의 결정을 내리기 위해 안간힘 쓰며 하릴없이 흘려보낸 시간들. 제니퍼는 통곡하기 시작했다. 제니퍼를 울렸던 진실이 당신에게도 해당된다면? 이럴 때 결론은 아주 분명하다.

관계가 '최고'였을 때조차 둘 사이가 제대로 된 것 같지 않고 삐걱거린다고 느꼈다면 예후가 좋지 않다. 관계를 정리하고 떠나는 쪽을 선택하는 것이 옳다고 장담할 수 있다.

아주 좋았던 적이 없었다면, 앞으로도 아주 좋을 일은 결코 없을 것이다.

당신이 진단 1이 적용되는 양가감정적 관계로 고민하는 사람들 가운데 10퍼센트에 속한다면, 그래서 질문 1에 '아니오'라고 답했다면, 다음과 같은 말을 들려주고 싶다. "결정은 당신이 할 일이지만, 당신과 같은 상황에 있었던 사람들 대부분이 관계를 끝내고 떠나기로 결심을 했고, 그 결과 기쁨을 느꼈다."고.

___ "어떻게 내게 끝내라고 할 수 있어요?"

잘 생각해 보면 이 진단이 결코 느닷없는 비약이 아님을 알 수 있을 것이다. 설마 지금 질문 2에 '아니오'라고 대답한 것만 빼고 당신 관계의 모든 것이 완전하다는 말을 하려는 건 아닌가? 그런 일은 있을 수가 없다! 당신은 지금 양가감정으로 인해 고통스럽지 않은가 말이다. 이미 부정적인 요소들이 많다는 말이다.

당신과 같은 상황에 있던 대부분의 사람들이 관계를 끝내기로 결심했고, 실제로 관계를 끝낸 후 행복해졌다는 사실 말고도 당신이 너 알아야 할 것이 있다. 이제까지 최고의 상황에서도 아주 좋았던 적이 없었다면, 앞으로도 좋은 일이 생길 수 있을까? 당신은 어느 누구와의 관계에서도 그런 만족을 추구할 권리가 있는데 말이다. 마냥 기다릴 수도 있다. 하지만 그런 좋은 일이 일어날 가능성은 희박하다.

임상연구자이자, 심리치료사로서의 내 경험과 방대하게 축적된 연구결과를 감안해서 이야기하면 이렇다. 망가진 것을 수리할 수는 있다. 하지만 애초에 제대로 작동한 적이 없는 것을 수리할 수는 없다. 처음부터 존재한 근본적인 장애로 인해 상황이 좋을 수 없었거나, 그 장애가 당신 눈을 가렸기 때문에 좋지 않다는 것을 볼 수가 없었던 것이다. 관계가 든든하게 뿌리내리기 위해 필요한, '만족을 산출하는 핵심'이 처음부터 결여되어 있는 것이다. 내 직업이 요구하는 정직과 성실의 원칙 때문에라도 나는 진실을 말해야겠다. 이 시점에서의 진실은 예전에 좋은 적이 없었던 관계는 미래에도 좋아질 가능성이 없다는 것이다. 질문 1에 대한 답이 명백하게 '아니오'라면, 당신은 머무는 것과 떠나는 것 중 어느 쪽이 최선인지에 관한 진실을 이미 발견한 것이다.

자, 이제 반대 경우를 살펴보자. 최고로 좋았을 때가 있었다고 해서 당신의 관계를 유지하고 책임을 다하는 쪽으로 의사결정을 해야 한다고 말하는 것이 아니다. 관계를 유지하고 개선하기 위해 애쓰는 쪽으로 결정하기 전에 고려해야 할것이 아직도 많이 남아 있다는 말이다. 나는 상황이 최고였던 때에도 실제로는 좋다고 느낀 적이 없는 사람들 대다수가, 관계를 끝내고 떠나는 쪽으로 결정했을 때 만족감을 느꼈다는 사실을 말하고 싶은 것이다.

2단계 그것이 죽기 살기의 문제일 때

또 하나의 단계가 어떻게 하는 것이 최선일지를 분명하게 보여 줄 것이다. 아래질문에 답하라.

질문 2

한 번 이상의 우발적인 신체적 폭력이 있었는가?

우연히 한 번 있었던 사건을 묻는 게 아니다. 한 번 이상 있었는지를 묻는 것이다. 물론 한 번이라도 실제로 다치거나, 실질적 부상이나 죽음의 위협을 느낄 만큼 신체적 폭력이 있었다면, 더 이상의 논의 할 필요도 없다. 당신은 지금 즉시 떠나야 한다!

나는 모든 사람이 한 번은 실수를 할 자격이 있다고 확고하게 믿는 사람이다. 딱 한 번 벌어진 일에 대해서는 뭐가 뭔지 알기도 어렵다. 나는 논쟁 중에 화가 난 남자(대개의 경우 남자다)가 주먹으로 공격하는 경우를 여러 번 보았다. 전에 없던 그런 일이 일어나면 그 남자가 스스로의 행동에 놀라고 두려워하거나, 당한 쪽인 여자가 다시 그런 일이 생기면 모든 게 끝장이라는 점을 분명하게 한다. 다시는 그런 일이 재발하지 않는 때가 아니라, 신체적 공격 행동이 되풀이되어 당신이 그런 패턴을 알아챌 수 있는 경우를 문제 삼는 것이다.

─── 현실 직시

이런 질문이 진짜로 필요한 것인지 의아할 것이다. 매스컴에 보도되는 배우자 학대의 경우를 보아도, 폭력을 당하면 가능한 빨리 벗어나야 한다고 알고 있지 않은가?

사람들은 일반적으로 그렇게 알고 있다. 하지만 실제 생활에서 폭력의 위협에 직면하면 두 종류의 장애물을 만나게 된다. 그 하나는 빠져 나가기가 너무 어렵

46

다는 것, 적어도 잠깐 도망치는 것으로는 위협에서 벗어나기 어렵다는 점이다. 이런 장애를 만난 사람의 경우는 생명의 위협을 느끼기 때문에 떠나야 한다고 생각하면서도 머물고 마는 여자들의 상태와 비슷하다. 이 여자들을 떠나지 못하게 붙잡는 장애물은 이 밖에도 많다. 아이들, 돈 문제, 갈 곳이 없다는 것, 남편을 더 자극해서 학대가 더 심해지지 않을까 하는 두려움, 그리고 다른 이런저런 이유 때문에 떠나지 못한다. 이렇게 해서 그 여자는 최선이 무엇인지를 알면서도 그것을 실행할 방법을 찾지 못한 사람의 부류에 포함되고 만다.

그러나 관계를 끝내지 않고 남아 있는 대다수 여성과 일부 남자들은 매스컴이 퍼뜨리고 있는 이미지와는 아주 다른 이유 때문에 폭력의 위협에도 불구하고 관계에 묶여있다. 벗어날 길이 없다는 것이 장애물이 아니다. 무엇을 해야 할지 결정할 수가 없다는 것이 그들의 진짜 장애다. 그들은 머물기엔 너무 안 좋은 줄 알고 있지만, 동시에 떠나기엔 너무나 좋다고 느낀다. 이것이 바로 두 번째 장애물이다.

___ 안쪽에서 들여다보면

어떻게 그런 양가감정을 느낄 수 있을까? 외부에서 보면, 학대를 받는 사람의 문제는 아주 명백하다. 그러나 당사자들의 관점에서 그들의 이야기를 들어보면, 긍정과 부정 양쪽의 어마어마한 양의 증거들을 비교하기 위해 처절하게 애쓰고 있다는 내용이 압도적으로 많다. 그래서 결국은 양가감정적 관계에서 헤어 나오지 못하는 것이다. 몇 사람의 실제 경험을 살펴보자.

• "내가 그를 두려워하는 것을 인정해요. 특히 하는 일이 잘 안될 때 더 그렇죠.

하지만 상황이란 게 좋아질 수도 있는 것이고, 그러면 우리는 행복할 수 있어요."

• "그래요, 그 사람은 가끔 내 뺨을 때려요. 물론, 그러면 그가 밉지요. 내가 이런 대접을 받을 이유가 없다는 것도 알아요. 하지만 대부분의 경우 나는 만족스러워요. 왜냐하면 그이는 내 뺨을 때리고 난 다음에 진심으로 용서를 빌고 정말 상냥하게 굴거든요."

• "남편이 나를 때린 것은 생각도 안 해요. 그리 심하지는 않았거든요. 그렇지만 남편은 내게 총을 들이대기도 했어요. 그래도 그건, 남편이 경찰이었기 때문이고 나는 정말로 그 사람을 믿어요. 내가 남편과의 관계를 싫어할 거라고 생각하시겠지만, 그는 아주 든든하고 믿음직한 남자예요. 세상 어느 남자보다 더 내가 안전하다고 느낄 수 있게 해주거든요."

학대 당하는 관계에 놓인 수백만의 사람들이 찾아내려고 처절하게 애써 왔던 것은 바로 상황을 직시하고, 실제로 행동에 옮길 수 있는 최선의 방법을 결정하는 것이다.

그리고 여기에도 역시 경험과 연구들을 통해 분명해진 사실이 있다. 뺨 때리기, 주먹으로 치기, 밀치기, 그리고 그 밖의 신체적 폭력 행위는 한 번 이상 일어나면 스스로 멈추는 법이 없다는 것이다. 폭력의 수위는 더 높아져 간다. 이점은 분명히 밝혀진 사실이다.

신체적 학대가 한 번 이상 있었다는 것은 당신이 관계를 정리하고 떠나야 한다는 의미다. 학대는 반복해서 일어나고, 점점 더 심해지며, 당신의 자존감은 무너지고, 덫에 걸렸다는 느낌이 점점 더 커져서, 당신이 아무리 그 사람을 사랑하고 관계에 어떤 이점이 있다 하더라도 당장 떠나고 싶다는 생각이 들게 된다. 이 경우 하나의 예외가 있다면 학대하는 쪽인 파트너가 그런 파트너를 위한 치료 프로그램에 열의를 갖고 능동적으로 참여하면서 적어도 1년 이상 그 프로그램을 지속하는 경우뿐이다.

신체적 학대는 사랑이 죽었음을 의미한다.

이런 상황에서 관계를 끝내지 못하고 머물러 있는 사람은 누구나 후회한다. 이런 관계를 정리하고 떠난 사람은 시간이 흐를수록 점점 더 많은 행복감을 느낀다.

___ 최후통첩의 시간

최후통첩은 진단을 효과적으로 활용하는 방법이다. 한 번 이상 신체적 학대를 당했다면, 그때가 파트너에게 최후통첩을 할 시간이다.

당신이 최후통첩을 하는 것조차 두렵다면, 관계가 끝났다는 것을 의미한다. 당신은 여성 쉼터나 구조센터에 연락해 필요한 조치를 취해야만 한다. 그런 다음 빠르고 안전하게 그 관계를 정리하는 길을 찾아내야 한다.

___ 단순한 진실

당신이 신체적으로 학대받는 상황에 놓여있다면 그렇게 간단한 일이 아니라고 생각할 수 있다. 파트너를 사랑하는데 어떻게 이처럼 사랑을 외면하고 떠날 수 있나 하고 생각할 수도 있다. 당신에게 폭력을 행사한 후에 파트너는 십중팔구 그가 당신을 얼마나 사랑하는지를 설명할 것이다. 그리고 그가 당신에게 몹시 미안해할 때 당신은 설사 그가 당신을 학대했다 하더라도 그 사람의 사랑만은 진실한 것이라고 믿고 싶을 것이다. 파트너의 좋은 점들이 떠오르고 그를 화나게 만들었을 거라고 짐작되는 당신의 행동도 생각날 것이다. 온 세상이 그를 훌륭한 남자라고 생각할 것 같기도 하고, 그런데도 그에게 뭔가 심각하게 잘못된 것이 있다고 생각하는 당신이 비정상은 아닌 걸까 하는 생각도 들 것이다.

그리고 당신은 '내가 악한 사람을 사랑할 리 없다'는 생각을 하기도 한다. 그래서 파트너가 때로 괴물같이 보이기는 하지만 결코 악한 사람일 수가 없다고 결론 내린다. 그 말은, 어느 날 당신 파트너가 정신을 차리고 두 번 다시 그런 일이 일어나지 않을 것이고 당신의 악몽은 끝날 거라는 것이다.(그저 당신의 희망사항이다.)당신의 사랑이 그를 깨어나게 하고 길을 찾는데 도움을 줄 거라고 확신한다.

나는 사랑이 당신에게 주는 의미를 이해한다.(그리고 이 책에서 앞으로 하게 될 질문들이 무엇을 해야 할지 결정하기 어렵게 만드는, 사랑을 어떻게 다루어야 할지 분명하게 해 줄 것이라는 점도 이해한다.) 실제 삶은 바깥에서 보기보다 훨씬 복잡하다는 것도 알고 있다. 그렇지만 질문 2에 대한 답이 '예'일 때는 관계를 정리하고 떠나면 그것이 올바른 선택이었음을 알게 될 것이 확실하다. 현실은 이보다 복잡하게 느껴질 수 있지만, 신체적 학대가 반복된 경우에는 복잡할 이유가 없다.

자신감 회복

이 책은 머물지 떠날지, 단순히 관계의 유지 여부만을 결정하기 위해서 쓴 것이 아니다. 관계에 대한 양가감정에 사로잡혀 입은 타격을 해소하여 회복시키는 것도 목적이다. 가장 중요한 타격은 자신감의 상실이다.

당신이 양가감정에 빠져 있을 때 무슨 일이 일어났는지를 생각해보자. 매일 당신은 무엇이 본인에게 최선인지를 알아낼 능력이 없다는 메시지를 스스로에게 보낸다. 그것이 자신감을 파괴한다. 그 상태에서 어디로 갈 수 있겠는가? 자신에게 무엇이 최선인지를 알아내는 문제에서 자기 자신을 신뢰하지 못하는 사람이 어떻게 최선의 방법을 찾아낼 수 있단 말인가?

제니퍼의 경우로 돌아가보자. 6년 동안 불확실성 속에서 헤맨 제니퍼는 자신이 어떻게 하면 좋을지에 대한 답을 찾아낼 만큼 실제로 명석한 사람은 아닐지도 모른다는 두려움에 사로잡혔다.(기억하겠지만, 제니퍼는 의사였다! 의사!) 그렇게 황폐화되는 것이다. 제니퍼의 사례를 통해 사회적으로 명석하다고 인정받는 사람들조차 수상스런 관계에 직면하면 얼마나 스스로를 멍청하다고 느낄 수 있는지 명확히 알 수 있다. 제니퍼는 관계를 유지해야 할지 끝내야 할지를 결정해야 할 때마다 자신이 바보 같다고 생각했고, 그럼으로써 바른 결정을 할 수 있다는 자신감에 손상을 입었던 것이다.

그리고 제니퍼 스스로 양가감정으로 인해 혼란스러웠기 때문에 심각한 심리적 손상을 입은 것은 아닌지 두려워하게 되었다. 그녀는 어리둥절했다. 도대체 어떻게 이런 양가감정에 빠지게 되었을까? 어떻게 단 한 번도 행복한 적이 없었는데 친밀함을 잃을 것을 두려워하고, 결코 떠날 수 없었음에도 자포자기의 두려움을 느낄 수 있단 말인가! 심리학적으로 세련된 사람들의 대다수가 그렇듯 제니퍼는 자신의 어린 시절부터 있었던 모든 사건들을 샅샅이 점검하고, 때마다 결정을 하지 못하는 단서가 될 수 있을까 하여 심리치료사인 내게 보고했다. 무엇을 해야 할지 알게 될 때까지 시간이 걸리면 걸릴수록, 당연히 자신의 심리적 손상도 더 심각해지리라는 것이 제니퍼의 생각이었다. 그렇지만 그건 틀린 생각이다.

____ 양가감정으로부터 자신감 상실로

나는 제니퍼가 관계에 대해 다른 사람들처럼 쉽사리 결정하는 능력을 상실할 만큼 심리적 손상을 입었다고 생각하지 않는다. 때로, 담배는 그저 담배일 뿐(담배가 인체에 해롭긴 하지만, 실제로 담배 자체가 질병은 아니라는 의미—옮긴이)이다. 대부분의 경우 양가감정은 그저 양가감정일 뿐 심각한 심리적 질병이 아니라는 의미다.

"난 멍청해." "나는 심리적인 손상을 입었어." "나는 버림받을까 두려워." "친밀감을 어떻게 조절해야 할지 모르겠어." 이런 생각들이 관계에 대한 심리상태를 나타내는 것이고, 자신감을 훼손시키는 방식이다. 그리고는 이렇게 훼손된 자신감은 다시 양가감정을 부른다.

당신이 문제가 아니다. 이제껏 사용해 온 수단이 문제다. 긍정과 부정 모두를 저울에 달아 비교하려는 노력이 자신감을 해친다. 결국 혼란만 더 만들어내도록 설계된 방법을 쓰면서 어떻게 자신을 신뢰할 수 있겠는가? 이 책에서 우리가 쓰는 단계적 진단 방법은 당신이 진실을 발견할 수 있을 뿐만 아니라, 감당할 수 있는 수준에서 실행할 수 있도록 설계된 것이다.

양가감정이라는 함정 자기 신뢰를 잃을 때 어떤 일이 일어나는지 한번 살펴보자. 제니퍼가 돈을 처음 만났던 때로 돌아가보자. 진정한 파트너로 받아들여 마음을 주기 전엔 누구나가 그렇듯 제니퍼의 마음속에서도 사랑과 의심의 경주가 시작되었다. 대개는 사랑이 이긴다. 그렇지 않으면 마음을 주지 않을 것이니까. 그러나 사랑이 이겼다고 의심이 모두 지워진 것은 아니다. 의심은 덤불 속에 잠복해서 당신이 사랑으로부터 멀어지기만을 기다린다.

제니퍼의 경우도 많은 사람들이 그렇듯이 돈이 자신의 결점을 드러내면서 다시 의심이 고개를 들었다. 처음 제니퍼는 자신의 사랑을 신뢰했었다. 그러나 이제는 필사적으로 지금 자신이 무엇을 해야 할지 알 수 있게 해줄 자신감을 원한다. 돈을 처음 만나 사랑에 빠졌을 때처럼, 무엇을 해야 할지 알았던 것처럼 말이다.

하지만 제니퍼는 지금 무엇을 해야 할지 모른다. 확신이 부족할수록 자신감도 줄어든다. 자신감이 줄어들수록 확신을 가지고 어떻게 해야 할지 알아내기가 점점 더 어려워진다.

이것이 '양가감정의 덫'이라 부르는 심리학적 과정이다. 우리가 모아 놓은 산더미 같은 사실과 느낌들을 평가하면 할수록 우리는 더욱 혼란에 빠질 뿐이다. 혼란스럽게 느낄수록 자신에 대한 신뢰는 더 적어진다. 스스로를 신뢰하지 못할수록 우리는 더 기다려야 한다고 느끼게 되고, 혼란스런 증거 자료들을 더 많이 모으게 된다. 이렇게 해서 관계에 대한 양가감정은 무한히 반복되는 악순환의 고리가 된다.

빠져나가는 길 당신이 작은 삽 하나만 가지고 깊은 모래 구덩이에 던져졌다고 상상해보자. 삽으로 할 수 있는 일은 더 깊게 파는 것뿐이고, 그럼으로써 당신이 타고 올라가야 할 벽을 무너뜨리게 될 뿐이다. 바로 그것이 자기 불신이 하는 일이다. 자기 불신은 확실한 사실은 무엇이든 침식시킨다. 구덩이를 빠져 나오기 위해서는 완전히 다른 종류의 도구가 필요하다. 사다리가 내려온다면 그걸 이용해서 한발 한발 밖으로 올라올 수 있을 것이다.

이 책은 당신의 사다리다. 그 끝에서 분명한 결론이 당신을 기다린다. 당신의 자신감은 매우 큰 타격을 받았지만 사실상 진짜로 손상된 것은 아니다. 단지 그릇된 도구를 쓰고 있었을 뿐이다.

질문 1에 답하고 자신의 관계에 관한 진실을 알게 된 지 일주일 후, 내가 만난 제니퍼는 이전에 보았던 어느 때보다 더욱 행복해 보였다. 본인이 돈과의 관계를 끝내기를 원한다는 것이 분명해졌고, 그런 결정을 한 후엔 날이 갈수록 기분이 좋아졌던 것이다. 제니퍼는 이제 홀로 선 지 4년이 되었지만, 한 순간도 선택을 후회한 적이 없다. 어떤 대안이 당신 앞에 나타나더라도, 당신 역시 제니퍼와 같이 느끼게 될 것이 분명하다.

다음 단계들

질문 1에 대한 답이 '아니오'이고, 질문 2에 대한 답이 '예'인 사람노 그토록 찾아 헤맸던 진실을 발견했을 거라고 생각한다. 그리고 그 진실로 인해 자신이 안전하다는 느낌을 받을 것이다. 당신의 진실을 뒤집을 것은 없다. 이 책의 진단들은 서로 모순되지 않는다.

내 질문들로 당신은 스스로 내린 답에서 진실을 발견하게 될 것이다. 어떤 답은 내가 장황하게 말했던 것처럼, 관계를 끝내고 떠나라는 권유다. 그러나 당신이 다른 응답을 했더라도 관계의 중요한 장점을 발견하는 것이니, 그 또한 행복하게 받아들였으면 한다. 이러한 장점들은 당신이 여러 가지 위험 요인을 이겨낼 수 있는 자원이 갖춰져 있는 사람이라고 장담하게끔 만들 것이다.

당신이 이미 자신의 진실을 발견했다면 어떻게 해야 할까? 만약 워크숍이었다면 나는 이렇게 제안할 것이다.(아무도 그 제안을 받아들인 적은 없지만 말이다.) "어떻게 하는 것이 최선인지가 분명해졌으면 자유롭게 가도록 하세요. 네, 지금 그냥 이 방을 나가셔도 된다는 뜻입니다."

물론, 당신에게는 머물 권리도 있다. 당신이 진실을 머리로는 알았으나, 가슴 깊이 느끼지는 못할 수도 있다. 때로 당신이 느낀 진실에 대해 확신이 필요할 수도 있다. 그렇다면 질문과 진단을 계속해 가면서 확신을 얻을 수 있다. 그러니 지금 당장 진실을 알았다고 하더라도, 앞으로 나올 질문에 답을 해나가면 당신은 분명히 얻는 게 많을 것이다.

당신에게 필요한 만큼 시간을 쓰기를. 내가 당신에게 원하는 것이 있다면, 당신이 스스로를 속이지 않는 한 자신을 위해 가장 좋고 가장 책임감 있는 결정으로 인도하는 길을 따라가고 있다는 것을 믿으라는 것이다.

04

이미 떠나기로 결정했다면
.
.
.

"돌이키기엔 너무 늦었어"

결혼을 하고 한두 가지 일이 잘못되어 가는 듯싶더니, 느닷없이 관계를 끝내 버리는 사람들도 있다. 그렇지만 그런 사람들의 마음속에서도 그렇게 쉽사리, 그리고 자동적으로 이혼해서는 안 될 거라는 막연한 느낌은 있다. 현대의 사람들도 칼로 무 자르듯, 총의 방아쇠를 당기듯, 순식간에 해치우는 이혼에 대해서 불편하게 느낀다.

물론, 스펙트럼의 반대쪽도 늘어나고 있다. 스스로가 떠나는 것을 너무 어렵고 힘들어 하는 사람들을 말한다. 당연히 헤어진다는 것이, 떠난다는 것이, 말처럼 쉬운 일은 아니다. 총알이 분명히 남아 있는데도 불구하고 방아쇠 당기기를 두려워하고 있다. 마음 깊은 곳에서는 떠나기로 이미 결정해놓고도 관계를 끝내지 못하고 주변에 머물러 있는 것이다. 그들이 자기 마음속의 결정을 인정하기만 하면, 파트너에게 이렇게 말할 수 있을 것이다. "너무 늦었어. 나는 잠시도 더는 못 참을 만큼 우리 관계가 싫어, 이제 다 끝난 거야."

양가감정적 관계에 빠진 사람 중에는 이렇게 '붙잡혀 머무는 사람'이 많지 않다. 그렇지만 당신이 이 소수에 속한다면, 즉시 도움을 받아야 한다. 당신은 사실 진정한 의미에서 양가감정에 빠졌다고 볼 수 없기 때문이다.

관계가 끝장났음에도 그런 줄 모르는 이유는 여러 가지가 있다. 죄의식 때문일 수도, 여전히 서로 사랑하고 있다고 생각하기 때문일 수도, 관계를 정리하고 난 후 생기는 문제들과 맞닥뜨리고 싶지 않아서 일수도 있다. 당신이 잃을 것들이 두려울지도 모른다. 그러면 당신은(남자나 여자에게 모두 해당하는 진실이다) 정확하게 당신이 관계에 대한 진실을 알고 있다는 확신이 들 때까지 너무도 고통스런 시간을 갖게 된다. 다음의 두 가지 질문은 마음속 깊이 떠나기로 결정한 상태에서 만나게 되는 장애 극복에 도움을 주기 위한 것이다.

3단계 말이 아니라 행동이다

사람들이 진실을 발견하기 위한 최선의 방법 중 하나는 상대방의 말이 아니라 행동을 보는 것이다. 퇴근 후에 금요일 저녁을 어떻게 보낼까 궁리했던 경험은 누구나 있을 것이다. 그렇지만 현실은 대부분 일을 끝내고 집에 돌아와 게으르게 빈둥거리면서 진짜로 어딜 가고 싶은지, 누굴 만나고 싶은지, 뭘 하고 싶은지 결정하는 데 어려움을 겪는다. 그러는 동안 순식간에 자정에 가까운 시간이 된다. 그리고 어느 순간엔가 깨달음이 밀려온다. 사실은, 귀가한 순간부터 너무 피곤해서 아무 데도 가고 싶지 않고, 아무 것도 하고 싶지가 않았던 것이다. 집에 돌아온 순간 그냥 집에서 쉬자는 결정을 이미 하고 있었는데도, 우리가 이미 그 결정에 따라 행동하고 있었다는 것을 알아차리는 데 밤 시간을 다 써야만 했던 것이다. 관계에 대해 양가감정을 느끼는 사람들의 경우도 이와 마찬가지다. 스스로에게 다음의 질문을 해보라.

당신의 파트너를 확실하게 배제하는 일련의 행동이나 생활방식을 추구하기 위해
구체적이고 의도적인 행위를 한 적이 있는가?

이 질문은 무슨 뜻인가? 아래에 명백한 사례가 있다.

___ 루스 이야기

루스는 로큰롤 가수 스파이크와 10년간 결혼생활을 했다. 처음 몇 년 동안 그들
의 관계는 스파이크가 가수로 성공할 거라는 희망으로 가득했다. 언제든 스타가
되는 밴드는 있게 마련이고, 음반 녹음 계약은 금방이라도 이루어질 것 같았다.
루스는 이 몇 년간 간호사로 일했고, 그 기간 동안 루스의 급여가 그들 부부의 유
일한 수입이었다. 루스는 간호사란 직업에 자부심을 가지고 있었고 사람들을 돕
는 것에 만족했지만, 어느 정도 시간이 지나자 똑같이 반복되는 일상에 질리기
시작했고, 좀 더 의미 있고 재미있는 일을 하고 싶다는 열망을 갖게 되었다. 그러
는 동안 스파이크는 나이가 들었고, 록 가수로서도 점차 시들어가기 시작했다.
스파이크에게 성공가능성은 점점 줄어들어 갔고, 좌절감 때문에 그는 점점 더
비통하고 우울해했다.

동화 버전이라면, 루스가 스파이크 인생에 유일한 보물임을 알 수 있도록 그
가 그녀를 한없이 사랑하는 것이 맞을 것이다. 그러나 실제 생활 버전에서는, 짐
작이 가겠지만, 스파이크는 좌절로 인한 고통을 루스에게 쏟아부었다. 마치 동
병상련을 느끼자는 것처럼 그는 루스를 자기 수준으로 끌어내리기로 작심한 듯

보였다.

　루스는 자각 능력이 뛰어난 여자라 그 관계가 어떻게 되어가고 있는지를 정확히 알았다. 그러나 그녀는 친절하고, 관대하고, 사랑이 넘치는 사람이었다. 당연한 얘기지만, 루스처럼 '감정적 투자'를 많이 하면 할수록 관계에서 발을 빼기가 더욱 어려워지는 법이다. 루스는 떠날까를 고민했고, 스파이크의 행동이 변하지 않으면 결정을 내리겠다고 그를 위협할 생각도 했지만 자신이 그렇게 할 수 있다는 생각은 한 번도 해본 적이 없었다.

─── 떠나기 위한 훈련

루스의 행동을 보자. 그녀는 진심으로 사람들을 돕고 싶다는 생각을 실행에 옮겨서, 미국에 처음 도착한 난민들의 건강을 돌보는 기구에 자원봉사를 지원한 사람이었다. 태국, 캄보디아, 과테말라, 아이티, 과거의 유고슬라비아, 러시아, 리베리아, 르완다 등에서 온 난민들이었다. 루스는 난민들의 언어를 할 줄 아는 것이 하나도 없었지만, 간호사로서 할 수 있는 일 외에 특별한 장점을 갖고 있었다. 난민을 어머니처럼 대했던 것이다.

　그녀가 자원봉사를 한 기구의 주된 임무는 세계의 가장 열악한 곳에 있는 난민 캠프에서 무보수 혹은 무보수에 가까운 매우 적은 보수를 받고도 봉사하기 위해 오랜 기간 해외로 나간 의사가 있는 루스 같은 사람을 모집하는 일이었다. 그녀가 받은 훈련이라곤 그런 장소로 루스를 파견하기 위한 준비 정도였다. 루스는 집에서는 난민들을 위해 일하는 것이 해외 캠프에 나가 봉사를 하기 원하기 때문인 것처럼 행동했다. 2년간 활동한 결과 난민구호기구와의 신뢰관계는 깊어졌고, 그것은 스파이크와의 생활로부터 벗어나는 길이기도 했다.

내가 루스를 만났을 때 그녀는 스파이크를 떠날지, 그에게 머물지를 고민하고 있었다. 루스에게 질문 3을 처음 물었을 때 대답은, '그런 적이 없는 것 같다'였다. 그렇지만 이야기를 좀 더 한 후, 그녀가 실제로 했던 행동을 다시 한 번 살펴보고 질문 3에 답해 보라고 했다. 오랜 시간 말없이 앉아 있던 그녀가 입을 열었다. "스파이크에게 어떻게 말해줘야 할까요?"

방아쇠를 당길 준비가 되기 오래 전부터 그녀의 총에는 총알이 남아있었다. 마음속 깊이, 18개월 전에 그녀는 이미 스파이크를 떠나기로 결정했던 것이다.

진단 3

만약 당신이 파트너를 확실하게 배제하는 일련의 행동이나 생활방식을 추구하기 위한, 구체적이고 의도적인 행위를 실제로 행동에 옮긴 적이 있다면 관계를 끝내는 쪽이 더 행복할 거라고 이미 어느 정도 결정을 내렸다는 것을 의미한다. 이런 행동을 했던 사람들 대부분은 관계 속에 머물러서는 더 이상 행복할 수가 없다. 스스로에게 이미 관계를 떠나는 것이 낫다고 조언하고 있었던 셈이다.
마치 관계를 떠난 것처럼 보이고, 또 그렇게 행동하고 있다면 당신은 이미 관계를 끝내고 있는 중이다. 알고 있지 않은가!

진단 3이 어떤 의미인지 자세히 살펴보자. 주목해야 할 것은 파트너를 배제하는 방식으로 당신의 생활을 실제로 변화시키는 것에 있다. 이것은 실험하거나, 공상을 하거나, 깊이 생각해 보거나, 아니면 단지 배우자에게 섭섭함을 표현하는 행동을 말하는 것이 아니다. 또한 무슨 일이 됐든지 간에 그 일과 상관없이 당신 파트너와 이제까지 함께 해온 생활을 그대로 유지할 수 있는 여지가 있다면, 해당되지 않는다. 이 차이를 분명히 보여주는 사례들을 살펴보자.

- 당신이 따로 살 아파트를 알아보는 일 정도가 당신이 이미 떠나기로 결정했다는 것을 의미하지는 않는다. 실제로 아파트를 빌리고 보증금과 함께 첫 달 월세를 냈다면 모를까.
- 파트너가 쫓아올 수 없을 만큼 멀리 떨어진 곳에 일자리를 구하고 있다고 해서 떠나기로 결정한 것이 아니다. 실제 일자리를 받아들였다면 모를까.(그 일이 임시적일 경우도 결심이 확고하다고 말할 수 없다.)
- 이혼 전문 변호사의 자문을 받았다면, 모든 경우의 자문을 다 받았다 하더라도, 아직은 관계를 끝내기로 결정한 게 아니다. 주의 깊게 자문 받은 후 이혼 관련 서류들을 챙겼다면 모를까.

누구에게나 분명해 보이는 것들이 애매한 관계에 눌러앉아 있는 사람에게는 결코 분명해 보이지 않는다.

___ 우연한 사고가 아니라 의도된 행동이다!

바람이나 혼외정사는 어떨까? '떠나기 위한 의도적 행위'라고 할 수 있을까? 잠시, '바람'(혼외정사도 포함)에 대해 이야기 해보자. 결혼한 부부를 대상으로 한 수년간의 임상실험 결과, 나는 누군가가 바람이 났다고 했을 때 그 행동의 심리학적인 의미를 바로 판단해서는 안 된다'는 것을 배웠다. 확실히, 파트너에게 배신당한 사람은 부정을 알았을 때 관계가 끝난 것으로 생각하는 경우가 많다. 문제는 배신당한 사람의 입장에서 관계가 끝난 것이지, 배신한 사람도 관계가 끝났다고 생각하진 않는다는 것이다. 배신당한 사람이 어떻게 느끼건 간에, 바람피운 배신자 입장에서는 상대방을 배신했다거나, 관계를 끝내려고 의도한 것은 아닐 수 있다는 점이 중요하다.

문제가 있는 관계라면, 당신이 저지른 배신에는 여러 가지 의미가 포함될 수 있다. 당신이 다른 사람과는 더 좋은 관계가 가능한지를 실험한 것일 수도, 단지 멍청한 실수를 저지른 것뿐일 수도, 그저 엄청나게 화가 나서 그랬던 거라는 의미로 볼 수도 있다는 말이다. 바람, 그 자체만으로 당신이 파트너를 떠나기 위한 본격적인 행동을 했다는 의미로 해석할 필요는 없다.

물론, '관계를 끝내기 위한 구체적이고 의도된 행위'로 해석할 수 있는 경우가 있다. 파트너가 당신의 부정을 알게 되든 아니든 더 이상 신경 쓰지 않을 때, 그때는 '당신의 파트너를 확실하게 배제하는 일련의 행위나 생활방식을 구축하는' 실질적인 단계에 들어갔다는 신호다. 속이 뻔히 보이는 거짓말이 여기에 해당된다.

질문 3에 대한 답이 '예'라면, 즉시 이런 행동을 확인해야 한다. 그것은 단지 '나는 분명 일을 벌이긴 했다'는 차원의 문제가 아니다. 그 행동은 파트너를 배제한 상태에서, 돌아갈 길을 끊어버리는 행동일 수도 있고 새로운 미래를 준비하기 위해 기초를 다지는 행동일 수도 있다. 떠나야겠다는 결정을 할 필요가 없다. 이미 결정을 끝낸 상태기 때문이다.

어떤 여자가 내게 물은 적이 있다. "직장동료와 잔 적이 있어요. 그 관계는 이미 끝났는데, 문제는 내가 죄의식으로 미칠 것 같다는 거였어요. 죄의식을 극복할 수 없을 것 같아서 파트너와의 관계는 이미 물 건너간 것 아닌가하는 생각까지 들어죠."

내 대답은 이렇다. 당신의 감정을 조심해서 다뤄야만 한다. 물론, 감정이 실재하는 것이고 중요하기도 하지만 동시에 복잡하기도 하고 사람을 헷갈리게 할 수도 있다. 당신과 파트너와의 관계가 진짜로 끝났는지는 여기 있는 일련의 질문들에 답을 해봄으로써 확인할 수 있다. 파트너 이외의 다른 상대를 만나면서 당신은 죄의식이나 고뇌를 느끼기도 하고, 두려움이나 분노 같은 감정을 느낄 수도 있다. 그렇지만 자기만족이나 힘이 충전된 느낌과 같이 당신이 관계를 끝내기 위해 뭔가를 한 것처럼 생각하게 만들 수도 있는 여러 가지 감정을 경험하기도 한다. 그러나 당신이 실제로 한 것은 없다. 정말로 떠날 수 있는 확실한 행위를 했을 때만이 관계를 끝내기 위해 무언가를 했다고 할 수 있기 때문이다. 바람이나 혼외정사 그 자체는 관계를 끝내는 것과 아무런 관련이 없다.

4단계 우리의 관계가 신의 뜻에 달려 있다면

관계에서 빠져 나오기 위한 행동을 전혀 하지 않고도 벌써 관계를 끝내기로 결정한 사람들이 있다. 이 경우의 장애는 실질적인 문제 인식이 아니라, 감정상의 문제 인식에 있다.

그런 사람들에게 결여된 것은 자신의 감정을 인정하는 것이다. 그들은 자신을 필요로 하는 배우자를 떠났다는 것에 대해 죄의식을 느낀다. 관계가 원만하지 않은 것에 대해 사회적으로 수치심을 느낄 수도 있다. 관계를 끝낸 것이 자녀들을 포함한 주변 사람들에게 어떤 영향을 미칠지 걱정할 수도 있다. 관계를 끝냄으로써 느끼게 되는 실패감을 두려워할 수도 있는데, 다른 관계도 실패할 수 있다는 근거가 되기 때문이다. 그들은 사랑이 식었다는 것을 확인하고 싶어 하지 않는다. 그들은 위에서 나열한 감정들을 모두 느낄 수도 있고, 전혀 경험한 적이 없는 형태의 조합으로 그 이상으로 심각하게 느낄 수도 있다. 모든 면에서 그들은 관계를 끝내는 것이 최선이라고 알고 있다. 진실을 알기 전에 그들에게 필요한 것은 자신의 감정을 인정하는 일이다.

___ 마이클 이야기

내 상담실에서 많은 사람들이 눈물을 흘렸지만, 마이클처럼 펑펑 울어댄 사람은 본 적이 없다. 마이클은 지역에서 유명한 부부 문제 치료사였는데 그가 내게 도움을 청해 온 것이다. 그와 함께 약간의 시간을 가진 후에 나는 이상한 느낌이 들기 시작했다. 이 재능 있고, 지적이며, 의욕 넘치는 남자가, 그냥 보기에도 온갖 끔찍한 문제로 가득한 관계 때문에 힘든 시간을 보냈을 리가 없어 보였던 것이다.

그래서 나는 아래의 질문을 해보았다.

> **질문 4**
>
> 만약 신이라든가 어떤 전지전능한 존재가 관계를 정리해도 괜찮다고 허락한다면 엄청난 안도감과 함께 관계를 끝낼 생각을 할 수 있겠는가?

바로 그때 마이클의 눈에서 홍수가 터졌다.

야생의 어미 침팬지가 죽은 새끼의 시체를 며칠이 지나도록 안고 다니는, 가슴 미어지는 영상물을 본 기억이 있다. 마이클이 바로 그런 경우였다. 그는 관계가 끝났다는 것을 인정할 수 없다는 이유 하나 때문에 이미 죽어버린 관계의 시체를 안고 헤매고 있었던 것이다. 마이클은 관계를 잃어버린 채 오랜 시간을 살아왔다는 사실을 알고 갑자기 흐느끼기 시작한 것이다.

마이클은 관계가 끝났음을 인정하기가 왜 그리 어려웠을까? 그가 부부 문제

심리치료사라는 것이 이유 중 하나일 것이다. 그의 관계가 끝난다면 마이클은 사기꾼이었다는 말이 되고 실패한 사람이 되는 것이다. 많은 비전문가들 역시 같은 생각을 할 것이다. 여자들은 곧잘 이렇게 느낀다. 관계를 원활하게 유지하는 것이 궁극적인 우리의 일이며, 기술이고, 타고난 재능이기도 하다고. 그러나 어느 만큼은 남자들도 마찬가지로 느낀다.

마이클에게는 관계로부터 마음이 떠났음을 스스로 인정할 수 없는 다른 이유들이 있었다. 가장 중요한 것은 자신이 진정으로 좋은 사람이라면 관계에 머물러서 더 노력해야 할 거라는 생각이었다. 마이클 생각에는, 아이들에게 별다른 설명도 없이, 배우자는 물론 함께 품었던 미래의 희망을 버려두고 떠난다는 것은 악한 심성을 지닌 사람만이 할 수 있는 일이었다.

근래에는 이혼이 너무 많다는 데 신경을 쓸 뿐, 이처럼 "나는 나쁜 사람이 되고 싶지 않다"는 요인은 무시하는 경우가 많다. 이혼이 너무 많기는 하다. 하지만 어떤 이혼이든, 이혼을 초래한 사람이 책임을 더 느끼기 마련이라서, 책임감이 지나치게 강한 사람은 결코 결혼 관계를 끝내기가 쉽지 않은 것이다.

질문 4를 본격적으로 살펴보자.

이 질문에 대한 답은 주저하거나 혼란을 느끼는 일 없이, 분명하고 단정적으로 '예'일 때만 의미를 갖는다. 만약 당신의 감정을 분석하기 위해 뜸을 들였다가 '예'란 답이 나온다면 그건 '예'가 아니다.

다른 질문에 대해서는 지금처럼 압도적이고 단호한 '예'는 필요 없다. 하지만 이 질문은 다르다. 떠나도 좋다는 완벽한 허락을 받았다는 생각이 총체적인 안도감을 주기는 하지만, 당신이 이미 떠나기로 결정하고 있었다는 사실이 그 즉시 분명해지진 않는다. 관계에 대한 양가감정에서 벗어나기 위해서는 다른 종류의 정보가 더 필요하다. 그 정보는 나중에 주어진다. 당신은 아직 그 정보를 갖지 못하고 있는 상태다.

—— 당신이 없는 세상은 공허해

때로 질문 4에 대해 보기 드문 답을 하는 사람이 있다. 엄청난 안도감을 느끼든가 아니면 별다른 느낌을 받지 않는 것이 보통인데, 당황하고 분개한 모습을 보이는 것이다. 그러는 자신에게 놀라면서 마음속에서 큰소리로 '아니다'라고 외치는 소리 같은 것을 느낀다. 관계를 끝내도 좋다는 말은 절대로 듣고 싶지 않았다는 것을 알게 되었다. 그가 속한 관계 속에 떠나기를 아쉽게 만드는 너무 좋은 보물이 숨겨져 있다는 신호를 보고 마음이 아픈 것이다.

당신이 이와 비슷하게 느낀다면 무슨 뜻일까? 그것은 당신이 이 관계에 아주 많은 희망을 걸었고, 이 관계가 없다면 당신의 인생이 공허하리라고 확신한다는 뜻일 수 있다. 당신의 경우가 이렇다면, 당신과 똑같은 양가감정에 시달리면서 별다른 희망을 갖지 않는 사람에 비해, 당신의 관계엔 더 많은 부정적인 요소들이 존재하는 것은 아닌지 확인해 봐야 한다. 당신이 품고 있는 모든 희망에도 불구하고 더 많은 나쁜 요소들 때문에 양가감정을 느끼는 것으로 볼 수 있기 때문이다.

그러니 앞으로 이 책을 읽으면서 당신 관계의 현실을 무시한 맹목적인 희망을 갖지 않도록 주의해야 한다. 떠나기 아까울 정도로 아주 좋은 관계라면, 그건 관계의 실상이 그래야 하는 것이지, 당신이 끝내기엔 너무 아쉬운 관계이기를 원하기 때문이어서는 안 된다는 말이다.

다른 한편으로는, 당신이 관계에 대한 양가감정에 사로잡혀 있으면서도 믿기 어려울 정도의 희망을 갖고 있다는 것은 당신이 아직 해보지 않았을 경우, 커플을 위한 치료 프로그램에 참가해 보는 것이 바람직하다는 뜻이 될 수도 있다.

05

사랑의 필수조건

:
:

"좋아, 사랑에 빠져보는 거야!"

사랑을 방정식에 끼워 넣다

나는 관계에 대한 양가감정 상태에 있는 사람치고, 세간에 떠도는 '방정식'에 사랑을 끼워 맞춰보려고 노력해보지 않은 사람을 본 적이 없다. 이때 떠오르는 가장 큰 문제 중 하나가 당신과 파트너 사이에 사랑이 조금이라도 남아 있는가 하는 것이다. 다음 질문들은 대부분의 남녀가 중학생 정도부터 하기 시작하는 것이다.

"내가 그(혹은 그녀)를 사랑하나?"

"내가 진심으로 그(혹은 그녀)를 사랑하나?"

"우리는 서로 사랑하는 관계인가, 아니면 단지 내가 그(혹은 그녀)를 사랑하는 건가?"

"나는 이렇게 많은 시간 좌절하고 화가 나는데도 그(혹은 그녀)를 사랑할 수 있을까?"

매우 혼란스런 문제일 수도 있다. 혼란에서 벗어나는 길은 여러 가지다. 지금 바로 살펴 볼 방법은 둘 사이에 사랑의 필수조건이 아직도 존재하고 있는지를 알아보는 것이다. 사랑이란 주제는 한없이 신비롭지만, 사랑이 가능하다는 전제 하에 그 필수조건을 살펴보면 당신이 파트너를 여전히 사랑하는지 아닌지 판단하는 데 확실히 도움이 된다. 사랑이 아니라면 당연히 그 필수조건도 존재하지 않는다.

만화영화를 많이 본 독자라면 알겠지만, 만화 속 등장인물은 절벽 끝까지 달려가서 그냥 떨어지지 않는다. 허공에 잠시 머물렀다가, 발밑에 아무것도 없다는 것을 알아차리고는, 그제야 깜짝 놀라 절벽 아래로 떨어지지 않은가! 왜 이런 이야기를 했냐면, 관계가 의심스러운 경우에도 대부분 이 같은 현상이 발생하기 때문이다.

당신은 사랑이 발밑에 굳건히 있어서 안전하다고 생각하지만, 실은 공중에 떠있는 만화 속 등장인물 꼴이 될 수도 있다. 왜냐하면, 사랑을 지지하는 토대가 사라질 수도 있다는 가능성을 생각조차 못하기 때문이다. 과거에 사랑에 빠져본 적이 없다면, 지금도 사랑에 빠져 있는 것은 아니라고 할 수 있다.

그러니 '쿨하게' 떠나는 것이 행복할지, '뜨겁게' 사랑하며 머무는 것이 행복할지, 그 진실을 알고 싶다면 당신과 파트너의 관계 속에 있는 사랑의 토대를 살펴보는 일이 중요하다. 사랑이 가능하다는 사실을 알게 된다는 것은 굉장한 일이 아닌가! 당신의 사랑이 의지할 토대가 있음을 확인한다면 멋지지 않겠는가 말이다.

만일, 당신이 다음 단계의 질문에 '예'라고 할 수 있다면, 좋다! 사랑에 빠져보자!

5단계 ▶ 당신과의 '사랑게임'이 즐거긴 해

죽은 것처럼 보이는데 실제로는 살아있는 경우가 있다. 나는 뉴욕 동남부에서 보낸 어린 시절을 기억한다. 우리 가족이 새로 이사 간 아파트 현관문 밖에는 죽은 것처럼 보이는 나무가 한 그루 있었다. 뉴욕은 나무가 자라기 쉽지 않은 도시였고, 그 나무는 정말 죽은 것처럼 보였다. 내게는 살아 있는 것과 죽어버린 것을 분별할 수 있는 본능 같은 게 있었음이 틀림없다! 이웃 사람 누군가가 나무를 치워 달라는 전화를 해주겠다고 했을 때 나는 나무가 아직 살아있다고 우겼다. 나는 그 아줌마와 내기를 했다.(이듬해 봄에 나무에 싹이 나지 않으면 공짜로 베이비시터를 해주겠다고 말이다.)

당연히, 나무는 싹을 틔웠다. 마르고, 껍질이 벗겨지고, 부러진 가지 어딘가에 생명의 흐름이 있었던 것이다. 나는 자신의 관계를 확실히 해결하고 싶어서 내게 도움을 청하러 오는 사람들을 보면 가끔 그 나무 생각이 난다. 나무를 치워버리려고 한 이웃 아주머니처럼, 그들도 자신들의 관계가 이미 가망이 없다고 어느 정도 확신을 하고 있는 상태에서 어떻게 그 관계를 정리해야 할지 내게 조언을 구한다. 자신이 이미 결정을 내렸음에도, 내 의견을 묻는 것이다. 그건 아직도 양가감정에서 허우적대고 있다는 증거다. 그런 사람들은 자신과 파트너의 관계에서 여전히 삶과 사랑이 살아 숨 쉬는지 궁금해 한다. 그들은 내가 그것을 가리켜 보여주고, 그 증거를 자신의 코밑에 들이대서 냄새 맡을 수 있게 해줄 수 있는 능력을 가진 사람이기를 바란다.

_____ **잭 이야기**

몇 년 전 여러 가지 일로 인생이 꼬인 남자 잭이 나를 만나러 왔다. 잭은 기업 컨설턴트이자 교육훈련 세미나 팀장이었다. 바쁘고 현기증 나는 생활에 맞추다 보니 잭은 아내와 감정적으로 소원해지게 되었고, 그 문제가 그를 괴롭게 했다. 잭은 몇 년 전에 둘 사이가 그랬던 것처럼 아내와 자신이 연결되어야 한다고 느끼고 있었다. 왜냐하면 (잭의 말에 따르면) 몇 년 전, 상황이 최고였을 때 둘은 정말 사이가 좋았기 때문이다. 잭은 관계가 소원해져가는 책임을 자신이 아닌 아내에게 돌리려고 하는 것이 자신이 무의식적으로라도 관계를 끝내고 싶어서 그러는 것은 아닌지 의심이 들기 시작했다. 아내와의 관계는 머물러 있기 괴로울 만큼 나쁜 것은 아니었지만, 떠나기 아까울 정도로 좋다고 할 수도 없었기 때문이다.

"어떻게 해야 할까요?" 그가 물었다. 잭이 내게 질문하는 이유는 아내와의 관계가 살아 있다는 신호를 찾고 싶어서라는 걸 느낄 수 있었다. 나는 잭에게 아래와 같은 질문을 했다. 당신도 답해보라.

> **질문 5**
>
> 당신의 문제에도 불구하고 파트너와 현재 함께하고 있고, 미래에도 함께하기를 원하는 긍정적이고 즐거운 활동이나 관심사가 한 가지라도 있는가? 그것은 둘이 함께하는 것이고, 둘 다 좋아하며, 얼마 동안이라도 서로를 가깝게 느끼게 해주는 것이어야 한다.

바로 대답하지 않고 잭은 내 질문의 모든 부분들의 정당성을 캐물었다. 솔직히 그가 시간을 끌고 있다고 생각했지만, 잭의 의식 깊은 곳에서는 내가 실체 없는 환영 같으면서도, 결국 절망적인 쪽의 확신을 제공할까 봐 두려워 나를 애먹이는 것이 분명했다.

____ 섹스 이상의 무엇

질문 앞에 잭은 잠시 침묵했다. 둘 사이에는 아이들도 있었고, 가족은 공통의 가치를 추구했으며, 드물기는 했지만 가족이 함께하는 시간을 갖기도 했다. 그러나 지금 나는 잭과 아내 사이에 진실로 즐거운 다른 연결고리가 있는지를 묻고 있는 것이었다. 잭은 아직도 내 질문의 핵심을 이해하는 데 어려움을 겪고 있었다.

"섹스를 말씀하는 건가요?" 그가 물었다. "나는 섹스를 좋아합니다. 그것도 답이 되나요?" "그럴 수도 있지요." 내가 말했다.

하지만 오르가즘만으로는 답이 안 된다. 훌륭한 섹스, 그 자체는 답이 아니라는 말이다. 섹스는 진정으로 둘이 함께 즐겼을 때만 질문 5의 답이 될 수 있는 것이다. "아시겠지만, 섹스가 답이 되려면 두 사람 모두가 즐거운 마음으로 섹스를 기대하고, 섹스를 하면 기분이 좋아질 뿐만 아니라 서로를 가깝게 느끼게 되고, 끝난 후에도 진실로 가까운 느낌이 상당 시간 지속되면서, 이후에도 계속 당신들이 그런 섹스를 원해야지요."

잭은 표피적으로 좋게 느껴지는 섹스와 어떤 상황에서도 만족을 느끼게 하는 진실로 가깝게 만들어주는 섹스의 차이점을 구분 지으려고 애쓰는 것이 역력해 보였다. 그렇지만 그는 이내 낙담한 표정을 지었다. "이것 보세요, 나는 시원찮은 섹스를 한 적은 한 번도 없어요. 그렇지만 솔직히 말해서 아내인 로라와 섹스를 통해 진짜로 연결된 느낌을 가진 적도 없어요. 때로 섹스를 하긴 하지만…… 그걸 하려고 일부러 다른 일을 포기한 적은 없어요. 그리고 우리가 섹스를 할 때,

특히 내게는 그건 기본적으로 그냥 섹스였을 뿐이에요. 이 질문은 통과 못하는 건가요?"

"결코 그렇지 않아요. 잭, 우리는 이제 막 답을 찾기 시작했을 뿐이에요. 당신들이 어떻게 연결되느냐는 건 중요한 게 아니에요. 당신들 둘이서 하고 있는 기분 좋은 일이 있고, 앞으로도 계속할 수 있고, 그 일을 통해 두 사람이 서로를 가깝게 느낄 수만 있으면 되는 거예요. 내 말은, 당신들 사이에 그런 일이 없다고 해서 둘 사이의 관계가 끝났다는 게 아니에요. 다만, 그렇게 함께 즐기는 일이 있다면 그것이 당신들 관계에 생명이 남아 있고, 사랑의 토대가 남아 있다는 얘기란 거지요."

그러자 잭이 말했다. "그러니 내가 알아들을 수 있게 좀 해주세요, 도대체 무슨 말씀을 하는 건지 통 모르겠어요." 사람마다 다르긴 하지만, 가깝고 즐겁게 서로 연결된 느낌을 주고 사랑을 되살리는 경험을 하게 만들었다고 하는 활동들이 있다.

- 잠자리에서 불을 끄기 전에 꼭 껴안고 뒹굴기
- 저녁식사에 친구 초대하기
- 코미디 프로를 함께 보며 웃기
- 함께 춤추러 가기
- 함께 여행 가기
- 테니스 경기하기
- 일요일 아침에 커피를 끓이며 신문을 펴놓고 함께 앉아 즐기기
- 서로에게 키스하기

- 골동품 상점 들르기
- 정원일 함께 하기
- 집에서 교회까지 함께 걸어가기
- 함께 손잡고 시골길이나 해변을 오랫동안 걷기
- 공원에서 애완견과 함께 프리스비를 던지며 뛰어놀기

물론, 이 활동들이 모든 일을 근사하게 만든다거나, 어느 커플에게나 효과가 있다는 건 아니다. 적어도 어떤 특정 커플에게는 여기 기록된 것 중의 하나가 서로를 가깝게 느끼게 해주고, 서로 가깝게 느꼈다는 점에 대해 기분이 좋아지게 만들었다는 것이다. 이런 일을 할 때마다 그들 사이에 사랑의 감정을 느꼈을 뿐만 아니라, 사랑이 실재하고 있다고 느꼈다는 것이다. 잠시 동안이긴 하지만 그들의 관계가 머물기에 너무 괴롭다는 느낌을 잊어버릴 수 있었다는 것이다.

___ 당신은 요리를 하는군요

잭은 눈을 감고 로라와의 사이에 그 비슷한 일들이 있는지를 찾아보는 것 같았다. "요리도 포함되나요?" "경우에 따라 될 수도 있죠. 자세히 말씀해 보세요." 내가 말했다.

"사실 우리는 요리할 필요가 전혀 없어요. 함께 요리할 이유는 더욱이 없지요. 그런데 2주에 한 번씩, 토요일 오후 같은 때 뭔가 특별한 요리를 만드는 것이 거의 버릇처럼 되었어요. 우리는 주방에 들어가서 함께 요리를 하는데 서로 손발이 척척 맞아요. 요리하면서 얘기를 하기도 하고, 노래를 하기도 하고, 잠시 동안 말없이 요리에만 집중하기도 하죠. 어떤 부부들은 주방에 몇 분만 함께 있으면

싸우게 된다고 들은 적도 있는데, 우리에게 주방은 '긴장 해방 지역tension-free zone'
이에요. 왜 그런지는 알 수 없지만, 우리는 진짜 서로를 가깝게 느끼고, 기대하지
도 않은 선물을 받은 것처럼 그 상태를 즐겨요."

잭은 찾아냈다! 그리고 그것은 언제나 그의 코앞에 있는 것처럼 가까운 곳에
있었다. 그것이 바로 관계가 떠나기 아까울 정도로 너무 좋을 수 있는 가능성을
찾아보는 질문에 대해 사람들이 반응하는 방식이다. 고통은 바로 느껴지지만,
관계를 되살릴 불씨는 쉽사리 눈에 보이지 않는다. 몰라서 그 불씨가 꺼지는 일
도 드문 일이 아니다.

다음은 내가 잭에게 제시했던 진단이다.

진단 5

당신과 배우자가 함께하고 있고, 앞으로도 함께 할 수 있으면서, 그때마다 기분
이 좋아지고 서로를 가깝게 느끼게 하는 활동이 있다면, 당신들 사이의 장애물을
깨끗이 제거하고 생기 넘치는 관계를 만들어갈 가능성이 있다. 당신들이 만난 지
얼마 안 된 관계라면 사랑에 빠질 가능성이 있다.
진정한 사랑은 말 그대로 '사랑게임'을 먹고 자란다.

진단에서 말하는 '사랑게임'은 그저 기분이 좋아지거나, 싸움을 멈추거나, 서
로 비난하는 것을 멈추게 하는 정도를 말하는 게 아니다. 정기적이고 긍정적이
면서 즐거움을 주는, 그래서 둘 다 기대하고 실제로 실현 가능한 그런 일을 말
한다.

잭은 완고한 내담자였음을 기억하라. "이 모든 일이 생명력 있는 관계를 가질
수 있다는 가능성을 가리킨다고 해도, 그래서 뭘 어떻게 하라는 건가요?" 잭이

말했다.

불씨는 언제나 소중하다. 질문 5에 '예'라는 대답은 사랑이 가능하다는 신호다! 그것은 마치 폭염에 시들해진 식물에게 희망을 돌워주는 튼튼하고 깊은 뿌리와 같은 역할을 한다. 열심히 노력해 볼 이유가 있다. 관계를 잘 가꾸고 숨을 불어넣을 수 있는 '신호'를 찾아내는 데 게으르지 말아야 할 이유가 있다. 이 책의 후반부에서 관계를 끝내고 떠나야만 더 행복해질 수 있는 관계에 대해서도 배우겠지만, 아직은 때가 아니다.

진단 5는 절대적인 기초에 관한 것이다. 아주 심각하게 악화된 상태의 커플이라도, 질문 5에 '예'라고 답할 수 있다면 그 절대적으로 즐거운 연결이 아주 사소해 보일지라도, 서로가 예전의 좋은 관계로 돌아가기 위해 노력하는 데 기초가 될 수 있다는 말이다.

그러나 진단 5가 특별한 중요성을 갖는 경우는 따로 있다. 임상전문가들이 죽은 관계, 혹은 생명력이 없는 관계 등이라고 부르는 관계 때문에 진정으로 좋은 것은 하나도 없고 괴롭게 만드는 일만 있는 사람들에게 중요한 가치를 갖는다.

진단 5는 진정으로 가망 없는 관계인지를 알아보는 문항이다. 어떤 관계는 다른 관계보다 냉랭하고 거리감이 있을 수 있다. 하지만 진실로 즐거움을 주는 연결이 있어서 당신이 '예'라고 답했다면, 그 관계는 당신이 생각하는 것만큼 가망 없는 것은 아닐 수도 있다.

── 당신의 답이 '아니오'라면?

당신은 질문 5에 '아니오'라고 답한 후 숨을 죽이고 지금까지 기다렸을지도 모르겠다. 하지만 긴장을 풀어도 된다. 진단을 위한 질문은 대개 다른 질문에 대한 답보다 중요한 의미를 가지는 법. 어떤 경우인가 하면 이렇다. 당신이 1마일(약 1.6 킬로미터)을 조깅하고도 전혀 숨이 차지 않는다면, 그건 당신이 어지간히 건강하다는 증거다. 그렇지만 중간에 멈춰서 숨을 골라야 한다고 해서, 당신이 의사에게 가봐야 하는 심각한 상태는 아닌 것이다.(단지 좀 쇠약한 상태일 수는 있다.)

마찬가지로, 질문 5에 대해 '아니오'라고 답했더라도 생기 넘치는 관계를 가꿀 수 있는 가능성이 없는 게 아니다. 그건 단지 당신들 둘이 함께 하기를 기대하는, 하면서 즐겁고, 하고 나서 서로를 가깝게 느끼게 하는 일을 찾기 위해 노력할 필요가 있다는 얘기다. 그건 이미 당신들이 함께 해오고 있는 일일 수도 있다. 혹은 한번도 함께 해 보지 않은 일일 수도 있다. 심각하게 잘못된 다른 일이 없다면 아직도 그런 일을 찾을 가능성은 남아 있다.

6단계 ▶ 당신은 비열하고, 멍청하고, 광기가 있고, 추악하고, 고약한 냄새가 나!

사랑에는 함께하면 서로를 가깝게 느끼게 해주는 것 이상으로 더 근본적인 필수 조건이 있다. 너무 분명해서, 그것이 사람들에게 도움이 되고 아주 신뢰할 만한 요인이라고 더 강조할 필요가 없는 그런 것 말이다. 당신은 혐오스럽고, 메스껍고, 치사한 인간과는 사랑에 빠질 수 없을 것이다. 당신의 관계를 어떻게 해야 할지 알고 싶다면 내가 '비열하고, 멍청하고, 광기가 있고, 추악하고, 악취가 나는' 요인이라 부르는 것을 제거할 수 있는지부터 당장 살펴보아야 한다.

질문 6

당신의 파트너가 근본적으로 상냥하고, 충분히 지적이면서, 너무 예민하지 않고, 외모도 봐 줄만 하고, 대부분의 경우 체취가 괜찮다고 말할 수 있는가?

이건 꽤나 노골적인 질문이다. 확신하건대, 양가감정에 빠져 있는 대부분의 사람들과 마찬가지로, 당신은 온갖 종류의 채워지지 않은 요구나 풀리지 않는 문제들에 지나치게 신경을 쓰고 있을 것이다. 그렇지만 지금은 그런 문제를 모두 무시하고, 일단 기본적인 문제로 돌아가보자. 당신이 원하는 것이 모두 충족되고 모든 문제가 해결되었다고 상상해보라. 당신의 파트너가 아직도 불쾌한 느낌을 주는가?

세상의 모든 멋진 사람에게 이 질문을 던질 필요는 없다. 다른 누구의 기준을 적용할 필요도 없고 그저 당신의 기준이면 된다. 단지 가장 기본적인 것에 맞춰보면 된다. 당신이 지금 찾고 있는 것은 '동물적인' 공존이다. 여기서 동물적이란 말은 가장 훌륭한 의미로 쓴 것이다.

당신의 파트너가 본질적으로 괜찮은 사람인지를 말할 수 있겠는가? 세상에서 가장 넉넉한 마음을 가진 사람을 말하는 것이 아니고, 친절을 베풀려고 자기 삶의 방식을 포기하는 사람을 말하는 것도 아니다. 다만, 당신의 파트너가 자기 것만 챙기는 부류의 사람은 아니라는 '감'을 갖고 있는지 묻는 것이다. 당신 파트너가 당신의 기준에 비추어 현명하고 괜찮은 사람이라고 말할 수 있는가 말이다. 천재거나, 당신보다 더 똑똑하거나, 모든 면에서 현명해야 할 필요는 없다. 단지, 당신이 느끼기에 파트너가 친근하게 느껴지고, 존경할 수 있는 지혜로움이나 명

80

석함, 혹은 상식이 있다고 말할 수 있는가 하는 것이다.

그리고 파트너가 '정상'(혹은 평균적인 인간들보다 조금 덜 '미쳤다'고)이라고 말할 수 있겠는가? 사실 우리들은 모두 조금씩은 그 나름으로 미친 듯한 구석이 있지 않은가. 나는 당신 파트너가 정서적인 장애나 심리학적인 괴벽이 있는지를 묻는 게 아니다! <샤이닝The Shining>의 잭 니콜슨이나 <치명적 유혹Fatal Attraction>의 글렌 클로즈(두 배우가 맡은 역할 모두 섬뜩하고 광기 어린, 비정상적인 인물이었다—옮긴이) 만큼 당신 파트너가 이상하지 않은지를 묻는 것이다.

파트너가 아직도 꽤 괜찮아 보인다고 말할 수 있는가? 24세 이후에 쇠퇴하기 시작하는 신체적인 매력을 말하는 것이 아니다. 사람들의 마음은 아주 관대해서 어디에서나 매력을 발견할 수 있다. 이런 점을 감안해서 파트너의 모습을 좋아한다고 말할 수 있는 점이 있는가?

여전히 당신 파트너의 냄새(믿거나 말거나지만)가 좋은가? 냄새는 가장 감정적인 감각이다. 향수 냄새 같은 걸 말하자는 게 아니다. 코미디언 모니카 파이퍼가 말한 것처럼 "누가 남자처럼 냄새 맡기를 원하는가?" 하지만 당신 파트너가 상당히 깔끔하다면, 그가 풍기는 냄새가 아직도 좋다고 느낀다면?

질문 6에 대한 답이 '예'라면, 당신의 '예'에 대해 이야기해보자. 물론, '예'는 좋은 것이다.

당신 파트너가 상당히 현명하고, 깔끔하고, 정상적이고, 추하지 않고, 냄새가 좋다고 즉시로 대답할 수 있다면, 당신들의 관계를 정상으로 되돌리는 노력을 방해할 수도 있는 중요한 장애물이 제거된 것이다. 이 질문에 대한 답이 '예'라면 사랑의 가능성은 아직도 남아있다.

이는 단지, 비열하고 멍청하고 광기가 있고 추악하고 악취가 나는 사람을 사랑할 수는 없다는 의미다.

우리가 사랑에 빠지는 것은 상대방에게 뭔가 특별하고, 훌륭한 점, 뭔가 깊은 친밀감과 마술적인 화학반응이 있기 때문이다. 그러나 그 모든 것이 일어나기 전에, 첫눈에 반하는 경우라 할지라도 '어떤 순간'(절대적으로 필수적인 순간, '사랑의 전 단계pre-love'라고 부를 수 있는 그런 순간)이 있다. 거의 동물적이라 할 수 있는 필터가 작동하는 순간 말이다. 그때 우리는 그 사람이 기본적으로 수용할 수 있는 수준인지를 판정한다. 그러나 너무나 기본적인 것이라 우리는 그걸 잘 잊어버린다. 질문 6은 그걸 되살려보는 질문이다.

당신의 답이 '아니오'라면? 대부분의 경우 반드시 나쁜 신호는 아니다. 내가 사람들에게 이 질문을 해본 경험에 따르면, 사람들이 답하는 '아니오'는 종종 오도된 것이었다. 응답자기 양가감성적 관계에 빠진 사람인 것을 감안하라. 그들은 파트너에 대해 아주 많은 양의 부정적 증거를 비축해 놓고 있다. 사실 그들이 처한 관계가 떠나기엔 너무 좋고, 머물기엔 너무 나쁜 상태라고 말할 때 사람들은 대개 부정적인 것을 긍정적인 것보다 중대한 것으로 평가한다. 사랑을 포기해야 한다는 것은 진정으로 많은 것을 생각하게 만들기 때문이다.

그러니, 질문 6에 대해 '아니오'라고 답하는 것은 화가 나 있거나, 기분이 상해 있거나, 불평에 사로잡혀 있음을 말해주는 '아니오'인 경우가 많다. 오염되고 상처받고 절망적인 기분의 '아니오'인 것이다. 파트너에 대해 현명하지 않다고 말하는 것은 단지, 대판 싸운 후이기 때문일 수 있고, 멍청하다 말하는 것은 왜 그렇게 느끼는지를 이해할 수 없기 때문이고, 제정신이 아니라 말하는 것은 파트너가 느끼는 것이 말도 안 된다고 생각하기 때문이며, 추악하다는 것은 체중을 빼겠다고 약속해놓고는 실제로 아무것도 하지 않았기 때문에 화가 나 있어서 그럴 수 있고, 악취가 난다는 것은…… 파트너가 악취 나는 사람처럼 행동하기 때문일 수 있는 것이다. 다시 말해, 이것은 진단 상으로 의미 있는 '아니오'가 아니다. 부정적인 감정은 당신의 시야를 흐릴 가능성이 높다. 그런 가능성의 '아니오'는 당신의 상태를 알려주는 유용한 신호라고 볼 수 없다.

___ 너무나 명백한 '아니오'

그렇지만 때때로 질문 6에 대해서 다음과 같은 태도를 보이는 경우가 있다. 순간의 감정에 휘둘리지 않은 것을 확신할 만큼 충분한 시간을 들여 다시 생각해 보는 것이다. 그러면 돌연 분명해지는 것이 있다. 다시 한 번 생각해도 너무나 확실한 '아니오'가 있는 것이다.

이런 종류의 주의 깊고, 사려 깊고, 실수의 여지가 없는 '아니오'는 굉장히 드문 경우이긴 하지만, 그 관계에 근본적인 불일치가 있다는 신호다. 표면적인 상처나 화 때문에 착각하지 않고, 당신의 관계를 직시했을 때 '비열하고, 멍청하고, 광기가 있고, 추악하고, 악취가 나는' 요인이 당신 뒤에 도사리고 있다면, 그건 당신이 관계를 정리하고 떠나기로 결정하는 것이 옳다고 느끼고 있는 경우다.

____ 린다 이야기

린다의 이야기를 해보자. 린다는 돈 많은 남자와 결혼하면서 나와 상담을 시작했다. 대충 말해서, 린다의 남자는 돈이 아니라면 그 남자를 상대하기도 싫어했을 사람들을 자신 주위에 묶어둘 정도로 돈이 많았다. 린다도 그런 부류 중 하나였다. 내가 린다에게 질문 6을 던졌을 때 그녀는 조금의 의심도 없이 그 남자가 "비열하고, 멍청하고, 괴팍하고, 추악하고, 냄새도 더러운 개자식"이라고 했다. 그 남자와 행복하진 않았지만, 솔직히 말해서 그 남자를 떠나기에 그 '개자식'은 너무나도 엄청난 부자였다.

그러나 다소간 사업에 실패하면서 그 남자의 순재산이 500만 달러 이하로 줄어들고 말았다. 린다는 결국 그 남자를 떠났다. 린다가 말했던 것처럼, 그 남자는 더 이상 참고 살 만큼 부자가 아니었던 것이다. 린다의 경우 간단히 말해 질문 6에 대해 '아니오'라고 답하면서도, 그런 관계를 참고 유지하려면 최소한 500만 달러 이상이 필요한 셈이었다. 속물 같아 보여도, 아주 명쾌하지 않은가?

관계의 주도권

· · · ·

"제발, 나를 옳아 매려 들지 마"

자신의 관계가 머물기엔 너무 안 좋은 것이 아닌가를 의심하는 사람들의 얘기를 듣다 보면, 대체로 공통적인 점이 있다. 그들의 파트너에게는 그들을 좌절케 하고, 혼란스럽게 하고, 질리게 만들어서 삶을 견디기 힘들게 하는 뭔가가 있는 것이다. 그 무엇은 '주도권'에 관련된 것이다. 누구나 직관적으로 알고 있는 것인데, 성격상의 주도권이 너무 압도적이고 파괴적이어서, 벗어나는 것 외엔 다른 수가 없음을 느끼게 하는 그런 관계가 있다. 지금부터 그 문제를 다뤄보자.

폭풍의 계절

태풍이 불어올 때 집 밖에 있어본 적이 있는가? 나는 있다. 바람이 너무 강해서 내가 가려는 방향으로 걸을 수가 없었다. 목적지를 향해 가기는커녕 바람에 휩쓸리지 않으려고 겨우겨우 버티는 게 다였다. 나는 바람을 정복하려 한 것이 아니다. 그저 가고자 하는 곳으로 가기를 원했을 뿐이다. 그러나 바람은 마치 나를 정복하려는 듯했다.

바람이 그렇게 강해지기 전에, 아직 부드러운 열대의 산들바람이었을 때, 바람과 사랑에 빠진 경우를 상상해 보자. 사람 사이의 관계란 것이 대부분 비슷하지 않은가. 막상 닥쳐봐야 주도권에 대한 자신의 인내심을 알 수 있다. 부유하고 영향력 있는 나이든 남자와 사귀게 되는 젊은 여자들의 경우에도 처음에는 그 남자가 자신의 주도권을 함부로 휘두르지 않는다고 생각한다. 오히려 그들은 얼마나 그녀를 사랑하고 생각하는지를 보여주기 위해 조심스럽기조차 하다! 모든 것이 좋게 느껴지는 때이다. 그렇지만 시간이 흐르고 바람이 그 여자를 잡아채기 시작하는 때가 온다.

영화 <시민 케인Citizen Kane>에서 이에 관한 아름다운 묘사를 볼 수 있다. 아름답고 순수한 여인 수잔 알렉산더를 처음 만났을 때 케인은(실제로는 믿기 어려울 정도의 강한 주도권을 가진 남자지만) 자신이 할 수 있는 최선을 다해 귀엽고, 상처받기 쉬운 사람처럼 행동한다. 그렇게 꾸민 것을 수잔이 알아채기도 전에, 어느새 그는 수잔의 삶과 그 삶에 관련된 것 일체를 지배하고 있다.

양가감정적 관계로 괴로워하는 사람들에게 어떤 경우가 '가장 행복한 이별'인를 물어보면, 어김없이 주도권의 문제가 등장하곤 한다. 많은 경우 주도권이라는 단어를 사용해본 적이 없다고 하더라도, 어찌되었든 주도권 문제가 등장한다. 사람마다 조금씩 차이가 있겠지만, 다음에 제시한 남자가 말한 이야기는 많은 사람들이 겪어야 하는 문제의 핵심을 정확히 짚고 있다.

내 친구들 말에 따르면, 몇 년 전인가? 내가 아주 기가 센 여자와 결혼하겠다고 말했다는 거예요. 나는 실제로 그 여자와 결혼했고요. 하지만 그웬은 내가 다룰 수 있는 여자가 아니었어요. 그웬은 모든 일에 아주 격정적이었고, 분노와 광기로 치닫는 경우가 많앞어요. 게다가 그웬은 언제든 온갖 속임수를 쓸 수 있는 사람이었습니다. 그러니까 제 말은, 그웬은 자기가 바라는 방향으로 일이 되어 가지 않는 것 같으면 사람들 앞에서 연극을 했고, 내가 뭘 원하는지 생각도 못하게 만들어서 나를 이기기도 했다는 겁니다. 그리고 그 여자는 언제나 자기 의견이 옳다고 생각해서, 나를 윽박지르는 반대 의견을 너무나 많이 쏟아내는 통에, 내가 더 철이 들어야 하는 바보처럼 느껴졌어요.

이런 사람과 사는 것은 진 빠지고, 풀 죽는 일이다. 그러나 당신이 양가감정을 느끼고 있다면, 그 관계에서 파트너가 '조금' 다루기 힘든 사람인지, '너무' 다루지 힘든 사람인지를 명확히 구분해서 선을 긋기가 어려울 것이다. 당신이 양가 감정에 빠져 헤어 나오지 못하는 것은 선을 어느 정도에 그어야 할지 몰라서도 아니고, 그 선을 볼 수 없어서도 아니며, 스스로 선을 그을 권리가 있다고 느끼지 못하기 때문도 아니다.

그것이 여기서 밝혀야 할 문제다. 파트너의 주도권이 남들도 모두 참고 살 수 있는 그런 정도의 것인지, 아니면 이런 상황에 있는 대부분의 사람들이 떠나면 행복하고, 머무르면 불행하게 느끼는 그런 유형의 것인지를 알게 될 것이다.

자, 이제 실제 사례를 살펴보자. 참고할 만한 사례를 발견하게 될 것이다.

___ 로즈마리 이야기

로즈마리와 비니가 나를 찾아와서 도움을 청했을 때 그들이 말한 것은 비니가 로즈마리를 배려하지도, 신경 쓰지도 않는다는 것이었다. 마치 무신경한 남자와 지나치게 예민한 여자의 전형처럼 보였다.

그러나 비니는 무자비하고 강압적인 인간이었다. 비니는 성공한 레스토랑 경영자였다. 그는 어떻게 사람들을 자기가 원하는 대로 움직이게 만드는지를 잘 알고 있었다. 비니가 원하는 일이 있으면 그 일은 이루어졌고, 원하지 않는 일은 일어나지 않았다. 비니는 천부적으로 주도권을 가지고 있는 듯 보였다.

로즈마리는 아주 명백한 이유 때문에 한동안 참고 살았다. 그녀가 생각하기에 비니는 그저 전형적인 남자, 그 자체였던 것이다.(그리고 남자에게 더 뭘 바라겠는가?) 비니는 자기가 하고 싶은 말은 함부로 내뱉을 수 있을 정도로 돈이 많은 남자였다. 비니의 사업은 품이 많이 드는 것이어서, 그는 어디서든 "레스토랑 때문에"라고 말하기만 하면 무슨 일이든 뜻대로 할 수 있었다.

비니는 로즈마리를 표면적으로는 현명하고, 교육받고, 세련된 숙녀로 '존중' 했다. 하지만 그 존중이란 것은 비니와의 관계에서 떨어져 나가거나, 비니에게 도전하면 잃을 것이 분명해 보였다. 로즈마리는 회계사였고, 비니의 레스토랑은 그녀가 담당하는 고객 중 하나였다. 어떤 의미에서 비니는 로즈마리의 상관 중 하나였던 셈이다.

로즈마리의 딜레마는 이런 것이다. 비니가 강압적이고 다른 사람 위에 군림하고 싶어 하는 남자라 다루기 힘들어 보이긴 하지만, 그것은 단지 일을 열심히 하고 진정으로 노력하고 있을 때 무의식중에 나오는 모습은 아닐까? 아니면 그의 내면에 다른 사람들과는 다른 어떤 것, 이를 테면 폴란드를 남김없이 정복하기 전에는 편히 쉴 수도 없었던 히틀러 같은 인간에게나 있는, 어떤 욕구나 굶주림 같은 것이 있는 건 아닐까? 그는 레스토랑의 노예인가, 로즈마리의 독재자인가? 로즈마리가 자유롭게 숨 쉴 수 있는 기회를 허락하기는 할까?

비니가 로즈마리를 얼마나 가혹하게 유린했는지를 보자. 로즈마리가 당한 한 가지 사건을 잘 살펴보면 비니가 어떤 사람인지를 바로 알 수 있다.

비니는 로즈마리에게 말싸움을 걸었다. "자, 봐. 당신이 원하지 않으면 섹스도 하지 않았잖아." 비니가 말했다.

로즈마리가 말했다. "당신을 강간범으로 고소할 생각은 없어요. 내 말은 당신이 언제나 이긴다는 거예요. 나는 어쨌든 섹스에 관해 얘기한 적은 없지만, 섹스에서조차 모든 것을 당신이 지배했어요. 당신이 내게 압박을 가하고, 당신 기분이나 일정, 내게 죄책감을 느끼게 만드는 방법으로요! 언제든 당신이 하고 싶을 때 섹스를 시작하는 것은 당신의 결정이고, 내가 먼저 하자고 하면 당신은 내가 스스로를 비굴하게 느끼게 만들곤 했어요. 지금도 그러고 있잖아요. 지금 섹스 얘기를 하고 있지만, 나는 이 얘기를 하려던 게 아니에요! 당신은 너무나 강한 사람이어서, 내가 얘기하고 싶은 주제가 섹스가 아닌 때에도 섹스 얘기를 하게 만들잖아요. 문제는 모든 것이 당신이 원할 때, 당신이 원하는 대로라는 거예요!"

비니는 내게 나쁜 인간으로 보이고 싶지 않았던 것 같다. 그래서 그런지, 갑자기 그는 그동안 잘못했던 일을 모두 배우고 고치겠다는 열망을 보였다. 로즈마리가 응해주었다. 로즈마리는 비니가 그녀를 괴롭히고 지배했던 수많은 사건들을 쏟아냈다. 로즈마리가 원하는데도 왜 그들 사이에 아직도 아이가 없는지부터, 비니가 결국 그녀의 회계 업무를 어떻게 조종했는지까지 모든 영역에 걸친 불평이 쏟아졌다.

비니의 눈을 가리고 있던 비늘이 떨어져 나가는 듯했다. 비니는 진심으로 미안해하는 것 같아 보였다. "당신 말은 언제나 내가 너무 강하게 굴었다는 얘기지." 비니가 제안했다. "그럼 그러지 않도록 노력할게, 됐지?"

로즈마리는 그것으로 문제가 해결되기를 원했다. 아직 상담실의 안전함 속에서 로즈마리는 말했다. "좋아요, 상담실을 나가면 바로 집으로 가요. 새로운 고객과의 미팅이 있어서 옷을 갈아입고 화장을 고칠 시간이 필요하거든요. 당신 괜찮겠어요?" 비니는 로즈마리의 말에 흔쾌히 동의했다.

그러나 나중에 들은 얘기는 이랬다. 집으로 차를 몰고 가는 중에 비니는 레스토랑이 걱정되니 빨리 레스토랑에 가야 한다고 고집했다. "게다가 당신은 옷을 갈아입을 필요가 없어."

로즈마리는 갑자기 소름이 끼쳤다. 비니의 행동은 의도적이었다. 레스토랑에 가봐야 할 일 같은 건 전혀 없었다. 단지, 그들이 바로 집으로 돌아가게 되면 비니의 입장에서는 로즈마리가 '승리'하게 되는 셈이었다. 로즈마리는 비니가 마치 그런 일이 일어나지 않도록 프로그램된 자동인형이나 로봇이 아닌가 하는 느낌이 들었다.

___ 보이지 않는 주도권

그렇지만, 당신의 파트너가 서로간의 합의를 멋대로 '변경했다'고 해서 관계를 정리하고 떠나야 하나? 로즈마리는 그런 식으로 자문하면서 오랜 시간을 보냈다. 주도권에 관련한 사실이 하나 있다. 주도권은 마치 바람처럼 우리를 다른 곳으로 내동댕이칠지라도, 관계 속에서는 그 모습이 드러나지 않는다는 것.

우리가 이해해야만 하는 것은 왜 주도권이라는 것은 눈치 챌 수 없을 정도로 소리 없이, 그리고 갑작스레 모습을 드러내는가 하는 것이다. 왜 주도권의 밀물과 썰물이 관계 속에서는 더럽고 사소한 비밀인지, 그리고 왜 우리는 그것을 서로에게 비밀로 하고 자신에게조차 비밀로 하는지.

여기에는 몇 가지 이유가 있다.

주도권 vs 사랑 첫째로, 주도권은 사랑이란 개념에 완전히 반대되는 주제다. 우리가 주도권과 사랑이 어울리지 않는다고 느끼는 것은 섹스가 교회와 어울리지 않는다고 느끼는 것과 마찬가지다. 사람이 점차 가까워지고, 작고 붉은 하트 모양의 비눗방울이 허공에 떠오를 때, 어떻게 감히 주도권과 그 실체에 대해 생각할 수 있단 말인가!

사랑의 왕국에서 우리가 주도권에 대해 눈 뜬 장님이 된다는 것은 전혀 이상한 일이 아니다. 이 얼마나 무시무시한 생각인가. "내가 만약 조금이라도 주도권에 대해 생각한다면, 그건 사랑이 죽었다는 말이고 나는 사랑을 할 자격도 없어!"

그렇다, 우리는 파트너에게 끝없이 불평할 권리도 있고, 상대방을 조종하기 위해 욕을 할 수도 있다. 그렇지만 이 관계가 권력에 관한 것이라면, 그건 사랑에 관한 것일 수가 없다.

그러나 현실에서는 일이 어떻게 될 거라는 상상의 세계와는 반대로, 우리의 관계가 너무나 자주 주도권과 관련되어 진행된다. 그 결과 우리는 좌절과 혼란으로 가득 차서, 그 관계를 벗어나기만을 바라게 되는 경우가 많다.

주도권과 수치심 주도권에 대해 말을 꺼내는 것조차 꺼리는 또 하나의 이유는 수치심이다. 로즈마리처럼 영리하고, 학력도 높고, 능력도 있는 여자가 비니의 주도권 앞에서는 버틸 수 없음을 인정하는 장면을 상상해보라. 신생아건 10대이건 상사이건 상관없이, 그들을 잘 다룰 수 없을 때 우리 모두는 무력감을 느끼고 당혹스러울 수밖에 없다. 게다가 그렇게 하는 것이 마치 자신이 주도권을 원한다고 암시하는 것 같기 때문에 더욱 당황스럽다. 그것은 즉, 우리가 나약하다는 고백과 다름없는 것이고, 우리는 그 사실에 굴욕감을 느끼기 때문이다.

그래서 남자들은 자신의 '마나님'이 어떻게 자신들로 하여금 무력감을 느끼게 하는지에 관해 결코 얘기하지 않고, 여자들은 자신이 무기력한 희생자로 여겨지는 것을 싫어한다.

불행하게도 여자들은 다른 쪽에서 공격을 당한다. 힘없는 것을 수치스러워 하지만, 반대로 주도권에 신경 쓰고, 원하고, 갖게 되는 것을 수치스러워 한다. 오늘날 여성의 이미지는 협동과 연대에 어떤 특별한 능력을 발휘한다는 것이다. 이 얘기는 평범한 여자가 주도권에 신경을 쓰고 개인적인 주도권을 휘두르려고 한다면, 정상적인 여자라 할 수 없다는 것이다. 그러니 주도권이 없어도 수치스럽고, 있어도 창피하다면, 이 문제를 해결하는 심리적인 방법은 하나뿐이다. 아예 주도권에 관한 생각을 마음에서 지워버리는 것이다.

또한 주도권 문제로 흔들리게 된 관계에 대해 이야기할 때, 이러한 사실들은 대부분의 여성이 관계에서 어떤 일이 일어나고 어떤 것을 원하는지 제대로 모르고 있다는 것을 의미한다.

그러나 좋은 소식이 있다. 주도권 문제를 똑바로 쳐다보고 회피하지 않는다면 잃을 것이 없다는 것! 당신의 관계에서 주도권은 독약과 같은 것이어서 그것 때문에 떠나는 것이 행복하든, 알고 보니 당신의 관계에 별 나쁜 영향을 미치지 않던 간에, 주도권 문제는 해결할 수 있는 해결할 수 있는 가능성이 아주 높은 문제라는 것이다.

권력지향적 파트너

도대체 어떻게 주도권 문제가 사랑의 둥지에 침투할 수 있을까? 간단하다. 움켜쥐느냐 않느냐의 문제다. 힘겨루기 없이 관계를 유지하는 유일한 길은, 1950년대 영화 <마티Marty>의 그 유명한 장면과 비슷할 것이다. 영화에서 마티와 그의 동료는 나란히 앉아 이야기한다.

"뭘 하고 싶은데?"

"모르겠어. 너는 뭘 하고 싶어?"

"난 몰라. 넌?"

"모르겠어. 너는?"

요점은 이거다. 당신과 파트너가 만났을 때부터 두 사람은 이런저런 일에 관해 결정을 했고, 어떤 식으로든 결정을 해야만 했다는 것이다. 각각의 결정들은 하나같이 힘겨루기의 기름진 토양과 같다. 왜냐하면 각 결정마다 누가 그 일을 해야 하는지, 그리고 누구의 욕구가 더 우세한지의 문제가 포함되기 때문이다.

그러니 첫 데이트에서 어디로 가야할지, 언제 사랑을 나눠야 할지, 사랑을 나눌 때 무엇을 해야 할지, 휴가는 어디로 갈 건지, 어느 정도의 돈을 저축해야 할지, 퇴근해서 집에 올 때 몇 시까지는 늦는다는 전화 없이도 후환이 없는지……이 모든 것이 힘겨루기의 재료들이다.

건강하고 바람직한 관계에서조차 다툼이 있다는 것은 이상한 일이 아니다. 이 경우에는 대략적인 힘의 균형이 있고, 다만 하고 싶은 말을 할 권리를 다투는 것이다. 일반적인 커플들이 이 문제를 어떻게 다루는지 살펴보면 파트너 각각이 어떤 일을 책임지고, 할지를 결정함으로써 문제를 해결한다. 한쪽은 청구서를 처리하는 책임을 전담하고, 다른 한쪽은 사랑의 행위를 시작하는 책임을 맡는 식으로 말이다.

때로는 이 문제를 욕구의 기준으로 해결한다. 보다 많이 필요한 쪽이 결정하는 방식이다. 때로는 대략적인 균형감을 통해 이 문제를 해결한다. 한쪽이 목요일 밤에 시청할 TV 프로를 결정하면, 다른 한쪽은 일요일 저녁에 볼 프로를 결정하는 식으로 말이다. 또 지식이나 기술을 근거로 이 문제를 해결하기도 한다. 이는 무엇이든 더 잘 할 수 있는 쪽이 그 문제에 대해 결정권을 갖는 것이다.

대부분의 사람들은 위의 방식들과 그 밖의 공평한 방식을 혼합해서 주도권 문제를 해결한다. 때로 말다툼이 일어나기도 하지만, 그것은 모든 문제를 꺼내놓고, 누가 무슨 일에 대해 얼마나 신경을 쓰는지를 보이기 위한 것이다.

그러나 어떤 사람들은 이렇게 할 수가 없다. 내가 '권력지향 인간power-people'이라 부르는 이들로, 끊임없이 관계지속을 어렵게 만드는 부류가 바로 이런 사람들이다.

권력지향 인간들은 다른 그 어떤 누구와도 다르다. 당신이 보통 사람과의 관계에 있다면, 당신과 파트너는 누구의 욕구가 충족될까에 대해 다른 사람들이 그렇듯 다툼을 벌일 것이다.

그러나 당신이 권력지향 인간과 관계를 맺는다면 그때는 당신의 모든 욕구가 상대편의 주도권을 위협하는 요소로 작용된다. 당신과 파트너는 보통의 욕구를 가진 사람들이 아니다. 당신들 중 하나는 오로지 권력, 다시 말해 주도권 그 자체에 대해 엄청난 욕구를 갖고 있는 것이다.

질문 7

당신이 아주 사소한 욕구를 충족시키려 할 때조차 파트너가 당신을 힘들게 몰아
붙이는가? 그리고 경험상 당신의 욕구가 거의 대부분 말살되는가? 어떤 것이 됐
든지 간에 말이다. 당신이 원한 것을 얻기라도 할 때면 매번 그로 인해 생각해 본
적도 없는 시련이 따라오는가?

이 질문에 관해서는 생각해 볼 점이 많다. 이번에는 특히 더 주의를 기울여야
한다. 삐걱대는 관계에 있는 사람들은 자신들의 파트너가 단지 성격이 강한 사
람인지, 아니면 진짜 권력지향의 인간인지를 분간할 수 없어서 곤란을 겪는다.
다음 내용으로 그 차이를 명확히 알아보자.

권력지향형 인간

어떤 사람이 질문 7이 적용되는 권력지향 인간인가? 권력지향 인간은 어디에서
오는가? 무엇이 그들을 주도권에 집착하여 살게 만들었나?

—— 주도권 작동 원리

권력지향 인간으로 성장하는 경로는 대체로 두 가지가 있다. 첫 번째 경로는, 부
모나 가족 중의 누군가가 어떤 방식으로든 흔치 않은 권력지향 인간인 경우다.
그런 경우 자기만의 주도권을 축적하는 것만이 살아남을 수 있는 길이라는 감을
가지고 성장하게 된다. 일찍이 중요한 법칙을 배우는 것이다. 이기기 위해서는

무슨 짓이든 해야 한다는 법칙 말이다.

이런 아이들의 부모들은 곧이곧대로 주도권을 발휘하지 않는다. 쉴 새 없이 격렬하게 감정을 표출함으로써, 매우 난폭해짐으로써, 미친 짓을 함으로써, 혹은 아이가 스스로를 바보처럼 느끼게 함으로써 주도권을 잡는다. 이 같은 부모를 둔 아이에게 협동이나 타협이란 불가능한 일이다. 선택할 수 있는 대안은 승리, 아니면 도망뿐이다.

주도권에 집착하는 인간으로 성장하게 되는 두 번째 경로는, 부모가 의도하진 않았지만 본보기를 보임으로써 자녀에게 어떻게 하면 권력을 가진 인간이 될 수 있는지를 가르치는 것이다. 아이들은 부모가 하는 짓을 보면서, 언제 어떤 식으로 주도권을 작동시켜야 이길 수 있는지를 알게 된다. 이렇게 배운 것이 자녀들의 경쟁력이 된다. 우리는 모두 삶에 대해 우리가 갖고 있는 지성, 매력, 아름다움, 활기 등의 강점들을 강조한다. 이 말은 우리가 어린 시절부터 성인으로 성장해가는 동안 어릴 적에 터득한 강점을 키운다는 것이다. 그 교훈들을 잘 이용해서 주도권을 획득하고 사용하는 기술을 발전시킨다.

── 게임의 재능

권력지향 인간이 되는 데는 타고난 특질과 적성도 큰 역할을 한다. 천성 때문인가, 양육 때문인가라는 오랜 논쟁 끝에 정답은 결국 '둘 다'인 것으로 났다. 이는 물론 권력지향 인간에도 적용된다.

권력지향 인간의 경우를 살펴보자. 타고난 재능이란 것이 있다. 나는 주도권을 어떻게 낚아채느냐에 대한 다양한 경우를 보았다. 그 중에는 관계에서 주도권을 잡을 수 있는 소위, '타고난 재능'이라는 것이 틀림없이 존재하는데, 마치 고등학교 밴드부에서부터 두각을 나타내어 음악에 대한 재능을 확인하는 경우와도 같다. 한 조직에서 일하는 사람이라면, 같이 일하는 동료 중에 누가 주도권의 재능을 갖고 있는 사람인지 정확히 알아볼 수 있는 것이다.

그러나 주도권의 재능을 타고났는지, 그렇지 않은지 구분할 수 있는 그 이상의 또 다른 기준이 있다. 어떤 특정 상황에서만 주도권을 획득할 수 있는 능력을 가진 사람과 어느 상황에서나 끊임없이 주도권 획득을 시도하는 사람 사이에는 큰 차이가 있다.

단지 주도권에 대한 재능을 갖고 있다는 것만으로 인간관계를 파괴하는 종류의 권력지향 인간이라고는 할 수 없다. 그렇지만 그 재능이 당신을 지배하고, 심지어 당신이 그 재능의 노예가 된다면 당신은 물론이고 당신 주변의 사람들은 커다란 난관에 봉착하게 된다. 권력지향 인간은 자제해야겠다는 필요성만으로는 통제가 불가능하다.

—— 실제 상황

이번에는 현실을 보자. 살다 보면 다른 때보다 훨씬 더 강력한 주도권을 행사하게 하는 특정한 상황이라는 것이 있다. 대부분 직업 때문이다. 예를 들어, 당신 파트너가 긴급을 다투는 성격의 직업(소방대원이나 큰 병원 응급센터 책임자 같은)을 갖고 있다면 업무가 워낙 과중하기 때문에 파트너는 직업에 기대어 그가 원하는 것은 무엇이든 쉽게 얻을 수 있을 것이다.

"당신은 이렇게 해야만 해. 내 직업상 그게 필요하니까."

"당신은 그걸 포기해야만 해. 그것 때문에 내 일이 방해를 받거든."

엄청난 압박감과 많은 일, 또는 어려움을 수반하는 직업은 어떤 것이든 간에,

당신의 파트너가 원하는 것을 얻는 데 있어 실직적인 힘이 된다. 이런 종류의 일들은 어떤 관계에서도 불편함을 만들 수 있지만, 만약 파트너가 권력지향의 인간이라면 이는 그에게 더 강력한 주도권을 보태줄 뿐이다.

사람들이 주도권을 갖게 되는 환경은 엄청나게 다양하다. 자기 사업을 하는 것이 이에 해당된다. 기업의 세계에서 실질적인 주도권을 갖는 것도 해당된다. 정치적인 주도권이나, 연예계의 '스타 파워'도 이에 해당된다. 권력지향 인간인 상사를 둔 경우도 그렇다. 당신의 파트너가 권력지향 인간이 아닐지라도, 그의 상사가 그렇다면 당신은 권력지향 인간과 결혼한 것과 같은 처지가 될 수 있다는 뜻이다.

어떤 경우에는 임신이 실질적인 주도권을 주기도 한다. '조폭'의 아내였던 한 내담자의 경우가 그랬다. 남편은 그녀를 완전히 무시하면서, 수년 동안 철저히 짓밟고 지배했다. 그런데 놀랍게도, 그런 남자가 아내의 임신 사실을 알게 된 날부터 완전히 뒤바꼈던 것이다. 그때부터 그녀는 원하는 것이 무엇이든 원하는 때에 곧바로 얻을 수 있었다. 그렇지만 슬프게도, 그녀의 주도권은 건강한 아이를 낳아 병원에서 집으로 돌아간 순간 끝이 나고 말았다.

외부적 상황이 그 자체만으로 권력의 역학을 바꾸는 것인지, 권력지향 인간이 힘을 더 얻기 위해 상황을 이용하는 것인지를 구분하는 것은 매우 중요하다.

권력지향 인간이 자신에게 유리하게 활용하는 것 중에 '관심'이 있다. 이상하게 들리겠지만, 잠깐만 생각해보면 그 의미를 알 수 있을 것이다. 예를 들어, 저녁을 뭘로 할까를 결정하는 문제에 대해 생각해보자. 커플 중 한 사람은 무엇을 먹든지 별로 신경을 쓰지 않는 사람이다. 다른 한쪽은 그와 반대로 몹시 신경을 쓴다. 그 사람은 특정 채소를 반드시 정해진 방법으로 조리해 주기를 원하고, 유제품은 매우 싫어한다. 누가 메뉴를 결정하게 될지 금방 추측되지 않는가? 또는 한쪽은 섹스를 할 때 그저 사랑을 나누기만 하면 된다고 생각할 뿐 다른 것은 그다지 신경 쓰지 않는다. 그에 반해 다른 한쪽은 섹스에서 반드시 지켜야 할 여러 가지 원칙을 가지고 있다. 누가 섹스의 주도권을 쥐게 되겠는가?

권력지향이 아닌 사람도 더 많은 일에 신경 쓰고, 그 문제들에 대해 더욱 강하게 신경을 쓰면 쓸수록 관계에서 강력한 주도권을 가질 수 있다. 적어도 그런 식으로 신경 쓰는 사람이 관계의 힘의 균형에 영향을 미친다고 말할 수 있다. 하지만 권력지향 인간은 특정 문제나 사안에 대해, 보통 사람이 신경 쓰는 정도를 훨씬 넘어서는 신경을 쏟아 부으며, 무슨 사안이든 간에 신경을 쓰는 모든 것을 주도권 쟁취에 이용한다.

권력지향 인간과의 관계에서 어떤 일을 당하게 될지 대강 감이 올 것이다. 어떤 이는 주도권에 굶주리면서 성장한다. 어떤 이는 부모 슬하에서 주도권에 대해 배웠다. 어떤 이는 권력 추구에 타고난 재능이 있다. 어떤 이는 주도권 획득을 위해서라면 보통 사람이 상상할 수 없는 정도를 가볍게 넘어서는 행동을 한다. 어떤 이는 현실의 생활조건을 권력 확장을 위해 악용한다. 또 어떤 이는 특정 문제에 대해 지나치게 신경 쓴다. 이런 사람들의 안중에 당신은 없다.

── 권력지향 인간의 행동

질문 7에 대한 응답을 쉽게 하기 위해 따져 봐야 할 문제는 파트너가 권력지향 인간인지의 여부이다. 로즈마리의 경우를 잘 살펴보면 된다. 로즈마리에게는 바로 집으로 가는 것이 아주 중요한 상황인데도, 느닷없이 비니가 레스토랑에 들러야 한다고 한 사건은 그 자체로는 그리 중요하지 않을 수도 있지만, 로즈마리가 비니와 살면서 매일 겪을 일에서 그녀가 느끼는 진실을 분명하게 보여준다. 다시 말해, 비니라는 인간은 자신의 욕구를 충족하는 데에도 관심이 있지만, 그보다 더 심각하게 자신의 주도권을 유지하는데 신경을 쓴다는 것이다.

레스토랑에 들르는 것은 전혀 필요한 일이 아니었다. 그렇지만 권력지향 인간은 별로 필요해 보이지 않는 여러 가지 일에 목숨을 걸고 싸운다. 그런 일들에 대한 욕구만을 생각하면 꼭 필요한 일로 보이지 않지만, 주도권에 대한 욕구에 비추어 보면 그건 절대적으로 필요한 일이 되기 때문이다.

문제는 이렇다. 당신이 권력지향 인간이 아니라면, 어떤 특정한 일에 대한 욕구를 이해하는 것은 쉽지만, 그것을 주도권에 대한 욕구의 관점에서 이해하기란 어렵다는 점이다. 그래서 당신은 권력지향 인간이 진정으로 목숨 거는 일을 수용하기 어렵다. 그리고 그 말은, 권력지향 인간과 함께 살면서 일어나는 일들을 받아들이기 어렵다는 뜻이다.

이와 같은 권력지향 인간과 관계를 맺고 있고, 스스로를 보살펴야 하는 경우에 대해서 생각해보자. 당신이 원하는 것은 자신의 욕구가 충족되었으면 하는 것이 전부다. 로즈마리가 옷을 갈아입기 위해 집에 가기를 원하는 것처럼. 하지만 당신은 권력지향 인간의 마음이 작용하는 방식을 이해해야 한다. 권력지향 인간이 자기의 주도권에 대해 심각하게 신경 쓰고 있다면, 그 인간들은 당신이 그들과는 다른 방식으로 행동한다는 것을 상상할 수가 없다. 원하는 것이 주도권뿐이니, 그들이 생각하기에는 당신이 원하는 것도 주도권일 수밖에 없다고 생각하는 것이다. 권력지향 인간들은 당신이 하는 행동의 의미를 자신의 관점에서 해석한다.

그들은 자신의 욕구를 충족시키기 위해서가 아니라, 권력을 유지하기 위해 모든 일을 하기 때문에 당신이 그가 원하는 대로 해주는 것은 권력을 인정하고 강화시켜 주는 것이 된다. 최소한 권력지향 인간이 보기에는 그렇다는 말이다.

그러므로 로즈마리가 관계 속에서 자신을 돌보기 위해 하는 행동을 비니는 죽어도 권력 다툼, 혹은 힘겨루기로 밖에는 해석할 수 없는 것이다. 비니는 자신을 태우고 강을 건너게 해주는 개구리를 독침으로 쏘아 함께 가라앉는 전갈과도 같은 존재다. 전갈이 독침을 쏘는 본능을 어쩌지 못하는 것처럼, 비니도 어쩔 수가 없는 것이다. 원래 그렇게 생겨 먹은 인간이기 때문에.

마찬가지로, 권력지향 인간은 주도권을 향한 자신의 욕구를 행사하기 위해 종종 어리석은 짓을 할 수밖에 없다. 모든 일이 잘 돌아갈 수 있도록, 가능한 최선의 조화나 균형을 취하기 위해 노력하는 대신 그의 관심은 오로지 권력에만 집중되어 있어서 다른 모든 것을 파괴하고 만다.

이제 다시 질문 7에 대한 응답의 의미를 살펴보기로 하자. 제시할 진단에서 어떤 말을 할지 충분히 예상하리라고 본다.

진단 7

파트너가 당신이 원하는 것이면 그것이 아무리 사소한 것일지라도 이런 저런 방식으로 가로막고 나서고, 당신의 요구 대부분이 어떤 식으로든 말살되고, 당신이 원하는 것을 얻을 때마다 파트너가 엄청난 시련을 안겨주기 때문에 욕구를 충족시키는 것이 할 일이 아니라고 느낀다면, 당신은 그 관계를 정리하고 떠나는 것이 장기적인 관점에서 행복할 것이고 관계를 유지하는 것은 불행한 일이 될 것이다.

권력지향 인간은 결국 열정을 파괴하고야 만다.

아직도 당신의 파트너가 열정을 파괴하는 권력지향 인간인지 아닌지 확신이 가지 않으면 어떻게 해야 할까? 파트너의 머릿속에 들어가 볼 수는 없는 일이지만, 그가 하는 짓과 그에 대한 당신의 느낌으로 짐작할 수 있다.

── 주도권은 움직인다

권력지향 인간이 자신의 주도권을 유지하기 위해 하는 일은 몇 가지 특정한 범주로 나눌 수 있다. 여기서는 핵심적인 것들을 살펴보기로 하겠다. 잘 살펴보도록!

효과적인 공격이 최선의 방어 당신이 무엇을 원하든, 권력지향 인간은 그런 욕구를 갖고 있는 것이 잘못되었다고 주장한다. 그가 노리는 것은 당신이 죄의식이나 수치심을 느끼게 하는 것이다. 당신이 질려버리거나 약해졌다고 느끼게 만들고, 경멸하면서 스스로를 열등하다고 느끼게 만들려고 한다. 그는 당신에게 여러 가지 딱지를 붙인다. '방어적이다' '예민하다' '의존적이다' 등 그 목록은 끝이 없다. 그렇게 해서 당신은 '이런 욕구를 갖는 사람이 그런 사람이라면, 나는 그렇게 되기는 싫으니, 아예 욕구를 갖지 않는 편이 낫겠다'라는 식으로 생각하게 만든다.

이 같은 술책은 처음부터 알아차리기 어려운 경우가 대부분이다. 왜냐하면 당신은 '뭔가 잘못된 점이 있을지도 모른다'는 감정을 다루기에도 바빠서, 권력지향 인간이 실제로 무슨 짓을 하고 있는지 주의 깊게 보기가 어렵기 때문이다.

주도권 유도 일을 어렵게 할 필요가 있을까? 아주 많은 권력지향 인간은 죽을 때까지 말로만 "예스!"라고 하면서 당신을 이길 수 있다는 것을 잘 알고 있다. 앞서 예를 든 비니의 경우, 처음에는 주도권 '유도柔道'(상대편이 공격해 오는 힘을 이용하여 던져 넘어뜨리는 기술을 구사하는 운동인 유도에 주도권 싸움을 비유했다—옮긴이)를 구사했다. 로즈마리를 달래서 로즈마리가 원하는 것을 얻을 수 있다고 생각하게 하고, 느닷없이 레스토랑에 빨리 가봐야겠다면서 옆길로 새버려 결국 로즈마리가 대응할 준비를 갖추지 못하게 함으로써 자신의 욕구를 충족했다.

이 같은 술책의 요점은 당신에게 반대하는 대신, 당신이 원하는 것을 들어주겠다고 약속함으로써 무사히 넘기려 한다는 것이다. 하지만 그는 결코 약속한 것을 실행하지 않는다.

속임수 속임수snow job(감언이설로 설득하거나 교묘한 거짓말로 속인다는 의미의 관용어. 여기서 저자는 글자 그대로 눈보라 휘몰아치듯 상대를 꼼짝 못하게 한다는 뜻으로 사용했다—옮긴이)란 사람을 꼼짝 못하게 하고 정신 못 차리게 하는 복잡함과 혼란의 눈보라와 같다. 그런 엄청난 눈보라 앞에서 당신은 거꾸로 뒤집히고 뺑뺑이를 돌다 지쳐서, 한 조각의 평화나 분명함만 얻을 수 있다면 권력지향 인간이 원하는 것은 무엇이든 맘대로 하게 내버려둬도 좋다는 생각이 들게 된다.

당신은 감정적인 소동, 언어폭력으로부터 오는 소동, 계략적인 소동, 지능적인 소동, 바쁘다는 핑계와 미묘한 직업적인 이유 때문에 받아들일 수밖에 없는 온갖 소동들에 직면하게 되고, 그 때문에 당신의 욕구가 말살되는 사태를 맞는다. 그렇지만 겉보기에는 전혀 야단스러워 보이지 않는다. 혼돈의 눈보라에 휘말린 당신의 눈에는 마치 당신을 위하는 예의바른 배려처럼 보이는 것이다.

끝없는 진군 당신이 원하는 것은 아주 단순한 것이다. 하지만 권력지향 인간은 당신을 향해 공격해 오고, 공격해 오고, 또 공격해 온다! 걸음걸음, 가능한 매 순간마다 끝없는 전투가 계속된다. 상대는 지치지도 않는다. 다시 공격해 올 때마다 새로운 힘이 충전되어 있다. 그렇게 사람 진을 빼는 집요함은(슈퍼마켓에 데리고 간 어린 아이가 TV에서 본 과자를 사달라고 조르는 것처럼) 당신이 자신의 욕구를 우선순위에 놓았다는 것을 엄청나게 미안하게 느끼게 하고 후회하게 만든다. 결국 당신은 항복할 수밖에 없고, 이후로는 오랜 동안 자신의 욕구를 충족시키려는 시도조차 하지 않게 된다.

비열한 싸움 권력지향 인간은 우리를 겁주고 협박한다. 자신이 원하는 것을 얻고, 당신이 원하는 것을 얻지 못하도록 방해하기 위해서라면, 무슨 짓이든 아주 신속하게 겁 없이 할 수 있음을 보여준다. 그 인간들은 실제로는 미치지 않았더라도, 필요하기만 하면 말 그대로 '미친 짓'을 할 수 있다.

한 남자는, 그의 파트너가 차를 너무 빨리 몬다고 말하자(실제로 과속을 하고 있었다) "이게 빠르다고? 진짜 빠른 게 어떤 건지 보여 주지."라고 말하고는 가속 페달을 최대한 밟아서 파트너가 두려움 때문에 정신을 잃게 만들었다! 그리고 교통이 혼잡한 구간에서 시속 100킬로미터로 달리던 중 자신의 파트너가 한 마디 하자, "나더러 속도를 늦추라고? 알았어. 그냥 서버릴 수도 있다고."라고 말하고는 4차선 고속도로 한가운데서 완전히 차를 정지시켜 버렸다.(이 여자가 내게 처음 와서 한 첫마디는 이랬다. "제 파트너가 말하기를 제가 너무 감정적이어서 치료가 필요하대요.")

사기 행각 당신의 욕구는 권력지향 인간을, 말 그대로 병나게 한다. 당신 욕구 때문에 그들이 아프다고 생각하게 만든다. 이것이 권력지향 인간이 일을 도모하는 방식이다. 한 여자는 이런 술책을 어머니에게서 배웠다. 그녀가 십대였던 어느 날, 어머니에게 더 이상 교회를 다니고 싶지 않다고 말했다. 그녀의 어머니는 마룻바닥에 쓰러졌고, 완벽한 심장발작을 연기했다. 너무 그럴 듯 했기에 딸은 응급차까지 불렀다. 나중에 어머니에게서 물려받은 그대로 성공적인 권력지향 인간이 된 그녀는 자신의 관계에서 히스테리컬한 울부짖음부터 호흡곤란, 눈앞이 안 보이는 두통(편두통이 심한 경우 동반될 수 있는 신경학적 증상─옮긴이)까지를 연기함으로써 원하는 것은 무엇이든 뜻대로 조종할 수 있게 되었다.

권력지향 인간은 승리하기 위해서는 무슨 짓이든 한다. 이것이 바로, 결국에는 당신의 욕구가 말살되어 버린다고 느끼고, 욕구를 충족시키기 위해 아무런 시도조차 할 가치가 없다고 당신이 느끼게 만드는 방법이다. 결국 당신은 '파트너의 등 뒤에서, 파트너 모르게 해결할 방법을 찾는 태도'를 갖게 될 수밖에 없다.

파트너와의 관계를 정리하고 떠나는 것이 당신의 행복을 위한 길이라는 이유는 위에서 이야기한 것들 말고도 더 있다. 상황을 개선하거나 고치기 위해 당신이 어떤 시도라도 한다면, 권력지향 인간은 이를 자기 권력에 대한 공격으로 받아들인다. 그러면 그는 있는 술책을 다 동원해서 역습을 가해 올 것이 틀림없다. 그렇게 되면 다른 사람들이, "네, 모든 것이 완벽하진 않죠. 하지만 우리는 둘 다 각자가 원하는 것이 충족될 수 있는 방식으로 문제를 해결하고 싶어요."라는 상식적인 말은 상상조차 할 수 없는 상태가 된다.

파트너가 자신의 욕구를 만족시키려 한다고 해서 걱정할 필요는 없다. 각자의 욕구를 만족시키기 위해 종종 싸우는 파트너도 신경 쓸 필요가 없다. 내가 언급한 사람들의 사례를 통해서 진정으로 견딜 수 없는 것은 우리의 욕구를 충족되지 못하게 만드는 것이 가장 중요한 욕구인 듯 행동하는 파트너와 함께 하는 일임이 분명해졌으니 말이다.

____ 공평성 테스트

아직도 당신이 권력지향 인간과 살고 있는 것인지 아닌지가 확실하지 않다면, 공평성 검사를 해보자. 당신의 어느 한 욕구를 들어, 파트너를 비난하지도 말고, 공격하거나 꼬리표를 붙이지도 말고, 지금과 같은 방식이 단순히 어떻게 공평하지 않은지를 설명해 보는 것이다. 예를 들면 이렇게 말해 보는 것이다. "우리가 언제나 당신이 원하는 TV 프로만 보고, 내가 원하는 프로는 보지 않는 것은 불공평해. 그렇지 않아?" 파트너는 당신의 호소에 어떻게 반응할까?

파트너가 단지 더 많은 주도권을 가지기 위한 술책을 써서 응답한다면, 그것이 아무리 혼란스럽고 오해의 소지가 있다하더라도(당신이 죽을 때까지 끝내 동의하게 만들면서, 자신이 하던 짓을 계속해오던 술책을 포함해서), 당신은 구제불능의 권력지향 인간과 함께하고 있다는 뜻이다. 강한 성격이거나, 그다지 민감하지 않아서 공평하지 않았던 사람들은, 어떻게든 공정하고 생산적으로 응답하려고 한다. 그렇지만 권력지향 인간들은 그렇게 대응할 의지도 없고, 그렇게 응답할 능력도 없다.

권력지향 인간이 그렇게 행동하는 이유는, 모든 주도권의 고삐를 자신이 쥐고 있지 않으면 아주 심각한 정도로 안전을 위협받는다고 느끼기 때문이다. 권력지향 인간은 주도권이 없으면 안전하지 않다고 느끼는데 어느 정도인가하면, 당신이 발가벗고 맨해튼 거리를 걸을 때 느끼게 될 감정과 비슷한 거라고 생각하면 이해가 빠르다. 그러나 그들의 안전에 대한 욕구를 이해하는 것이 당신을 도와

주진 않는다. 그들의 안전은 당신에겐 악몽이기 때문이다.

8단계 ▶ 무시당하지 않을 권리

관계에 있어서 주도권의 문제는 너무도 중요하기 때문에, 질문 7에 '예'라고 답하지 못했지만 여전히 구제불능인 권력지향 인간과의 관계에 속박되어 있는 모든 사람을 돕고 싶다는 점을 분명히 하겠다. 어떻게 하겠다는 건지 궁금할 수도 있겠다. 만약 당신의 파트너가 당신의 욕구가 말살당하고 있다고 느끼게 만든다면, 그것을 알아차릴 수 있을까?

반드시 그렇지는 않다. 여러 해 동안 내가 여러 번 목격했던 비극 중 하나가 남자든 여자든 간에 권력지향 인간을 찬탄하다가 그들의 술책에 넘어가 고꾸라지는 광경이었다. 그 희생자들은 이렇게 말한다. "맞아요, 내 파트너는 지배적이고 위압적이에요. 하지만, 맙소사! 그는 또 너무 멋지고, 너무너무 똑똑하고, 능력이 있어요!" "네, 분명 내 욕구가 무시되곤 하지요. 그렇지만 그건 그냥 내가 멍청이라 그래요.(스스로를 멍청이라고 말한다.)" "아마 나는 진짜 그런 욕구는 갖지 않는 게 맞을 것 같아요."

문제를 아주 혼란스럽게 만드는 것은, 권력지향 인간은 우리의 인생을 망쳐가면서 확실하게 지배하고 있지만 일반적으로 지배적인 사람은 대개 관리형 인간이면, 관리형 인간들은 우리가 최상이라고 칭찬하고 함께 있으면 가장 안전하다고 느끼는 사람들이라는 점이다.

그러면 어떻게 구분할 수 있을까? ①당신이 권력지향 인간의 눈속임에 빠져서 그가 관리형 인간이라고 잘못 믿고 있는 것인지, ②전혀 권력지향 인간이 아닌 사람인데, 단지 워낙 성격이 강하고 경쟁적이어서 그의 관리에서 권력지향 인간의 느낌을 받는 것뿐인지.

①과 ②를 어떻게 구별할 것인가? 당신이 관계에 머무는 것이 행복할지, 떠나는 것이 행복할지를 결정하기 위해서는 이 문제를 분명히 해결해야 한다.

당신의 욕구가 말살당하는 중에도 그런 줄을 모르게 되는 또 하나의 이유가 있다. 완벽한 달인의 경지에 이른 권력지향 인간 중 일부는, 언제나 당신이 의식하기 한 걸음 전에 멈추는 법을 안다. 이 경우에 해당한다면 질문 7에 대해 진지하게 '아니오'라고 답했을 것이다. 당신의 여러 욕구 중 한두 가지는 때때로 충족되었을 것이기 때문이다. 그렇지만 어쨌든 당신은 여전히 비참한 상태일 것이다.

이제 다음 질문에 답해보자.

질문 8

당신은 파트너와의 관계에서 근본적이고, 되풀이되면서, 결코 완전하게 가시지 않는 굴욕감 또는 무시당한 느낌을 받는가?

당신이 관계 속에서 파트너의 주도권과 관련해서 어떻게 느끼는지에 관한 질문이다. 비니와 로즈마리 사례로 돌아가보자. 직설적으로 말하자면, 비니는 로즈마리가 스스로를 끊임없이 패퇴하고 좌절하는, 아무것도 아닌 사람으로 느끼게 만들었다.

굴욕감으로 인해 얼굴이 붉어지고, 무시당함으로써 가슴에 구멍이 난 듯한 느낌. 권력지향 인간과의 관계를 유지하는 한, 결코 없앨 수 없는 느낌이다. 파트너가 당신 입을 억압적으로 막을 때, 당신은 뺨을 한대 맞은 것처럼 굴욕감으로 달아오른다.

굴욕감이나 무시당한 느낌이 표현되는 두 가지 방식이 있다. 분노와 우울이다. 다른 사람의 주도권이 당신을 아무것도 아닌 것처럼 느끼게 만들면, 당신은 그 사람을 파괴하고 싶어 하거나 당신 자신을 파괴하고 싶어질 것이다.

파트너가 당신을 그렇게 느끼게 만든다는 사실은 바로 알아챌 수 있을 것이다. 때때로 그러는 것은 문제가 아니다. 이런 일은 거의 누구에게나 일어난다. 대부분의 시간 동안 표면적인 부분에서 마음속 깊은 곳까지 늘 그럴 경우가 문제인 것이다. 그러나 아직도 확신이 가지 않아서, 당신이 느끼는 것을 '무시당한다' 혹은 '굴욕감을 느낀다'라고 꼬리표를 붙일 수가 없다면, 이 문제를 겪은 사람들이 느꼈던 실제 사례를 보기로 하자. 이 사례들이 당신의 상황을 분명하게 해줄 것이다.

- 이 온화한 남자는 권력지향적인 성격의 마나님에게 잡혀 살고 있다. 아내와 이야기를 조금 길게 하거나, 이야기하는 동안, 혹은 그 직후에 그는 아내를 고문해서 죽이고 싶다는 생각을 하고 있음을 깨닫고 충격을 받는다.(이와 같은 상상이 아주 드물게 일어난다면 당신이 굴욕감을 느끼고 있는 의미로 받아들일 필요가 없다. 그건 단지 당신이 화가 나 있다는 걸 뜻한다.)
- 퇴근해 돌아올 때마다 약혼녀로부터 끝없는 잔소리를 듣는 남자가 있다. 그녀는 이 남자가 무엇을 해야 할지만이 아니라, 어떻게 해야 하는지까지 통제하려 했고, 그가 일을 할 때는 어떤 느낌을 갖고 해야 하는지까지 강요했다. 거의 매일 밤, 그 남자는 잠자리에 누워서 자살할 방법을 궁리했다.

- 자신이 말하는 것은 무엇이든 말꼬리를 잘라버리는 애인을 가진 여자. 그녀가 '피곤하다'고 말하면 그는 '난 완전히 탈진했다'고 하고, 그녀가 회사에서 새로운 분야의 일에 지원하는 문제에 대해 말하면, 그는 완전히 새로운 직업을 찾는 문제를 이야기했다. 이와 같은 주도권의 이동은 그녀로 하여금 자신이 아무것도 아니라는 느낌을 갖게 했고, 소위 '비참한 기적 소리choo-choo of misery'라는 상태에 빠지게 만들었다. 스스로가 중요하지 않은 인간이란 느낌에서 출발한 우울한 생각은 그녀의 인생 전체가 완전한 낭비라는 느낌으로 진행하는 비참한 기차여행 같은 것이었다.

- 파트너로부터 이것저것 끊임없이 명령을 받는 남자. 하지만 파트너는 아주 공손한 태도로 표현하기 때문에 겉보기에는 상냥하고 따뜻하게 보일 정도였다. 아무튼 그녀의 끊임없는 요구와 명령 때문에 남자는 화가 났지만, 몇 번인가 자신의 분노를 표현했을 때 그녀는 도리어 그가 완전히 잘못한 것으로 느끼게 만들었다. 그래서 남자는 몇 년인가를 화를 삼킨 채로 살아왔고, 아직도 덜 익은 도넛을 급하게 삼킨 것처럼 가슴속에 뭔가가 걸려 있는 것 같은 느낌에 시달린다.

진단 8

만약 당신의 파트너가 근본적이고 되풀이되며, 결코 완전하게 없앨 수 없는 굴욕감을 주거나 당신의 존재를 무시하는 느낌을 준다면, 그건 당신이 그 관계를 끝내고 떠나야 행복할 수 있음을 알려 주는 것이다. 당신과 같은 상황에 있었던 다른 사람들 모두가 떠났을 때 행복했고, 남아있을 때는 불행했다고 말했다.
굴욕감은 미움을 나타내는 바로미터다.

굴욕감은 당신 파트너가 당신을 지배하는 능력 때문에 관계를 끝내는 것이 좋다는 사실을 밝혀주는 중요한 단서다. 그리고 굴욕감은 상대편이나 자신을 향한 폭력의 환상이 얼마나 많이 떠오르는지와 우울하거나 화가 난 날을 얼마나 많이 경험하는지로 측정할 수 있다. 마찬가지로 중요한 사실은 이러한 굴욕감이 당신 파트너와의 접촉 정도와 상관이 있다는 것이다. 굴욕적인 상호작용 직전이나 작용 중인 때, 그리고 상호작용 직후에 굴욕감이 증가하는 특징을 보인다.

── 굴욕감이라는 덫

굴욕감이란 것이 권력지향 인간과의 관계에서 오는 것임을 알아야 한다. 굴욕감이 얼마나 당신의 행복과 마음의 평화를 파괴하는지를 이해하지 못하면, 관계와 관계에 대한 양가감정이란 덫에 걸려들게 된다.

폭력의 환상과 분노의 감정은 당신을 복수의 도식에 빠지도록 유혹한다. 이는 도박꾼이 손해를 만회하겠다는 생각에 사로잡혀 도박을 계속하게 되는 것과 마찬가지다. 폭력의 환상은 관계에서 당신을 밀어내기 보다는 당신을 관계 속으로 더 깊이 빨아들인다. 그렇게 오랫동안 불행을 겪게 만든 사람을 지배하거나 혹은 최소한 어떤 식으로든 그를 손상시켜야 당신의 자부심과 만족을 회복할 수 있다는 병적인 감정을 키우게 되기 때문이다.

존재를 무시당하는 것도 같은 식으로 작용한다. 누군가가 당신을 존재하지도 않는 것처럼 느끼게 만들거나 아무것도 아닌 것처럼 느끼게 만들면, 당신은 그의 주의나 관심을 끌기 위해 끝없이 애쓰는 함정에 빠질 수 있다. 불행히도, 다른 사람의 관심을 끄는 가장 효과적인 방법은 아프거나 미친 것처럼 행동하는 것이다. 매우 보편적인 현상이다. 그래서 나는 치료받으러 온 사람 중에 주의를 끌기 위한 것처럼 아프거나, 미친 것처럼 행동하거나, 자기 파괴적으로 행동하는 사람이 있을 경우, 그 사람에게 '당신이 아무것도 아닌 것처럼 느끼게 만든 사람이 있는지'를 반드시 점검하곤 한다.

불행하고 만족스럽지 못한 관계가 대개 결별로 끝날 거라고 생각한다면 큰 오산이다. 때로 그런 상황은 파트너 양쪽 모두가 더 깊이 그 관계에 파고들게 만든다. 당사자 모두가 미움과 비참함의 노예가 된 상태로 오래도록 이어지는 관계도 있다. 그리고 그 중의 많은 사람들이 주도권과 굴욕감의 덫이라는 드라마로 관계를 시작한 경우다.

대부분 사람들의 경우, 가정 밖에서 굴욕감을 느끼는 경험을 조금이라도 하지 않고 지나가는 날은 거의 없다. 아무리 사소하더라도 우리 힘이 얼마나 제한되어 있고, 우리가 얼마나 미미한 존재인지를 돌이켜 생각하게 하는 사건이 없는 날은 거의 없다는 의미다. 우리가 목숨을 바치고 싶은 관계라는 것은, 이런 굴욕감이나 미미한 존재감으로부터 피난처가 되어야 마땅하다. 우리 관계가 단지 더 많은 굴욕감을 제공할 뿐이라면, 그런 관계는 머물기에 건강한 장소가 아니다.

진단 8은 당신이 결국 아무것도 아니거나 전혀 중요치 않은 사람처럼 느끼게 만드는 관계라면, 그 관계를 떠나야 당신이 행복해질 수 있다는 것을 뜻한다. 내가 굴욕감의 덫에 대해 말한 이유는 당신이 많은 상처를 입으면서도 그런 관계에 집착하는 것을 경계하기 위해서다. 관계를 유지하면서 당신이 승리할 길은 없다. 그런 의미에서 굴욕감의 덫은 신체적 학대의 경우와 별반 다르지 않다.

그러나 이와 같은 관계를 벗어나서 느끼게 되는 해방감과 안도감은 정말 엄청난 것이다.

07

의사소통

:
:
:

"내게 말해줘, 내 말을 들어줘"

"우리는 전혀 말이 안 통해요."

"우리 사이에 얘깃거리가 있어 본 적이 없어요."

"우린 절대 서로를 이해 못해요."

잘 알다시피, 의사소통은 관계 유지에 있어 생명수와 같다. 의사소통의 붕괴는 어린아이에게 열이 오르는 것처럼 도움이 필요하다는 신호만큼이나 매우 확실한 사실이다.

그러나 의사소통에 관련된 다른 측면들은 꽤나 혼란스럽다. 관계를 유지하는 것이 더 행복할 것인지, 관계를 정리하고 떠나는 것이 나을지를 판단하려는 경우는 더욱 그렇다. 예를 들어 의사소통이 잘 되지 않고 있는 경우는 관계가 좋지 않아 의사소통도 잘 안 되는 것일까? 아니면 의사소통이 잘 안되기 때문에 관계도 안 좋아진 것일까?

당신 파트너가 당신 말을 귀담아 듣지 않는 경우는 당신이 이야기하는 내용이 문제인가? 아니면 당신에게 효과적인 의사소통 기술이 없어서인가? 아니면 파트너가 이유 불문하고 화를 내는 사람이서 그런가? 그도 저도 아니면 무엇 때문일까?

그리고 의사소통이 잘 안 되는 경우, 고칠 수 있는 부분은 어디까지이고 치명적인 부분은 또 어디인가? 외견상으로만 나빠 보이는 의사소통은 무엇이고, 실제 내부적으로도 나쁜 의사소통은 어떤 것인가?

아주 많은 유형의 나쁜 의사소통이 있다. 관계를 파괴하는 유형도 있다. 짜증스럽긴 하지만 관계에는 별 타격을 주지 않는 종류의 의사소통도 있다. 좋지 않은 의사소통 방식임에는 틀림없지만 정상적인 관계에서 많은 사람들이 하고 있는 유형일 뿐인 것도 있다.

의사소통에 관한 혼란

모두가 이처럼 혼란스러워하는 것이 이상한 일은 아니다. 차라리 더 심각한 것은, 우리가 한편으로는 더 분명하고 효과적인 의사소통을 원하면서도, 다른 한편으로는 긴장을 풀어도 괜찮다는 생각으로 대충 얼버무리는 의사소통을 하면서, 결과는 어찌되든 상관없다는 식으로 행동하기도 한다는 것이다. 관계를 위해 무슨 일인가 해야 한다는 것을 피곤하게 느끼는 사람이 어디 한둘인가?

의사소통 문제는 매우 중요한데, 이는 의사소통에 관련된 문제가 혼란스러워서 오판할 여지가 아주 많기 때문이다. 예컨대 독감에 걸린 사람이 암에 걸린 사람보다 더 아파 보이고, 실제로 더 아프다고 느낄 수 있는 것처럼 건강한 관계에 있는 사람이, 정리하고 떠나는 것이 더 나을 관계에 있는 사람보다 의사소통에서 더 많은 곤란을 겪을 수도 있다. 사실 아주 심각하게 나쁜 상태에 있을 때는 곤란한 문제에 대해 말하는 것을 피하고 싶은 마음이 너무 강한 나머지, 곤란한 문제를 말하지 않게 되고 그러다가 실제로 아주 심각한 상황에 이르렀는데도 그보다는 좋을 거라는 환상을 갖게 되기도 한다!

그러니, 어떻게 하는 것이 최선일지를 분명하게 결정하는 것이 당신의 과제인 이상, 관계를 끝내고 싶어 하는 욕구를 드러내는 의사소통이 어떤 것인지를 정확하게 따져보는 것이 좋겠다. 사람이라면 누구나 관계에서 의사소통 문제를 갖고 있다. 그러나 중요한 것은 당신의 문제가 고칠 수 없는 것인 동시에 관계를 파괴하는 것은 아닌지를 확인해 봐야 한다는 것이다.

이 문제를 보다 깊이 다뤄보자.

건초더미에서 바늘 찾기

의사소통 문제에 관해서라면 우리는 완전히 발가벗어야 한다. 커플들을 대상으로 상담을 했던 기간 내내, 그들은 의사소통이란 것을 통해 자신들의 문제를 적나라하게 보여주곤 했다. 이것은 아주 대단한 발견이었다. 커플들이 서로를 고통스럽게 하거나 헷갈리게 하는 일 없이 진실을 말하고 들을 수 있고, 그들의 욕구를 전달하고, 서로의 의견이 접근해 가는 지점을 발견하게 될 쯤이면, 나는 그들이 문제를 해결하는 길에 접어들었다는 것을 알 수 있었다.

문제는 아주 많은 종류의 의사소통 행동(좋은 것도 있고, 나쁜 것도 있다)이 있고, 시시각각 변화하기 때문에 절대적인 기준을 찾기가 매우 어렵다는 것이다. 그래서 우선 의사소통이라는 건초더미 속에서 어떻게 진단용 바늘을 찾아냈는지를 이야기하려 한다.

이 문제를 연구한 지 얼마 안 되어 나는 명확히 구분되는 두 무리의 인상적인 지원자들을 만났는데, 그로부터 나는 '치명적으로 나쁜 의사소통이므로 탈출하는 것이 옳다'는 신호들을 확실하게 발견할 수 있었다. 한쪽 무리에는 '외계인 의사소통alien communicatioon'이란 이름을 붙였다. 이는 두 사람이 너무나 다르기 때문에 문제가 생기는 경우다. 다른 한쪽 집단은 '미친 의사소통crazy communication'이라 명명했다. 이 경우는 혼란스럽고, 모호하고, 오해를 일으키고, 잘못 알아들을 수 있는 말과 몸짓을 사용함으로 인해 문제들이 발생한다. 이 두 그룹은 우리들 대부분이 너무나 잘 알고 있는 의사소통의 중요한 문제들을 갖고 있다.

그러나 두 무리의 지원자들은 관계 진단이란 측면에서는 생각만큼 도움이 되지 않았다. 그들이 너무나 뚜렷하게 '관계 파괴자'의 특징을 드러냈기 때문이다. 잠시 이들에 대한 이야기를 할 필요가 있다. 우선 두 가지 의사소통의 경우를 하나씩 살펴보고, 관계를 유지하는 것이 나을지 정리하는 것이 좋을지를 확실하게 결정할 수 있는 의사소통 문제를 알아보도록 하자.

─── 외계인 의사소통

지도에서 볼 수 있는 것보다 더 많은 강이 사람들 사이를 가르고 있다. 그런 강 중에서 요즘 가장 관심을 끄는 것이 성별에 따른 차이다. 누구나 이런 성차에 대해서 잠깐이라도 관심을 가져보았겠지만, 성차에 관한 나의 관점은 단순한 남녀의 차이만이 아니라, 우리들이 느끼는 모든 차이에 관한 것이다.

요즘 미국에서 반짝 유행하는 것 중에 남자와 여자가 얼마나 궁극적으로, 행성간의 차이만큼이나 심각하게 다른가 하는 주제가 있다. 어느 날 내 딸아이에게 전화가 왔다. 그 애는 아주 흥분해서, 또래 여자아이들 모두가 읽고 있는 '모든 것을 설명'해주는 책을 지금 읽고 있는 중이라고 얘기했다. 그 책은 남자와 여자 사이의 메울 수 없는 틈을 드러내 보여주고 있다. 자기 남편이 원래 화성인이 아닌가 하고 느꼈던 모든 여자들(그렇게 느낀 적이 없는 여자가 있을까?)이 이 책에 의해 자기들의 생각이 옳았음을 인정받았다고 느끼고 있다. 남자는 화성인이다! 그 책은 아래와 같이 의사소통 상의 차이점을 강조한다.

- 남자가 수도꼭지를 고치고 있을 때 여자는 '도움이 되는 조언'을 한다. 여자는 자기가 관심 있는 것을 말하려 하지만, 남자는 그것을 여자의 도움이 없이는 수도꼭지도 고칠 능력이 없는 남자라는 뜻으로 받아들인다.
- 한 여자가 세금신고양식을 작성 중이다. 남자는 여자 혼자 하도록 내버려 둔다. 남자는 여자 혼자서도 할 능력이 있고, 그녀를 방해하지 않는 것이 도와주는 일이라는 뜻을 전하려는 것이지만, 여자는 남자가 자신을 배려할 생각이 전혀 없다는 뜻으로 받아들인다.

많은 사람들이 잘못된 의사소통을 성차와 연관 짓는 것을 좋아하기 때문에, 이 주제에 대해서 이야기하자면 끝도 없을 것이다. 나는 사람들 사이의 차이가, 성차와 마찬가지로 함께 어울려 사는 것을 더 어렵게 한다는 것을 의심하지 않는다. 하지만 그런 차이는 관계를 파괴하지도 않으며, 관계가 끝났다는 신호도 아니다.

'외계인 의사소통'은 우리가 참고 살아갈 수 있는 수준의 것이다. 우리는 아메바에서 진화하면서부터 암·수가 서로 달랐기 때문에 아주 오랫동안 성차에 적응해온 셈이다. 성차를 너무 강조하면 이런 차이를 메우기 위해 우리가 발전시켜

온 기술들을 무시하게 된다. 의사소통 문제가 거의 없이 행복하게 지내는 많은 수의 이성 커플이 있는가 하면, 동성 커플인 경우에 남·녀의 성차가 없는데도, 의사소통이 제대로 안 돼서 헤매고 있는 경우도 많다.

내 생각에 관계에서의 진정한 문제는, 우리에게 차이를 메우는 재능이 없다는 사실이 아니다. 필요하다고 느끼기만 하면 우리는 아무런 차이가 없는 상품에 대해서도 차별화된 느낌과 독특성, 특별한 느낌을 창조해내기 위해 차이를 만들어 내고야 마는 놀라운 재능이 있다. 게다가 의사소통이야말로 차이에 따라 존재하는 틈에 다리를 놓을 수 있는 유일무이한 것이기도 하다. 만약 그 다리 때문에 문제가 생긴다면 어느 정도는 우리가 그 차이들을 너무 과장했기 때문일 것이다. 어쨌든 의사소통은 해결 방안이지, 문제가 아니다.

요점을 말하자면, 나는 단지 남녀 차이로 발생한 강을 의사소통으로 건널 능력이 없기 때문에 심각해지고, 전혀 개선의 여지가 없어지고, 그래서 서로를 포기했다는 커플을 본 적이 없다. 오히려 더 심각한 문제와 더 상이한 차이로 인한 문제가 그 이유가 될 것이다. 성이 서로 다르다는 것만으로 남녀 간의 관계가 불가능해지는 날에는, 인류라는 종족은 커다란 곤경에 처할 것이다. 그렇지 않은가? 적어도 아직 그런 상황에 이른 것은 아니라고 생각한다.

똑같은 논리가 모든 차이점을 넘어서기 위한 의사소통에 적용된다. 의사소통 문제를 논하면서 차이에 관해 말하는 것은 다리를 논할 시점에 강에 관해 이야기하는 것과 같다. 강은 다리를 놓아 건너게 되어 있다. 그리고 차이점들이야말로 바로 의사소통이 있어야 하는 첫 번째 이유인 것이다.

─── 미친 의사소통

어쨌든 "남자는 이렇게 말하는데, 여자는 저렇게 말하더라"라는 주제에 관한 이야기가 재미는 있다. 우리는 "나는 타잔, 너는 제인"이란 놀이를 하는데 그 놀이는 언제나 새로운 사실을 발견하게 해준다. 지원자 중 나머지 한 그룹인 미친 의사소통에서는 혼란스럽고, 불명확하고, 잘못 판단하게 하고, 잘못 이해하게 하는 말과 몸짓들이 문제를 일으킨다.

이는 미친 사람들이 하는 의사소통을 말하는 게 아니라, 사람을 미치게 만드는 의사소통을 말하는 것이다. 누군가 말하고 있는데 도대체 무슨 말을 하는 것이고, 왜 그런 말을 하는지를 가늠할 수가 없는 경우, 또는 뭔가를 사실대로 밝힌다는 행동이 뭔가를 숨기려고 하는 것처럼 느껴질 때가 그렇다. 당신의 말에 파트너가 뭔가 대답을 했는데, 아무리 해도 그 대답이 당신 말과 어떤 관련이 있는지 알아낼 도리가 없을 경우가 그렇다. 파트너가 당신에게 무언가를 요구하는 말을 했고 당신은 그들의 요구가 무엇인지를 절대적으로 확신했는데, 요구한 것은 그게 아니라고 발뺌할 때가 그렇다.

'미친 의사소통'은 외계인 의사소통과는 매우 다르다. 다른 점을 알아보자. 외계인 의사소통은 한 사람이 "풀밭에 호랑이가 있다"고 말하면 다른 사람이 "총을 잡아"라고 말하고, 처음 말했던 사람이 "내게 뭘 하라고 말할 필요가 없어, 나도 총을 잡아야 하는지 알아. 너는 내가 어떻게 하는지 알기만 하면 돼"라고 말하는 것이다.

미친 의사소통은 한 사람이 풀밭에 호랑이가 있는 걸 보고는 "호랑이를 어떻게 생각해?"라고 말하는 것이다. 혹은 당신이 호랑이가 보인다고 말하면 그는 마치 당신을 안심시켜야 한다고 생각하는 것처럼 "호랑이는 무슨 호랑이?"라고 말하거나, 호랑이가 없다는 것을 확신시키려고 노력하기까지 하는 것이다. 혹은 그가 호랑이를 보게 되면, 이 모든 호랑이들이 자신을 얼마나 슬프게 하는지에 관한 이야기를 늘어놓는 것이다. 또는 그가 호랑이를 보고 당신에게 "우리 비행 기표가 어디 있지?" 하고 묻는 것이다.

9단계 ▶ 제발, 내 이야기에 귀를 기울여 줘

건강한 의사소통에는 일종의 재생하는 특성이 있다. 그것은 불가사리가 잘린 부분에 새로운 몸을 자라게 하는 것과 같은 속성으로, 어떤 경우에든 대화하는 사람 사이에 균형을 이루고 동질성을 확보하는 기능을 한다. 이러한 재생 속성은 외계인 의사소통이나 미친 의사소통과 같은 장애와 상관없이 존재한다.

영화 <에너미 마인Enemy Mine>은 이러한 재생 속성을 아주 잘 묘사하고 있다. 각각 우주비행을 하던 두 사람이 한 소행성에 좌초하게 된다. 소행성에는 단 둘 뿐이었다. 그들은 서로 전쟁 중인 행성 출신으로 상대편의 말을 전혀 할 줄 몰랐다고, 서로 다른 종種이었을 뿐 아니라, 각자 상대를 죽이라는 명령을 받은 상황이었다. 하지만 두 사람 사이의 거리와 차이를 연결해주는 다리와 같은 의사소통의 엄청난 능력 때문에, 결국 그들은 서로 이야기를 나눌 수 있게 되었고, 훌륭한 동료 관계를 형성하게 된다.

나는 네 살 때 우즈베키스탄에서 미국에 왔는데 당시 영어를 전혀 할 수 없었다. 미국에 와서 나는 곧바로 보육원에 보내졌고 거기서 서로 다른 나라에서 온 다른 아이들과 어울리게 되었다. 거의 모든 아이들이 다른 아이의 말을 알지 못했다. 일주일도 안 되어, 아니 며칠 만에 아이들은 상상할 수 있는 모든 성장 배경과 문화적 차이를 극복하고 마치 같은 동네에서 태어난 아이들처럼 함께 어울려 놀 수 있었다.

이런 기억 때문에 마치 건초더미 속에서 바늘을 찾듯이 의사소통 속에서 진단의 단서를 찾는 연구에 관심을 갖게 되었다. 만약 어떠한 의사소통의 문제 때문에 머물기에는 너무 좋지 않은 관계가 된다면, 그 문제라는 것은 바로 의사소통의 재생능력을 손상시키는 것일 수밖에 없다는 깨달음이 왔다. 의사소통의 다리 건설 기능을 손상시키는 것일 수밖에 없는 것이다. 그리고 실제로 당신과 비슷한 처지의 남녀를 대상으로 한 연구결과도 나의 직감이 절대적으로 옳았음을 증명해 주었다.

의사소통 드라마의 진정한 악당을 알고 싶은가? 내가 '테이블에서 치우기 증세off-the-table-itis'(-itis는 '염증성 질환'을 의미하는 라틴어 어미이다―옮긴이)라고 부르는 것을 주의 깊게 살펴보라. 이 표현은 협상에 관해 말할 때 쓰이는 것이다. 어떤 주제에 관해 논의하는 것을 원하지 않을 때 그 주제를 '협상테이블에서 치워버리는' 것을 가리킨다. 이는 누군가가 그 주제에 관해 말하고 싶지 않은 상태가 지속될 때, 그 주제를 대화 테이블에 올리지 않고 버틸 때 일어난다.

테이블에서 치우기 증세는 관계를 죽인다. 다시 말해, 이 증세를 가진 파트너가 관계를 말살하고 만다. 어떻게 그렇게 되는지는 곧 보여주겠지만, 먼저 이 증세를 테스트하는 질문을 보자.

당신의 파트너는 당신이 특별한 관심을 갖고 있는 어떤 주제들을 대화에 올리거나 그에 관해 질문하려 하면, 대부분 그리고 줄기차게 그런 시도를 차단하는 것처럼 보이는가?

"나는 그것에 관해 얘기하고 싶지 않아."라고 파트너는 직접적으로 드러내 놓고 할 수 있다. 좀 더 완곡하게 말할 수도 있다. "좋아. 그런데 어떻게 생각해……?"라고 말을 시작하지만 다음 순간 완전히 다른 이야기를 하는 식이다. 위협적으로도 굴 수 있다. "계속 그 얘길 하라고 강요하면, 우리 관계는 끝장이야!"

당신을 감정적으로 학대함으로써 테이블에서 치우기 증세를 은폐할 수도 있다. 당신에게 중요한 문제인데도, 그 문제를 언급하는 것만으로 당신이 바보 같고, 뭔가 잘못하고 있다는 두려운 느낌이 들게 만드는 것이다.

매우 공손하고 예의 바른 태도로 당신이 눈치 채지 못하게 문제를 테이블에서 치워 버릴 수도 있다. "그거 아주 훌륭한 질문이야. 그 문제를 말해 주니 정말 기뻐. 그런데 그 문제에 관해서는 진짜로 생각할 시간이 필요하거든." 그걸 영원히 생각만 할 거라는 얘기는 하지 않겠지만 말이다.

이 문제를 극단적으로 몰고 갈 생각은 없다. 단지 당신 파트너에게 논의하고 싶은 주제를 말하게 하는 것이 어려울 뿐이라면, 그것은 테이블에서 치우기 증세가 아니다. 당신 파트너가 얘기하고 싶지 않아하는 것을 느낄 뿐이라면 그것도 테이블에서 치우기 증세가 아니다. 그리고 기분이 나쁜 상태이거나 당신이 문제를 제기한 타이밍이 좋지 않아서 한두 번, 혹은 어쩌다 어떤 문제에 대해 얘기하기를 거절하는 것도 이 증세라고 볼 수는 없다.

이야기를 하려할 때마다 계속 거부당해서 당신이 그 문제를 다시 꺼낼 엄두가 나지 않을 정도는 되어야, 테이블에서 치우기 증세라고 할 수 있는 것이다. 단지 당신 파트너가 자신이 무슨 짓을 하고 있는지를 모를 뿐이어서, 당신의 지적에 따라 그러기를 그만두었다면 이 증세라고 말할 수 없다. "당신 알아? 당신은 섹스에 관해서는 결코 얘기하고 싶어 하지 않는다는 거." 당신이 이런 식으로 말할 때 당신 파트너가 "이런, 당신 말이 맞아. 미안해. 그럼 우리 섹스에 관해 이야기해 보자."와 같이 응답한다면 당연히 이 증세가 아니다!

그러나 만약 그가 특정 주제를 대화 대상에서 제외한다는 걸 계속해서 부정하거나, 당신이 그 문제를 대화 주제로 올리는 것이 잘못된 것이라고 느끼게 만든다면, 그건 테이블에서 치우기 증세다.

___ '테이블에서 치우기' 증세 진단

질문 9를 읽자마자 당신은 "맞아!"라고 외칠지도 모르겠다. 하지만 내가 관심을 갖는 것은 사람들이 알아채지 못하는 상태에서 일어나고 있는 테이블에서 치우기 증세다. 누군가가 당신에게 줄기차게 입을 다물라고 명령하면, 잠시 동안은 '꼭지'가 돌아버릴 것 같겠지만, 시간이 지나면 결국은 그 말에 덤덤해질 것이다.

그러나 대개의 경우, 이를 탐지해 내기가 보통 어려운 게 아니다. 왜 테이블에서 치워버렸는가를 논의할 가능성 자체를 치워버리기 때문이니, 놀랄 일도 아니다. 교묘하기 이를 데 없다. 어쨌든 이 증세는 관계를 파괴한다. 다음의 사건들을 보면 파트너의 증상을 쉽게 알아차리는 데 도움이 될 것이다.

• 당신과 파트너 사이에 섹스와 관련된 문제가 있어서, 이야기를 시작하려 한

다고 생각해보자. "우리가 어째서 그렇게 오래 잠자리를 하지 않게 됐는지 이야기해 보고 싶어."라고 당신이 말했는데, 파트너가 당황한 나머지 화를 내며, "나는 그런 얘기가 정말 싫어! 정말이지 그것에 관해 이야기하고 싶지 않단 말야!"라고 소리친다면? 그리고 그가 아주 격렬하고 단호하게 말함으로써 당신을 '끽소리' 못하게 제압해 버린다면? 테이블에서 치우기 증세다.

• 당신이 특정 문제를 어떻게 느끼는지에 관해 얘기할 때마다, 그는 한숨을 쉬거나, 주제를 바꾸거나, 신문을 읽거나, TV나 애완견에게로 눈길을 돌리거나, 황급히 담뱃불을 붙이려 하거나, 뭘 먹으려 하거나, 아무튼 딴전을 피우며 당신의 말을 막는다면? 테이블에서 치우기 증세다.

• 작년 내내 만나고 있는 남자는 당신과의 관계에 흥미가 있는 눈치다. 하지만 그 남자는 당신을 사랑한다는 말을 결코 하지 않을 뿐 아니라, 섹스할 때를 빼고는 애정을 표현하지도 않는다. 당신이 이 문제에 대해 얘기하자, 그 남자는 예의 바르게 경청한 뒤 당신이 하고 있는 모든 말이 얼마나 재미있고, 환상적이고, 흥미로운지 모른다고 말하고, 당신이 한 얘기에는 생각할 거리가 아주 많다고 얘기한다. 그러고는 그 문제에 관해 생각해 보겠다고 약속하지만 결코 대답을 갖고 오지 않는다. 당신이 문제를 꺼내면 그는 늘 생각할 시간이 필요하다고 예의바르게 말한다. 테이블에서 치우기 증세다.

• 당신에게 중요한 어떤 문제에 관해 얘기할 때마다, 파트너는 거의 아무 말 없이 앉아서 듣는다. 하지만 당신 말을 듣는 그의 태도에는 뚫고 들어갈 수 없는 돌처럼 단단한 분위기가 느껴진다. 당신의 말이 그의 귀는 통과하지만, 그의 마음에는 도달하지 못한다는 느낌을 어쩔 수가 없다. 테이블에서 치우기 증세다.

- 당신이 갖고 있는 문제나 욕구에 관해 이야기한다. 파트너의 응답은 당신이 그런 욕구나 문제를 갖는 게 무엇이 잘못되었는지를 지적하는 것이다. 그는 일반적인 혹평을 다소 거친 방식으로 할 수 있지만, 상당히 교묘한 방식으로도 할 수 있는 사람이다. 당신이 말하는 것이 무엇이든 그것은 어린 시절의 정신적 상처 때문이거나, '당신 어머니를 닮았기 때문'이거나, 혹은 당신이 다른 문제를 가지고 있는 증거라고 주장하지만, 실은 당신이 말하고자 하는 것과는 아무런 관계가 없는 것들이다. 테이블에서 치우기 증세다.

- 직장에서 집에 돌아온 당신은, 당신의 일과 관련해서 많은 문제가 일어나고 있고 그걸 혼자 힘으로 정리하기 힘들기 때문에 파트너와 이야기를 하고 싶다. 하지만 파트너는 5분도 못 버티고 안절부절못한다. 그녀는 당신에게 노골적으로 딱 잘라·이렇게 말한다. 자신은 당신이 골치 아파하는 회사 내의 정치나 경력 문제 같은 것에 전혀 관심이 없다고. 그리고 뒤이어 자신의 아버지는 어머니의 도움 없이도 회사생활을 아주 엄청나게 잘했다고 말한다. 테이블에서 치우기 증세다.

이런 예를 끝도 없이 들 수 있다. 그러나 당신에게 중요한 것은 관계 맺고 있는 사람들이 의사소통을 차단하는 모든 수법, 쉽게 탐지할 수 없는 그 수법들을 알아챌 수 있도록 감각을 발전시키는 것이다. 테이블에서 치우기 증세가 나타날 때마다 당신이 알아채기는 어려울 것이다. 하지만 당신은 뭔가를 느낄 수 있다. 당신을 빠르게 스쳐 지나간 일들을 마음속에서 되새겨 보면서, 단지 당신이 감으로만 느꼈던 일이었지만, 당신이 신경 쓰는 문제를 당신 파트너가 대화 테이블에서 어떻게 치워 버렸는지를 분명하게 보아야만 한다. 사실 당신 파트너가 성공적으로 대화 주제를 테이블에서 치워버릴수록, 그랬다는 걸 당신이 알기가 더 어렵다.

선을 그어야 할 기분

진단을 제시할 차례지만, 조금 조심스러울 필요가 있다. 흔하지만 약한 형태의 테이블에서 치우기 증세는 우리가 보통 앓는 감기와 같다. 즉, 목이 심하게 아프긴 해도 치명적이지는 않다. 그러니 당신이 화제를 테이블에 다시 올리려고 노력함에 따라 파트너가 그것을 거부하는 강도가 약해진다면, 좋은 신호다. 당신에게 중요도가 큰 주제일수록 파트너가 그걸 치워버리려는 강도가 약해진다면, 그것도 좋은 신호다. 당신 파트너가 테이블에서 치워버리려는 주제가 심각한 것 한두 가지뿐이라면, 그것도 좋은 신호다. 그렇지만 당신이 선을 그어야 할 기준은 여기 있다.

> **진단 9**
> 만약 중요한 문제를 이야기하려 할 때마다 파트너가 늘 완강하게 막는다면, 그래서 말할 기운을 잃고 포기해야겠다는 느낌이 든다면, 당신은 결코 저절로 치유될 수 없는 파괴적인 문제에 직면한 것이다. 그렇다면 떠나는 것이 행복할 것이다. 부채질 좀 해보려 할 때마다 흙먼지가 부채에 닿는다면, 시원한 바람은커녕 숨 막혀 살 수 있겠나!

이 진단이 당신에게 적용된다고 느껴지더라도, 일단 아직은 아무 일도 하지 마라. 때로는 진짜 괴물 같은 인간과 근본적으로 좋은 사람이지만 자격지심이

128

좀 있을 뿐인 사람의 차이를 밝혀 말하기 어렵다. 그러니 테스트를 해볼 필요가 있는 것이다. 파트너가 논의 주제를 대화 테이블에서 치워버리는 방식을 알게 되면, 그것을 지적해보아라. 예를 들어, "내가 우리 집에 가는 일에 대해서 말하려고 하면(또는 어떤 다른 주제를 말하려 할 때마다) 당신이 너무 심하게 화를 내기 때문에, 난 그 문제를 꺼낼 자격도 없구나 싶은 느낌이 들어."

이 말을 듣고 파트너는 본인이 했던 행동에 대해 자각을 하기 시작할 것이다. 그러면 진단 9는 당신에게 적용되지 않는다. 하지만 파트너가 당신이 중요한 이야기를 할 수 없도록 다른 방법을 쓸 수도 있다. 거울을 들어 파트너 자신의 모습을 보여주었는데도 의사소통을 못하게 만드는 그의 성향이 줄어들지 않는다면, 관계를 정리하고 떠나는 것이 더 행복할 거라고 확신해도 된다.

이 진단에는 한 가지 예외가 있다. 당신이 파트너의 증세를 조장했을 수도 있다는 점이다. 당신이 '아니'라는 대답을 죽어도 용납 못하는 사람인 경우에 말이다. 어떤 주제가 아무리 분명하게 의논되고 결정되더라도, 이런 사람에게는 문제가 영원히 종결되지 않은 채로 남아있고, 그래서 그 문제를 끝없이 다시 이야기하게 된다.

예를 들어, 한 여자가 집을 리모델링하는데 드는 지출비용을 남편과 충분히, 솔직하고 개방적으로 논의했다. 남편은 아주 솔직하게 그 문제에 관해 이야기했고, 그 시점에서는 그만한 비용을 감당할 수 없다는 결론을 명쾌하게 내렸다. 그녀는 남편이 무슨 말을 하는지 이해했고, 그의 의견에 동의하기까지 했다. 그러나 그녀는 리모델링을 포기할 수 없었다. 그 여자는 이미 결론이 난 문제를 몇 번이고 계속해서 다시 주제로 올렸다. 당연히 남편은 그 문제를 계속 이야기하고 싶지 않다. 이 경우, 남편의 행동은 테이블에서 치우기 증세라고 할 수 없다.

___ 문제를 만들어내는 문제

왜 테이블에서 치우기 증세에 대해 이렇게 많은 지면을 할애해서 다룰까? 어떤 관계든 의견의 차이나 불일치가 있게 마련이다. 하지만 다른 의견을 갖는 것이 규칙 위반으로 간주되고, 의견 차이를 밖으로 표현하는 것이 허용되지 않는다면, 그 관계에는 고칠 수 없는 보다 근본적인 문제가 있는 것이다. 당신이 어떤 문제를 거론할 때마다 당신의 파트너가 거의 미친 것 같은 행동을 하거나, 동정을 자아내는 분위기를 유도해 문제를 대화 테이블에서 치워버리거나, 어떤 것도 받아들일 수 없다는 완강한 거부의 자세를 취하면서 그저 당신 말을 듣기만 할 뿐이라면. 논의할 수도 없는 일을 어떻게 고칠 수 있겠는가.

이 같은 유형은 변화시키기가 매우 힘든데, 대화의 여지 자체를 없애는 특성 때문이다. 다른 모든 문제 해결을 방해하는 것이 의사소통 문제다.

파트너의 테이블에서 치우기 증세가 특히 파괴적인 것은 당신의 피드백 시도 자체를 억제하기 때문이다. 피드백은 단지, "나는 이게 좋아" "나는 저게 싫어" "그것 때문에 기분이 나빠" "그래도 괜찮아" 등의 말을 할 수 있는 단순한 능력이다. 이렇게 느낌을 밖으로 표현하는 것은 관계가 숨쉬기 위해 필요한 산소 같은 것이다. 피드백이 없으면 관계는 질식하고 만다. 피드백이 불가능하게 되면, 상황을 돌이키기 위한 어떤 시도도 불가능해져 상황은 악화일로로 치달을 것이기 때문이다.

누군가가 기분 나빠하거나, 화를 내거나, 화제를 돌려서 당신의 잘못된 점에 대해 장광설을 늘어놓기 시작하거나, 아니면 얘기 듣기를 거부함으로써 당신의 피드백을 가로막는다면 그는 이렇게 해석될 수 있는 크고 분명한 신호를 보내고 있는 것이다. "당신이 우리 관계를 좋게 느끼는지 아닌지에 대해 나는 정말 관심이 없어."

나는 테이블에서 치우기 증세가 얼마나 파괴적인지를 매일 보고 있다. 그건 개와 늑대 간의 차이와 같다. 어떤 관계는 개의 경우와 같다. 아주 멍청한 개라도 약간의 묘기는 배울 줄 안다. 하지만 늑대는 아무리 영리하고 아름답다 해도 길들여지기를 거부한다. 늑대가 아무리 아름답고 영리하다고 해도 집에 들여 놓을 수는 없다. 늑대의 야성이 길들이려는 그 어떤 노력도 사전에 차단해 버리는 것이다. 늑대는 자신이 남의 영향을 받는 것을 용납하지 않는다.

간단히 말하자면, 의사소통을 어렵게 만드는 문제가 관계를 지속하기에 너무 안 좋은 상태를 만드는 것은 아니다. 오르막을 오르듯 힘든 전투지만, 당신은 아직 이길 기회가 있다. 관계를 머물 수 없을 만큼 악화시키는 것은 의사소통을 불가능하게 만드는 문제다. 테이블에서 치우기 증세가 그 중 하나다.

10단계 ▶ 진실 말하기

테이블에서 치우기 증세는 의사소통을 방해하기 때문에 나쁘다. 거짓말이 나쁜 것은 의사소통을 훼손하기 때문이다. 누군가가 당신에게 거짓말을 하게 되면 당신의 상황은 거짓말을 듣기 전보다 나빠진다. 당신의 상황은 거짓말을 듣기 전보다 더 나빠진다. 거짓말을 듣기 전까지 당신은 단지 모르고 있었을 뿐이다. 듣고 난 후에는 당신은 안다고 생각하지만, 잘못 알고 있는 것이다.

거짓말이 의사소통에 미치는 영향은 살인이 삶에 미치는 영향과 같다. 둘 다 진실되고 가치 있는 것을 박탈하는 짓이다. 살아 있기만 하면 언제든 진실하게 될 여지가 있으니, 당연히 살인이 더 나쁘다고 하겠지만, 우리는 살인자에게 느끼는 것과 마찬가지로 진짜 거짓말쟁이에게 강한 혐오를 느낀다.

여기에 역설이 있다. 대부분의 사람들이 거짓말을 한다. 악의 없는 사소한 거짓말부터 충동적인 거짓말, 아이를 보호하기 위한 거짓말, 전체 중 일부만 말하는 거짓말, 최선을 다했다는 식의 거짓말, 그리고 면피를 위한 거짓말까지. 어떤 사람은 다른 사람보다 거짓말을 더 많이 하겠지만, 디오게네스가 입증했듯이 결코 거짓말을 하지 않는 사람은 찾아보기 어려울 것이다. 그러니 만약 파트너의 거짓말을 관계를 끝내는 기준으로 삼는다면 우리 모두는 혼자 살게 될 것이 분명하다.

그것이 우리가 여기서 해결해야만 하는 문제다. 한편으로 거짓말은 누구나 하는 것이란 사실과 또 한편으로 거짓말은 의사소통에 있어서 테이블에서 치우기 증세보다 더 나쁜 최악의 것이란 사실 사이에서 어떻게 해야 길을 잃지 않을 수 있을까?

여기서 해결의 핵심은 '안전'이다. 모든 사람들이 조금씩은 거짓말을 한다는 사실이 우리 파트너가 때때로 거짓말을 할 것이고 그래도 괜찮다, 특히 악의 없는 사소한 거짓말일 경우에는 더욱 그렇다. "글쎄, 남편은 진짜로 중요한 문제에 대해서는 거짓말을 한 적이 없어요."라고 말할 수 있는 한, 우리들 대부분은 걱정할 일이 없을 것이다.

하지만 파트너가 대부분의 경우에는 진실을 말한다는 근본적 신뢰를 잃게 된다면, 만족스런 관계를 이루는 데 아주 중요한 장애가 생긴다. 그래서 다음 질문은 이렇다.

당신은 파트너가 무슨 말을 하든, 대부분 진실을 말하기보다는 거짓말을 하고 있을 거라고 느끼는 단계에 이르렀는가?

어떤 이는 파트너의 엄청난 거짓말에 한 번 당하고 이 단계에 이른다. 또 어떤 이들은 사소한 악의 없는 거짓말은 물론이고 꽤 충격적인 거짓말도 참고 넘길 수 있다. 하지만 당신이 어디에 선을 긋든, 문제는 당신이 어떤 단계에 와 있느냐는 것이다. 다시 말해, 만약 내기를 해야 한다면 당신 파트너가 한 말이 거짓말이라는 쪽에 걸 것인지 아닌지를 묻는 것이다.

—— 로니 이야기

사면발이는 거짓말을 하지 않는다. 그것이 이번에 소개할 커플이 얻은 유일한 교훈이다. 하지만 로니는 이를 아주 오랜 동안 찾아 헤매야만 했다.

로니에게 있어 남편 할은 자랑이고 기쁨인 동시에 가장 큰 절망이었다. 할은 시골의 이름 없는 마을에서 자랐다. 하지만 그는 그럴듯한 외모와 목소리, 그리고 TV 뉴스를 진행하고 싶다는 야심을 가지고 있었고, 다행이 근처에 작은 TV 방송국이 있다는 행운을 누릴 수 있었다. 그는 아직 고등학생이던 시절부터 주말 뉴스의 리포터로 일했다. 고등학교를 졸업하고 그는 정식 리포터가 되었다. 보수도 적었고 별 특권도 없었지만, 할은 더 크고 좋은 일을 향해 가고 있는 중이라 여겼다.

그렇게 리포터로 몇 년을 지낸 후, 할은 도시의 일류 TV 방송국에서 일하게 되었다. 로니가 할을 만난 것이 그때였다. 로니는 그 지역 백화점의 이미지 컨설턴 트였는데 할은 그녀가 몹시 필요했다. 그는 여전히 시골 촌놈이었고, 대도시에서 필요한 매너와 그럴듯하게 멋 내는 법을 가르쳐 줄 사람이 절실히 필요했기 때문이다. 로니는 옷 입는 법부터, 머리 빗는 법, 레스토랑에서 품위 있게 보이는 법까지, 모든 것을 가르쳤다. 둘은 점점 더 함께 할 일이 많아졌고 결국 사랑에 빠졌다.

그들의 관계는 처음부터 비극으로 끝날 운명이었던가? 알 수 없다. 하지만 내가 그들을 만났을 때 둘 사이는 매우 심하게 손상되어 있었다. 로니는 할의 매력에 눈이 멀었었다. 그녀는 할이 자신의 조언을 아주 잘 따르는 걸 보고 심각한 오해를 하고 있었다. 로니의 친구 대부분은 관계 맺고 있는 남자들을 거의 아무것도 변화시킬 수 없었다. 로니에게 할은 무엇이든 그녀의 뜻대로 바꿀 수 있는 사람처럼 보였다. 단지 예외는, 나중에야 알게 된 거지만, 거짓말을 하는 성향뿐이었다고 할까?

다른 사람에게 어떤 피해가 가든 상관하지 않고, 자신이 원할 때마다 얼마나 자주, 능청스럽게 자기가 하고 싶은 대로 했는지를 오랫동안 로니가 알아채지 못하게 할 수 있었던 것은 할의 타고난 거짓말 재능 덕분이었다. 할은 자신이 미래의 TV 뉴스 스타라고 믿었고, 오랜 시간을 기다려서 얻을 수 있는 그런 지위를 지금 당장이라도 얻을 자격이 충분하다고 생각하고 있었다.

처음에 로니는 거의 속아 넘어갔다. 기껏 알아차릴 수 있는 거짓말이라고는, 친구들과 놀러 나가면서도 중요한 약속이 있다고 하는 식의 거짓말이었다. 그러다가 할의 잘못된 처신이 꼬리를 물고 밝혀졌다. 그 중에는 제멋대로 큰돈을 낭비한 경우처럼, 진짜로 화를 내고 실망해도 부족할 만큼 끔찍한 일들이 있었음에도 모든 것은 거짓말의 고치 속에 아무도 모르게 숨겨져 있었던 것이다.

그리고 잘못을 저지르고 거짓말을 하는 일은 주기적으로 진행되어, 갈라서고 재결합하고 아이 하나 낳고, 또 갈라서고, 다시 재결합하고 아이 하나 낳고, 또 갈라서고 재결합하는 일이 반복되었다. 너무나 완벽하게 전형적인 양가감정적 관계였다.

마지막으로 그들이 다시 결합할 때, 할은 언제나처럼 멋진 남자로 보이기 위해 로니가 믿고 싶어 하는 것들을 약속했다. 로니는 할이 말한 것을 믿을 수는 없었지만, 그 남자를 믿을 수 없어하는 자신을 인정할 수도 없었다.

그때 사면발이가 등장했다. 어떻게 로니가 음모에 기생하는 이虱에 감염될 수 있었을까? 로니는 할 이외에는 그 누구와도 함께 잠자리를 하지 않았다. 할에게 물었더니, 그 역시 사면발이에 감염되었다고 했다. 어디서 옮았느냐고 묻자, 공중화장실에서 그랬을 거라고 대답했다.

로니는 공중화장실에서 사면발이가 옮을 수는 없다는 걸 안다. 사면발이는 할이 말할 수 없는 진실을 대신 말해주고 있었다. 로니는 할이 거짓말쟁이라는 사실을 자신이 이미 알고 있었다는 사실에 대해 더 이상 스스로에게 거짓말을 할 수 없었다. 이제 로니는 할이 말하는 건 무엇이든 거짓말일 거라고 생각할 수밖에 없었다.

로니를 철저하게 파괴한 것은 끔찍하게 긴 세월의 낭비였다. 절망의 원인은 둘의 관계가 깨졌다는 것 때문이 아니라, 사면발이 사건이 있기 이미 오래 전에 할이 말하는 것 대부분이 거짓말이라는 걸 알면서도 몇 년 동안이나 그와의 관계에 머물러 있었다는 점이다.

이 진단을 좀 더 분명하게 살펴보자. 삐걱거리는 관계에서 한쪽이 상대방이 저질러온 불륜 따위와 관련된 중대한 거짓말을 잡아내는 경우가 종종 있다. 하지만 중대한 거짓말의 죄를 묻는 것이 꼭 관계를 끝내려는 공격은 아니다. 중대한 거짓말을 한 사람이 행동하기에 따라 관계가 회복될 수도 있다. 물론, 근본적인 신뢰는 쉽게 손상되지만 그것이 완전히 파괴되지 않았다면 여전히 재구축이 가능하다.

진단 10은 중대한 거짓말을 딱 한 번 한 사람에 관한 것이 아니다. 입만 열면 거짓말을 한다고 믿을 수밖에 없는 사람에 관한 것이다. 문제는 그가 얼마나 나쁜 행동을 했느냐가 아니다. 그의 행동으로 인해 당신이 얼마나 충격을 받았느냐이다. 그리고 거짓말을 했다는 자체가 아니라, 거짓말을 하는 방식이 문제된다.

이 진단을 따를 때는 주의해야 한다. 누군가가 당신에게 거짓말을 했다는 사실 때문에 당신은 엄청나게 화가 나고, 크나큰 불신과 불안에 휩싸일 수도 있다. 어쩌면 파트너가 예전에 했던 말 모두가 거짓말일 수도 있겠지만, 중대한 거짓말을 들은 후에는 당신의 파트너가 하는 다른 말도 거짓말일 거라고 확신하는 시기를 거치는 것이 당연하다.

하지만 당신은 감정적 반응과 내장에서 느껴지는 느낌을 구분해야만 한다. 감정적 반응은 당신이 회복될 수도 있고 아닐 수도 있고, 확실하다고 보장할 수도 있고 아닐 수도 있는 반면에, 뱃속에서 지속적으로 느껴지는 '감'은 당신 파트너가 입만 열면 거짓말을 뱉어낸다고 장담할 수 있는 근거가 되기 때문이다.

___ 입만 열면 거짓말

질문 10에 '예'라고 답한 사람들이 관계를 떠나야 더 행복해지는 이유는 뭘까? 진실보다는 거짓말을 더 잘한다고 확신하는 사람과 살 때, 당신에게 무슨 일이 일어날지를 보면 알 수 있다. 당신은 비통함과 편집증과 절망을 향해 가게 된다. 당신의 세계는 악몽으로 변한다. 그 관계에 머물러 있으면서 안전하다고 느끼길 바란다면, 어떤 식으로든 관계를 끝낸 것처럼 당신 파트너와 심각하게 단절하고 사는 것만이 유일한 방법이다. 사실 나중에 정신적으로 고통스럽게 할 일을 지금 깔끔하게 해치울 수도 있다.

거짓말하는 행동은 결코 호전될 될 수가 없다. 둘 사이에 일들이 어려워질수록, 당신 파트너는 더욱 큰 거짓말을 하고 싶은 유혹에 이끌린다.

파트너가 거짓말쟁이란 걸 자기 눈으로 확인하고 결국 그를 떠난 한 여자는 이렇게 말했다. "혼자서 사는 새로운 매일매일이 삶의 큰 기쁨이에요. 어찌됐든 내가 함께 사는 사람인 '나'는 언제나 내게 진실을 말한다는 걸 아니까요."

08

진정한 사랑이 남아 있는가?

. . .

"사랑? 그게 대체 뭔데?"

사랑이라는 끈

때때로 관계가 위태로워 마치 가는 실 한 가닥에 매달려 있는 것 같다면, 그 실은 바로 사랑이다. 좋은 것은 별로 없고 나쁜 것투성이인 관계 속에서 당신을 그 관계에 매달려 있게 만드는 것은 사랑이라는 끈이다. 그 경우 사람들은 이렇게 혼잣말을 하곤 한다. "하지만 나는 그 사람을 사랑해."

떠나야 할지, 아니면 머물러야 할지를 결정하기 위해 1장에서 말했던 '천칭 접근법'을 사용하는 사람들을 미치게 만드는 것 중 하나가 바로 이 사랑이란 것이다. 20년이 넘는 세월 동안, 많은 사람들이 내 상담실을 찾았다. 그들은 아픈 강아지를 감싸 안은 것처럼 자신의 관계를 두 손에 담아 들고 와서는, 내게 믿기 어려울 정도의 고통과 절망과 불행을 이야기했다. 그들은 마치 더 이상 관계를 되살리고 싶지 않기라도 한 것처럼 생명 유지 장치의 도움 없이는 그 관계가 살아남기 힘들 것이라는 많은 이유를 들었다. "이미 어떻게 하면 좋을지 아시는 것 같군요." 내가 말한다. 저울은 관계를 끝내는 쪽으로 완전히 기운 것처럼 보인다.

그러고 나면, 내담자들은 자신의 감정을 살피게 되고 가슴에 남아있던 사랑을 꺼내서 천칭의 반대쪽에 올려놓는다. 그러면 사랑은 제우스 신 머리 위의 황금(기원전 5세기경 고대 그리스의 조각가 피디아스가 8년의 작업을 거쳐 제우스 신상을 완성했다고 하는데, 신상의 머리는 거대한 황금과 상아 등으로 장식되어 있었다고 전해진다—옮긴이)만큼이나 무게가 나가서 저울은 관계를 유지하는 쪽으로 기울고 만다. 이런 상황에서 사랑은 진정 모든 것을 정복하는 것처럼 보이며, 어떤 경우에는 죽은 관계의 썩어가는 현실까지도 되살리는 것처럼 보인다.

하지만 그런 관계가 정말 죽은 관계일까? 얼마가 됐든 우리 가슴에 사랑이 남아 있기만 하면 관계를 살아있게 만들 만큼의 힘을 갖지 않는가? 당신이 그 사람을 사랑한다고 느끼는데, 어찌 관계 속에 머물지 않을 수 있단 말인가. 아니면 때로 우리의 느낌은 그저 환상일 뿐인가? 그렇게 실재적이고 강력하게 느껴지던 사랑이, 때로는 단지 죽은 희망과 꿈의 망령일 뿐인 것인가?

그렇지만 우리는 사랑을 느낀다. 그리고 나와 같은 심리치료사들은 사람들이 자기 느낌을 신뢰하는 법을 배우도록 돕는데 직업적 삶을 다 바친다. 그렇다고, 내가 다른 사람들에 대한 당신의 느낌을 믿지 말라는 말을 할 수 있을까?

만일 그렇다고 한다면, "하지만 나는 그 사람을 사랑해"라는 말이 머물기엔 너무 나쁜 관계를 예방할 수 있는 관계에 대해서도 이야기해보자. 진실로 사랑이 얼마만큼의 차이를 만들어내는지 알아보기 위해 사랑이 얼마나 실제적이고 강력한지를 판정할 방법이 있는지부터 알아보자.

── 심리학 대가조차도 모르는 사랑

사랑 때문에 혼란스러워 하는 사람은 당신만이 아니다. 대부분의 심리치료사들도 사랑이란 것에 혼란을 느껴 두 손 두 발을 다 들었다. 결혼 치료 분야의 가장 영향력 있는 교과서인 <부부의 변화를 돕는 법Helping Couples Change>을 보면 참고도서의 총 분량이 거의 십만 쪽에 달하는데도 불구하고, 사랑이란 단어는 본문이나 참고문헌 목록에서 거의 찾아볼 수 없다. 널리 알려진 <가족 치료 편람Handbook of Family Therapy>에도 사랑은 한 번만, 그것도 결혼의 마흔 두 가지 요소 중 하나로 언급될 뿐이다. 사랑은 결혼에서 42분의 1만큼의 비중 밖에 차지하지 못한다!

다른 치료사들이 시도해 봤지만 모두 항복하고 말았다. 칼 융은 그의 자서전인 <기억, 꿈, 회상Memories, Dreams, reflections>에서 신약성서를 인용해서 말한다. "사랑은 '모든 것을 참고' '모든 것을 견딘다.'" 융은 이 말들이 사랑에 관해 "말해야 할 것을 모두 말하고 있다"고 느꼈다. 하지만 그는 다음과 같이 자신의 한계를 솔직하게 인정한다. "나의 의학적 경험과 내 삶 자체에서 나는 사랑이란 신비와 마주치고 또 마주쳤었다. 그러나 사랑이 무엇인지는 결코 설명할 수 없었다."

융과 다른 심리치료사들은 사랑이란 말을 설명하지 못하고 항복한 것을 인정할 만큼 책임감이 있었다. 다른 사람들의 말들은 단지 수박겉핥기에 불과하다. 내가 아는 한, 사랑은 무엇이라고 말하든 간에 엄청나게 혼란스러운 것이다. 사랑을 가장 소중히 여기는 사람들에게는 더욱 그렇다.

___ 단지 느낌에 불과해

정리를 한번 해보자. 정리하고 나면, 당신이 느끼는 사랑을 어떻게 '처리'할지 알수 있고, 그렇게 되면 당신의 관계가 떠나기에 너무 아까운지 아니면 그대로 머물기에 너무 나쁜지 결정할 수 있을 것이다.

앞서 우리는 사랑의 필수조건을 이야기한 적이 있다. 이유는 함께 사랑에 빠질 수 없는 사람에게서 벗어나지 못하고 머물러 있는 사람은 불행하기 때문이다. 현시점에서 따져볼 일은 당신의 느낌이 개인의 진실에 바탕하고 있는가 하는 것이다. 당신은 항상 스스로가 느끼는 그대로를 느끼고 있다는 전제를 의심하지는 않을 것이다. 하지만 그것보다 더 중요한 점은 정말 무엇이 당신에게 그렇게 느끼게 하는지를 아주 면밀히 살펴보아야만 한다는 것이다.

당신의 느낌을 신뢰한다는 말의 진정한 의미를 이해하려면, 느낌이 작용하는 방식을 이해할 필요가 있다. 이를 위한 아주 빠른 방법이 있다. 이 방법은 전문가나 일반인 모두에게 도움이 된다.

1만 년 전으로 돌아가 우리 인류의 원시 조상을 만난다고 상상해보자. 여기에, 느낌이 그 자체의 특별한 위치를 갖게 되는 맥락을 보여주는 순서가 있다. 하나의 예만 들었지만, 다른 경우에도 이러한 단계만은 언제나 들어맞는다.

1단계: 실재實在 호랑이 한 마리가 풀숲을 지나서 당신에게 기어오고 있다.

2단계: 지각知覺 "호랑이 한 마리가 풀숲을 지나 내게 기어오고 있다!"

3단계: 감정感情 "이크!" 호랑이에 대한 공포.

4단계: 행동行動 당신은 서둘러서 사력을 다해 도망간다.

어떤 사람이 모든 느낌은 이런 순서에 들어맞는다.(앞에서 다른 경우라도 단계만은 언제나 들어맞는다고 한 말의 뜻이 이거다.) 여기서 우리가 느낌 때문에 곤란에 처하게 되는 이유가 명백해진다. '호랑이에 대한 공포'를 느끼기 전에 풀숲에 호랑이가 있어야 하고, 우리가 호랑이를 정확히 지각해야 한다는 점을 주목하라.

많은 사람들이 모든 느낌을 존경하라고 하지만, 제대로 한번 따져보자. 당신이 정확하게 지각하고 보니 호랑이인 줄 알았던 것이 단지 진짜처럼 잘 만든 호랑이 옷을 입은 광대였다든가 하면, 당신은 '호랑이에 대한 공포'를 느꼈던 것이 어리석었다고 느끼게 될 것이다. 그리고 사슴 사냥철에 유명한 사냥꾼 얘기처럼, 당신이 실제로는 얼룩말이라든가, 새끼 고양이, 아니면 계모를 호랑이로 오인했더라도 역시 스스로를 멍청하다고 느낄 것이다. 누구도 당신의 느낌에 왈가왈부할 수 없지만, 느낌이 의미가 있으려면 그 느낌은 실존하는 것에 대한 정확한 지각에 근거한 것이어야만 한다.

사랑 역시 다른 느낌과 마찬가지로 이런 순서를 따른다.

1단계: 실재 당신이 만나 알게 된 사람이 있다. 그 사람은 실제적인 성질을 갖는다.

2단계: 지각 "내게 완벽하게 맞는 특징을 지닌 아주 훌륭한 사람이야."

3단계: 감정 "나 사랑에 빠졌어."

4단계: 행동 당신은 점점 더 그 사람에게 빠져든다.

"하지만 나는 그 사람을 사랑한다 말이야!"라는 당신의 말은 단지 당신의 느낌을 묘사한 것뿐이다. 거기에 실제적인 무엇이 있었던 것도 아니고, 그에 대한 당신의 정확한 지각이 있었던 것도 아니다. 그 사람을 사랑하는 것은 좋은 일이긴 하지만, 당신이 그 사람의 실체를 정확하게 지각했을 때, 그때도 실제로 사랑을 느낄 수 있어야 진정한 사랑이 가능하다.

사랑을 느낀다고 해서 당신의 지각이 정확하다는 뜻도 아니고, 느낌이 실체를 보증해 주지도 않는다. 달리 말하면, 당신에게 어떤 느낌이 있다고 해서 그 느낌이 적절한 것이어야 할 필요나 이유는 없다는 의미다.

11단계 나를 좋아한다, 좋아하지 않는다, 좋아한다, 좋아하지 않는다…….

당신이 사랑 때문에 관계를 어쩌지 못하고 양가감정에 휘둘리고 있는 사람 중의 하나라면, 이 책은 사랑의 느낌이 사실인지 아닌지 확신할 수 있도록 당신을 도울 수 있을 것이다.

물론 이 책 전체가 양가감정적 관계에 시달리는 사람을 돕기 위한 것이기는 하지만, 지금 여기서 초점을 맞추려는 것은 상대편 사람이 아니라, 사랑 그 자체다. 당신이 진정 사랑이라는 호랑이에게 쫓기고 있는지, 아니면 당신을 괴롭히는 것이 종이 호랑이인지, 유령 호랑이인지, 처음부터 호랑이 같은 것은 없었는지를 확인해보자.

내가 아는 한, 사랑이 죽었는지 살았는지를 알아보는 가장 좋은 방법이 있다. 다음 질문은 체온계처럼 친숙하겠지만 체온계만큼이나 놀라운 진단력을 가지고 있다!

질문 11

그 사람의 놀라운 장점과 일시적인 분노, 절망으로부터 한발 물러나서 볼 때, 당신은 진짜로 순수하게 파트너를 좋아하는가? 그리고 파트너도 당신을 그렇게 순수하게 좋아하는가?

질문 11은 실제로 두 가지 부분으로 구성되어 있다.

1 우리는 당신이 파트너에게서 비열하거나, 멍청하거나, 광기가 있거나, 추악하거나, 악취가 나는 면을 발견해서는 안 된다는 것을 밝힌 바 있다. 당신은 진짜로 순수하게 파트너를 좋아하는가?

내가 묻는 것은 당신이 평생 어떤 사람을 친구로 사귀는 것과 똑같은 방식으로 파트너와 친구가 될 수 있겠느냐는 게 아니다. 함께 식사나 쇼핑을 하는 데 문제가 없겠느냐는 것도 아니고, 똑같은 것을 좋아하는지를 묻는 것도 아니다. 이것이 매일, 매시간, 매분까지 항상 진실인지를 묻는 것도 아니다. 여기서 묻고 있는 것은 당신 입장에서 볼 때, 당신이 함께 있으면 행복하고 편안한 친구나 다른 사람을 좋아하는 것처럼 진짜로, 당신 파트너를 좋아하느냐는 것이다.

2 파트너도 당신을 좋아하는 것 같은가? 당신 파트너의 머릿속이나 속마음을 알고 있느냐고 묻는 게 아니다. 파트너가 당신을 어떻게 느끼는지에 대해, 그리고 그가 당신이 어떻게 느끼게끔 하고 있는지 묻는 것이다. 당신 파트너는 당신을 좋아하는 것처럼 행동하는가?

파트너는 당신에게 그가 당신을 좋아한다고 느끼게 만드는가? 당신들 사이에 분노와 상처와 거리감이 존재하던 시기가 있었다면, 파트너는 이런 시기 이외에는 당신을 좋아한다는 느낌을 당신에게 충분히 전해주는가?

이 질문은 대답하기가 쉽지 않다. 그러면 내가 '지나치게 노력한 커플Couple Who Tried TooHard'이라 부르는 사람들의 사례를 통해 알아보자.

___ 앤 이야기

앤과 데이브는 서로 같은 가치관을 가지고 있었기에 사랑에 빠졌고, 결혼에도 성공했다. 그들은 퀘이커교Quakers(프로테스탄트의 한 교파로 프렌드 협회라고도 한다. 신앙의 내용과 형식에 있어서는 인디언과의 우호, 흑인노예무역과 노예제도의 반대, 전쟁 반대, 양심적 징병거부, 십일조 반대 등 일반적인 이들의 태도와 달라 특수한 사람들로 간주되었다. 미국과 캐나다에 약 13만 이상의 교도가 있을 것으로 추정되고 있다. 한국의 대표적인 퀘이커교도로는 함석헌이 있다─옮긴이) 모임에서 처음 만났다. 두 사람은 각자 다른 사람과의 결혼생활을 경험했고, 자신들의 영적인 뿌리를 찾아 돌아오는 중이었다.

처음 서로에게 끌리게 된 것은 모임에서 일부 다른 사람들이 주장하는 정치적 행동주의에 대한 불편함 때문이었다. 앤과 데이브는 영적인 경험에 굶주려 있었다. 처음 서로를 발견했을 때, 영적 경험에 대한 갈구는 유사한 인생 배경과 합쳐져 둘 사이가 완벽한 조합인 것처럼 보이게 했다. 착하고, 친절하고, 점잖고 사랑스러운 두 사람은 신과 연결되기를 갈망했고, 각자 판단하기에 상대가 바른 사람인 걸 알고 편안함을 느꼈다. 그들은 아주 많은 점에서 같은 의견을 갖고 있었고, 서로를 강력하게 지지했기 때문에 퀘이커식 표현을 빌린다면, 그들은 서로를 언제나 '내 최고의 친구'로 칭하는 습관을 갖게 되었다.

앤이 나를 찾아왔을 때 수치심으로 붉게 달아올랐던 그녀의 얼굴을 결코 잊을 수 없다. 앤은 "온 마음을 다해 사랑하는" 사람이고, "최고의 친구"인 사람과 "완벽한 결혼"을 했음에도 불구하고, 어떻게 그렇게 불행할 수 있는지 실의에 빠진 채로 나는 찾아왔던 것이다. 그녀도 스스로를 이해할 수 없었다. 어떻게 이런 일이 벌어질 수 있을까. 더구나 머릿속에는 온통 데이브와 끝내고 싶다는 생각뿐이라니! 앤은 뭐가 잘못되어도 크게 잘못되었으며, 아마도 영혼의 공허함, 냉정함, 식어버린 열정, 혹은 분노 같은 것이 사랑을 차단한 것이 아닐까 하는 생각이 들었다.

그런 게 사랑일 리 없어 앤은 모든 일을 전적으로 자신의 책임으로 돌렸지만, 일단 내가 그녀의 "최고의 친구"에 대해 묻자 불평을 쏟아내기 시작했다. 고작 데이브가 그녀도 마땅히 공감하는 높은 가치관을 갖고 있다는 것을 간신히 기억해냈을 정도이지, 그것 말고는 좋게 말할 것이 하나도 없었다. 물론 데이브는 신에게 가까이 가 세상을 치유하려는 열망을 품고 있었다. 하지만 앤과 함께하는 데이브는 불평, 냉정함, 따분함과 자신의 느낌과의 괴리로 가득했고, 둘의 관계에 대해 이야기하는 것에는 관심도 없었다. 데이브는 어떤 사람에 대해 말하든, 혹평밖에 할 줄 몰랐다. 데이브는 누가 몇 시냐고 물으면, 시계를 조립해서라도 알려줄 사람이었다. "그렇지만 나는 데이브를 사랑해요." 앤이 말했다. "그는 나쁜 사람이 아니에요. 그런데도 그를 떠나고 싶은 생각을 어쩌지 못하는 걸 보면 내가 뭔가 잘못된 거겠죠?"

이것이 실제로 사람들이 양가감정에 대해 표현하는 공통적인 방식이다. 그들은 저울의 한쪽에 파트너의 좋은 특징들을 올려놓고, 또 다른 한쪽에는 나쁜 점들을 놓는 것이 아니다. 한쪽에는 그 사람의 모든 특징들(실은 모두가 나쁜 점들뿐이다)을 놓고, 반대편에는 그 사람이 좋은 사람이고, 사랑받을 만한 사람이라는 '일반적인' 감각을 올린다.

여행의 끝 내가 처음 앤과 마음의 행로를 따라가는 여행을 시작했을 때, 나는 이 여행이 어떤 식으로 진행될지 감이 통 오지 않았다. 하지만 여행을 계속하면서 앤이 뭔가 잘못하고 있다는 생각은 점차로 사라져갔다. 결론은 앤이 데이브와의 관계를 명확히 알 수 있게 하고, 그 분명함에 근거해서 행동해야 한다는 것이었다.

결국 앤과 나는 방금 전 당신에게 했던 질문에 도달할 수 있었다. "앤, 당신이 영적인 사람이란 걸 알고, 당신이 추구하는 가치가 당신에게 매우 소중하다는 것도 알아요. 자, 잠시만 당신의 직감에 따라 내게 진실을 말해주세요. 데이브를 좋아하나요? 데이브가 당신을 좋아한다는 것이 느껴지나요? 나는 당신이 데이브의 신념에 동의하고, 그 신념들을 좋아한다는 걸 알아요. 그렇지만 내가 기억하기로, 데이브에 관한 당신의 이야기는 좋아하는 사람에 대해 할 수 있는 얘기들이 아니에요.(이때 나는 몇 가지 예를 들어주었다.) 그러니 당신이 함께 지내온 순간마다 데이브에 대해 진정으로 어떻게 느꼈는지를 심사숙고해서 돌이켜보세요. 그래도 당신이 데이브를 좋아하는 게 맞을까요?"

아주 길고 긴 침묵, 내가 공부할 때 중단시키지 말라고 배웠던 그 긴 침묵(일반적인 대화와 다르게 치료 상담은 많은 대화의 기법이 필요한데, 그 중 하나가 '침묵'이다—옮긴이)이 이어졌다. 마침내 앤이 무미건조하고, 가라앉은 목소리로 입을 열었다. "진심으로 그를 좋아했던 적은 없었던 것 같아요. 나는 '그가 좋아하는 것들'을 좋아했어요. 그렇지만 나는 '그 사람 자체'를 좋아하지 않아요."

슬픈 일이었다. 숨이 끊어질 듯, 두 사람의 관계가 마지막 숨을 몰아쉬는 것을 보는 것은 언제나 슬프다. 이 경우는 특히 더 했는데, 앤이 수년 동안 데이브를 좋아하기 위해 얼마나 열심히 노력했는지 내가 잘 알고 있었기 때문이다. 앤은 그와 함께 참으로 많은 일을 했었다. 너무나 열심히 노력했던 이 커플은 함께 순례여행을 가기도 했고, 묵상기도회를 열기도 했다. 취미도 함께 즐기려 애썼다.

동네에서 열리는 커플을 위한 워크숍에도 빠지지 않고 참석했다. 어느 면에서는 이 모든 노력은 앤의 희생이 전제된 것이었다. 앤이 데이브를 좋아하려고 노력하면 할수록, 실제로는 그를 좋아하지 않는다는 사실을 받아들이기가 더욱 어려워졌던 것이다.

앤이나 당신, 그리고 이와 같은 상황에 처한 모든 사람들을 위한 진단은 어떤 것일까?

진단 11

당신이 근본적으로 그리고 전반적으로 당신 파트너를 좋아하지 않는다는 것이 분명하다면, 당신의 사랑은 유령 같은 것일 뿐 실체가 없다. 아무리 스스로를 억박지르며 억지로 애를 써도, 또 당신의 가슴이 그를 사랑한다고 소리를 치더라도 그렇다. 관계에서 떠나는 것만이 행복을 위한 최선의 길이다. 마찬가지로, 파트너가 당신을 좋아하지 않는다는 증거들을 분명히 보여준다면, 그때 역시 관계를 정리하고 떠나는 것이 행복할 것이다.
길게 본다면 결국…… 좋아하지 않는다면 사랑도 없다.

실제로 내가 만났던 모든 사람들 중 한쪽이 다른 한쪽을 좋아하지 않을 경우, 관계를 정리하고 떠나면 행복했고, 관계에 그대로 머물렀을 때는 불행했다. 만약 당신이 아직도 파트너를 사랑하는지, 혹은 그 관계에 충분한 사랑이 남아있는지 궁금하다면 '좋아하지 않으면 사랑도 없다'는 말에 답이 있다는 사실을 다시 한 번 되새기길 바란다.

⎯ 결정적인 사건

파트너를 좋아하지 않는다는 사실을 어떻게 분명히 알 수 있을까? 때로는 '그냥' 알 수도 있다. 하지만 어떤 때는 소위, '결정적인 사건'이 필요할 수도 있다. 그런 사건이 발생하기 전에는, 단지 뭔가 불편하고 좋아하지 않은 무엇인가가 파트너에게 있다고만 느낄 것이다. 그러다가 어떤 사건이 터져서 파트너가 진짜로 어떤 사람이고, 그에 대해 실제로 당신이 어떻게 느끼는지가 자명해진다.

예를 들어보겠다. 남편을 진심으로 좋아하는지 아닌지를 확실히 알지 못한 상태로 오랜 시간을 보낸 여자가 있다. 그녀가 남편을 싫어하는 점은, 주로 지독하게 자기만 아는 이기적 성격에 관련된 것이었다. 그녀가 생각하기에 남편은 모든 것을 받을 줄만 알지, 아무것도 줄 줄 모르는 사람이었다. 하지만 그녀는 남편의 그런 점을 용서하거나 다른 좋은 성격들을 떠올림으로써, 자신이 남편을 좋아하지 않는다는 점을 인정하려 들지 않았다.

어느 날, 그 커플은 시골의 음식 축제에 가게 되었는데, 그 지역 사람들은 무료 시식으로 내주기에는 아까운, 집에서 직접 만든 음식들을 시식용으로 전시하고 있었다. 남편은 한 전시 테이블로 가더니 거기 샘플로 놓아둔 과자와 케이크를 모두 쓸어 담고는 혼자 게걸스럽게 먹어치웠다! 이 단순하고 맹목적이고 걸신들린 듯한 탐욕의 모습이, 마침내 그녀에게 남편을 진심으로 좋아하지 않았다는 사실을 인정하게 만든 '결정적인 사건' 역할을 했다.

모든 것을 고려해보아도 전반적으로 좋아하지 않는 것이 사실이면, 당신은 그냥 그런 줄 알게 되기도 하고, 때로는 위의 예와 같이 '결정적인 사건'으로 인해 분명해지기도 한다.

____ 시간이라는 함정

이 주제와 관련해서 '시간'이라는 함정에 빠지는 사람들이 있다. 좋아하지 않는 것이 좋아하는 것으로 바뀌기를 하염없이 기다리는 사람들 말이다. 사실, 어떤 상황에서는 이런 행동도 일리가 있긴 하다. 처음 만나서는 별로 좋아할 구석이 없던 사람을, 점점 더 알아가면서 정말 좋아하게 된 경험이 있을 것이다. 이런 경우는 실은, 나와 내 남편 사이에 일어난 일이기도 하다. 우리가 만난 지 한 시간쯤 지났을 때, 내 눈에는 그저 그 사람이 자기주장 강한 남자로 보였을 뿐이고, 그래서 싫었다. 그러나 알게 되면 될수록, 그를 더 좋아하게 됐다. 우리가 일생에서 가장 좋아하는 사람은, 처음 만날 때 그다지 좋아 보이지 않던 사람이라는 연구도 있다.

그러니, 끝까지 가봤자 파트너를 좋아하지 않을 사람들이 시간의 함정에 빠지는 것은 이상한 일이 아니다. 전에도 좋아하지 않는 감정이 좋아하는 쪽으로 바뀐 적이 있었다면, 또 한 번 그럴 수도 있는 것이 아닌가 싶기에 그들은 기다린다. 하지만 이건 전혀 다른 상황이다. 좋아하지 않는 감정이 좋아하는 감정으로 바뀔 수 있지만 일단 좋아하던 것이 좋아하지 않는 것으로 바뀐 다음에는, 다시 좋아하는 쪽으로 바뀌는 일은 아주, 아주 드물기 때문이다. 특히 서로에게 시간과 노력을 많이 들인 관계에서라면 더욱 그렇다.

____ 상대가 나를 좋아한다는 느낌

진단의 두 번째 부분인 '파트너가 당신을 좋아하지 않는 것이 분명한 경우'에 관해 이야기해보자. 이건 파트너가 실제로 어떻게 느끼느냐에 관한 것도, 당신을 좋아한다고 말하는지 혹은 좋아한다고 생각하는지의 여부에 관한 것도 아니다.

당신을 좋아하는 것이 얼마만큼이나 스스로 느끼느냐에 관한 것이다.

나는 세상 사람들 중에 자기 파트너가 좋아하지 않는 일이 뭔지를 알아채지 못하는 사람은 없다고 생각한다. 하지만 내가 말하는 것은 모든 것을 고려할 때 전반적으로 당신 파트너가 당신을 좋아하지 않는다는 것을 느낄 수 있는 당신의 감각, '촉'에 대해 말하는 것이다. 매일매일 아침에 일어나서 저녁에 잠들 때까지, 식사할 때나 둘 사이의 중요한 문제를 얘기하거나 함께 TV를 볼 때도, 손 안에 느껴지는 종이 한 장의 무게 만큼일 수도 있지만, 실제로 파트너가 당신을 좋아하지 않는다는 것을 느낄 수 있기 때문이다. 이런 경우라면 당신은 관계를 정리하고 떠나는 것이 행복해지는 길일 것이다. 나쁜 느낌은 점점 더 악화될 뿐이다. 이와 같은 관계는 유지하기엔 너무나도 괴롭다.

당신이 파트너를 실제로 좋아하는지 아닌지를 진짜로 모르겠다면, 종이에 매일매일 기록을 해보라. 근본적으로, 그리고 끝내 당신이 파트너를 좋아하지 않은 날은 D(dislike를 의미)라고 표기하고, 좋아하게 만든 어떤 일이 있는 날은 L(like를 의미)로 표기한다.

이렇게 6주 동안 계속 기록한다. 그런 다음 당신의 기록을 살펴보라. D와 L들이 만든 패턴을 보라는 말이다. '근본적이고 전반적으로 파트너를 좋아하지 않는' 것에 대해 내가 당신에게 더 해 줄 수 있는 말은 없다. 하지만 실제로 패턴을 눈으로 봄으로써 당신의 진실을 발견할 수 있게 될 것이다. 진실은 그곳에 있다. 파트너가 당신을 좋아하는지에 대해서도 같이 방법을 적용해 볼 수 있다.

서로 마음 닫기

관계가 죽음에 이르는 길은 많다. 우리는 방금 그 중 하나만을 이야기했을 뿐이다. 서로를 좋아하지 않는 것 말이다. 그렇지만 관계가 죽음에 이르는 서로 다른 길에는 공통점이 있다. 내가 '서로에게 마음 닫기mutual shutdown'라고 부르는 것이다. 서로에게 마음 닫기는 모든 진단과 이 책 전체를 관통하는 매우 중요한 개념이다.

서로에게 마음 닫기는 치명적인 바이러스에 감염되는 것과 마찬가지로 사소한 것으로부터 천천히, 알아채지 못하는 사이에 시작된다. 당신들이 처음 만난 날 시작될 수도 있고, 함께 살기로 한 날 혹은 결혼한 날 시작될 수도 있으며, 함께 산 지 20년이 지나서 시작될 수도 있다. 하지만 그것이 진전되기 위해 필요한 모든 것은 단지 작은 마음의 상처나 실망이다. 침대에서의 사소한 냉랭함이나 섹스 거절, 포옹하려는 사람 밀쳐내기, 당신이 상처입기 쉬운 상태에 있을 때의 독설, 혹은 파트너의 불륜을 알게 될 때처럼 커다란 사건부터 시작될 수도 있다. 그렇지만 믿을 수 없을 정도로 사소한 것, 예컨대 당신이 파트너로부터 받은 생일 선물이 6개월 전 상대의 생일날 당신이 선물한 것만큼 좋은 것이 아니라는 느낌 같은 것에서부터 서로에게 마음 닫기가 시작될 수 있다.

서로에게 마음 닫기가 어떻게 관계를 죽이는지 살펴보자. 서로에게 마음 닫기가 시작되기 전에는 두 사람이 공통으로 갖고 있는 느낌이 있다. 이를 테면, "나는 관계에서 내가 감당해야 할 50퍼센트의 몫을 하기 위해 내 노력의 100퍼센트를 기울일게. 그러니 당신도 당신 몫의 50퍼센트를 위해서 100퍼센트의 노력을 기울여줬으면 좋겠어. 서로가 최선을 다하자."

그러나 당신이 파트너의 마음을 상하게 하거나 실망시키게 되면, 비록 무의식적으로 그런 것이고 고의성이 없다 하더라도 얘기는 달라진다. 당신이 100퍼센트 노력을 하지 않고 감당할 몫인 50퍼센트만큼 기여하지 않은 것처럼 보이는 어떤 행동이라도 하게 되면, 파트너 역시 움츠러들고 후퇴하는 것이 자연스런 일이다. 파트너가 즉각적으로 그런 반응을 보이지 않을 수도 있고, 결전을 미룰 수도 있다. 그렇다고 해도 결국에는, 자신에게 적게 준다는 것을 알고도 당신에게 과거와 똑같이 줄 수는 없게 된다.

── 계속 진행되면?

이 세상이 성인이나 현자들만 사는 곳이라면, 당신 파트너가 뒤로 물러서는 것을 보고 당신은 그의 불평과 냉정함을 알게 되고, 당신이 한 어떤 행동이 그런 반응을 불러 왔는지를 즉각 알아차릴 것이다. 그러면 그가 다시 당신에게 헌신할 수 있는 마음이 생기도록 보상을 시작할 것이다. 하지만 우리가 사는 세상은 그렇지 않다. 그러기는커녕, 우리 대부분은 자신이 상처입거나 분노를 느끼면, 상대에게 상처 주는 행동을 하고 상대의 분노를 자극하는 행동을 한다. 파트너가 적게 주기를 계속한다면, 그 보다 더 적게 주는 행동을 하게 되는 것이 보통 사람들의 대응 방식이다. 서로에게 마음 닫기는 순수한 심리적 반사행동이라는 의미다.

그 문제를 이렇게 생각해보자. 두 사람이 관계를 형성하면서 은행 계좌에 결코 불어나지 않는 일정액수를 예치했다고 가정해보자. 돈을 그대로 놔두는 한 모든 상황은 별고 없이 좋다. 그렇지만 만약 당신 파트너가 5달러를 빼갔다는 걸 알게 되면, 당신은 그것이 불공평한 일이라고 생각하고 마치 강도를 당한 것처럼 느낄 것이다. 마찬가지로 당신은 5달러만이 아니라 추가로 5달러를 더 인출함으로써 당신이 '당했다'는 느낌을 보상받으려 한다. 상대보다 5달러를 더 먼저 빼내가는 게임을 왜 해야 하는지 당신 파트너는 모른다. 하지만 당신이 10달러를 빼간 것을 알게 되면, 그 역시 다시 5달러를 더해 15달러를 인출할 것이다. 그러면 당신은 또 20달러를 인출하고……. 당신들이 얼마로 시작했는지의 문제가 아니다. 마침내 계좌에는 아무것도 남지 않을 것이다.

　서로에게 마음 닫기는 똑같은 방식으로 진행된다. 현금 계좌가 아니라 '감정 계좌'라는 것만 다를 뿐이다. 나는 문제를 겪고 있는 관계치고 서로에게 마음 닫기라는 저주스런 마법에 걸리지 않은 관계를 본 적이 없다. 하지만 우리 몸에 이제 막 들어온 다른 모든 바이러스처럼 서로에게 마음 닫기가 손을 쓸 수 없을 만큼 치명적인 것은 아니다. 스스로는 멈추지 못하지만, 멈추려고 무언가를 한다면 얼마든지 멈출 수 있다. 그 '무언가'가 어떤 것이고, 그것이 충분한지 여부가 이제부터 우리가 살펴볼 주제다.

12단계 ▶ 당신에게 줄 것이 남아 있을까?

사랑에 대해 조금 더 이야기해볼까? 내가 이번 8장에서 다루고자 하는 것은 "하지만 나는 그 사람을 사랑한단 말이야!"라고 말하면서, 그 말이 무엇을 뜻하는지 감을 잡기 원하는 사람들에게 특히 도움을 주는 것이었다. "당신들은 서로 좋아하나요?"가 당신이 말하는 사랑의 실체가 무엇인지에 대한 이 문제에 갈피를 잡는 한 가지 방법이었다.

또 다른 한 가지 방법은, 서로에게 마음 닫기보다 당신이 더 강한지, 아니면 당신보다 서로에게 마음 닫기란 감정이 더 강한지를 알아보는 것이다. 이 문제 결정을 위한 최선의 방법은 아래 질문에 답을 해보는 것이다.

질문 12

당신은 파트너에게 이제까지 당신이 주었던 것보다 더 많은 것을 기꺼이 주고 싶다고 느끼는가? 그리고 전혀 보상을 기대하지 않으면서, 지금 당신들 사이에 문제가 되고 있는 것을 기꺼이 더 줄 생각이 있는가?

사랑에 관해 무엇이 실재인지를 알기란, 정말이지 매우 어렵다. 존재하지도 않는 사랑에 대해 이야기하곤 하지만, 우리는 숨겨진 사랑이란 보물을 가지고 있으며, 그 사랑이 모든 것을 변화시킬 수도 있다는 것을 잊고 산다. 하지만 내가 사랑에 관해 아는 게 있다면, 그건 사랑이 아니라 사랑이 전달해주는 것이다.

우리가 앞서 이야기한 '실재-지각-감정-행동'의 네 단계를 다시 떠올려보자. 호랑이가 있다. 호랑이를 본다. 공포를 느낀다. 도망치든가 공황상태에 빠져 어쩔 줄 모르든가, 아무튼 다른 사람들이 호랑이를 봤을 때 하는 일반적인 행동을 할 것이다. 하지만 만약 당신이 아무런 행동의 변화도 보이지 않고, 당신 내부에서도 아무런 반응이 일어나지 않는다면(아드레날린 분비로 인한 얼굴색의 변화조차 없었다면) 당신은 스스로가 진짜로 두려운 건지, 아닌지 의문이 들 수도 있다. 마찬가지다. 비록 당신이 사랑에 빠진 것 같은 느낌이 있다 하더라도, 보통 사람들이 사랑하기 때문에 하는 여러 가지 행동을 하지 않거나 할 수 없다면, 당신이 느끼는 것이 진짜 사랑인지 의문이 들 수 있다.

내가 좋아하고 많은 것을 배운 치료가 중 한 분이 해리 스탁 설리반Harry Stack Sullivan이다. 그도 우리 중 누구보다 더 사랑이란 것을 이해하기 위해 애썼다. 설리반의 저서 <현대 정신병리학의 이해Conception of Modern Psychiatry>는 사랑에 관해 지혜로운 말로 가득한 지구상 최고의 책으로, 거기서 그는 이렇게 말하고 있다. "다른 사람의 만족과 안전이 자기 자신의 만족이나 안전만큼 중요하다면, 사랑이 존재하는 것이다."

다른 사람 누군가의 만족이나 안전이 당신 자신의 만족이나 안전만큼 중요하다는 말은 과연 무슨 뜻일까? 그 의미는 사랑이 당신이 들고 돌아다니는 상자가 아니라, 배달하는 상자라는 의미다. 당신이 내부에서 느끼는 것이 아니며, 내부에서 느낀다고 말하는 것도 당연히 아니다. 사랑이란 내부에서 느낀 것에 기초해서 당신이 줄 수 있는 구체적인 어떤 것이다.

서로에게 마음 닫기 상태에서 사랑이 어떻게 작용하는지 알아보자. 파트너가 당신에게 주지 않으면 당신은 파트너에게 뭔가를 주기가 점점 더 어려워질 것이다. 당신은 아직도 줄 수 있는 것이 남아 있는데 말이다. 그러나 서로에게 상처를 주고 멀어져가고, 마침내 어떤 시점이 되면 당신과 파트너는 서로에게 마음을 꽁꽁 닫아걸게 되고, 결국 줄 것이 아무것도 남아있지 않게 된다. 그것이 바로 사랑의 죽음이다.

그것을 간단히 점검하는 것이 질문 12이다. 당신에게는 아직도 파트너에게 무조건적으로, 기꺼이 줄 수 있는 무언가가 남아 있는가?

어떤 사람은 이 질문을 어려워한다. 이런 사람들은 자신이 다른 사람에게, 그리고 관계에 대해 너무나 많은 것을 주어 왔고, 지금도 아주 많은 것을 주고 있다는 느낌이 워낙 강한 나머지 화가 난 것이다. 왜 내가 더 주어야 하지? 지금도 이렇게 많이 주고 있는데……. 그들은 의아해 한다. 이 질문이 자기학대masochism와는 관계없다는 걸 어떻게 증명할까? 자, 이제 답을 찾아보자.

___ 바바라 이야기

바바라는 스무 살이라는 어린 나이에 결혼했다.(나도 같은 나이에 결혼을 했다.) 그렇게 어릴 때 결혼생활을 시작하면, 대개 미래에 대한 낭만적인 희망이 가득한 법이다. 너무 젊어서 둘을 함께하게 만든 특별한 느낌을 갖기 마련이다. 둘을 한데 묶는 일종의 '운명'이란 생각을 가질 수 있다는 뜻이다.

바바라의 경우, 특별한 운명이란 느낌 때문에 남편이 하는 일에 온통 얽매이고 말았다. 남편 샘은 모조 보석류의 액세서리 제조 회사를 운영했다. 회사는 영세했고 노동집약적인 것이어서, 시작부터 파산의 경계를 넘나들었다. 제조업자에 대해 우리가 상상하는 것과 달리 그들은 부자가 아니었고, 자주 재정 파탄의 위기에 직면했다.

아이들이 어렸을 때 잠시를 제외하고, 바바라는 대부분 남편의 회사에서 쥐꼬리 만한 급여를 받으면서 일을 했는데, 그나마 얼마 안 되는 급여조차 받지 못할 때가 많았다. 바바라는 먹고살기 위해, 꿈과 결혼생활을 지키기 위해 일했다. 하루 12시간씩 일하면서 모든 것을 바쳤다.

하지만 역경이 그들의 관계를 집어삼키기 시작했다. 바바라와 샘은 끊임없이 싸웠다. 좌절과 실망으로 분노가 폭발하기 일쑤였다. 바바라가 나를 찾아왔을 때, 그녀의 저울 한쪽에는 20년 간 쌓인 불평이 산더미처럼 놓여있었고, 반대쪽에는 그녀가 샘을 사랑한다는 말 하나만이 달랑 놓여있었다.

이런 사랑으로 충분한가? 샘과 완전히 마음을 닫아버린 바바라에게 물어보지 않을 수 없었다. 이미 줄 수 있는 이상으로 많은 것을 주었는데도, 앞으로 현재까지보다 더 많이, 기꺼이 줄 용의가 있냐고 말이다.

서로에게 마음 닫기는 얼마나 해로운 것인가? 일단, 둘 사이에 섹스가 없어졌다. 바바라는 매일매일 남편의 회사에서 착취당하고 학대 받았다고 느꼈기 때문에 섹스 따위에 흥미가 없었다. 또 다른 일은 바바라가 샘에게 상냥하게 이야기할 수가 없었다는 점이다. 물론 샘이 고객과 미팅을 하는 중에는 상냥하게 말했지만, 그건 단지 사업상의 거래를 돕기 위한 행동이었을 뿐이었다. 그 이외에는 개인적으로 샘에게 좋게 말할 건덕지가 아무것도 없었다. "당신, 너무 멋져!"와 같은 말은 절대로 나오지가 않았다. 바바라는 샘을 사랑하기 때문에 엄청난 희생을 하고 있으면서도, 결코 "당신을 사랑해." 같은 말을 할 수가 없었던 것이다.

내가 바바라에게 더 줄 수 있느냐는 모진 질문을 할 수밖에 없는 결단을 내리게 된 이유에 대해 말하겠다. 나는 서로에게 마음 닫기가 관계를 병들게 하고 죽음에 이르게 만드는 엄청난 힘을 갖고 있음을 안다. 하지만 의사는 환자에게 힘들더라도 병이 나을 수만 있다면, 아무리 어려운 일이라도 요구한다. 어떻게 의사가 암 환자에게 고통스럽기 짝이 없는 화학요법을 권할 수 있을까? 하지만 치료를 위한 최선의 방법이라면, 어떻게 그걸 권하지 않을 수 있겠는가? 그러니, 같은 맥락에서 내가 어떻게 바바라에게 더 줄 수 있는지를 묻지 않을 수 있겠는가 말이다.

허공으로의 질주 "바바라, 당신 삶을 샘과 그와의 관계, 그리고 사업에 모두 바쳤다는 걸 알아요." 내가 말했다. "하지만 당신이 내게 그 모든 것이 죽어가고 있다고 말하고 있어요. 당신과 샘은 서로에게서 엄청난 속도로 멀어져 가고 있고, 그걸 멈춰야 해요. 나는 당신이 이 모든 상황에도 불구하고, 샘에게 줄 것이 남아 있는지를 알아야 해요. 그게 무엇이든지 간에요. 일에 대해 말하고 있는 것이 아니에요. 무조건적인 사랑의 선물, 당신들이 시작했던 스무 살 때처럼 서로에게 주었던 따뜻하고 사랑스런 그 무엇을 말하는 겁니다. 나는 당신이 그럴 수 있는지 아닌지를 판단하지 않을 거예요. 하지만 우리는 모두가 알아야 합니다. 당신이 무엇인가 되돌아올 거라는 기대를 전혀 하지 않으면서 샘에게 무엇인가 줄 수 있는지를. 그게 아니라면 당신은 그저 허공으로 질주 하는 것과 같은 허무함을 느끼게 될 뿐이에요."

잠시 침묵하다 바바라가 이렇게 말했다. "내가 그럴 수 있다고 무슨 차이가 있나요? 뭘 증명할 수 있는 거죠? 거꾸로 내가 더 줄 것이 없다면요? 그럼 관계가 끝난 건가요?" 여기에 진단의 단초가 있다.

진단 12

얼마나 상처받고 손해 보았다고 느끼건 간에, 미래에 뭔가 보상이 주어지리라는 기대 없이 당신이 아직도 기꺼이 구체적인 사랑의 표현을 전달할 용의가 있다면, 당신의 관계에는 생명력의 견고한 핵이 남아있을 가능성이 대단히 높다. 무엇인가 돌아오리라는 분명한 기대 없이는 아무것도 주고 싶지 않다면, 그것은 당신이 그 관계에 계속 머물게 되면 불행할 거라는 증거다.
줄 것이 남아 있지 않다면, 아무것도 남은 것이 없는 것이다.

'예'라는 응답은 여기서 진짜 중요하다. 만약 당신 파트너가 인색하고, 궁상맞고, 화를 잘 내고, 비판적일지라도, 그리고 당신이 파트너를 보살펴야 하지만, 파

트너는 당신에 대해 전혀 배려하는 것 같지 않아 보인다 해도 당신이 아무 보상도 바라지 않고 여전히 파트너에게 무언가를 기꺼이 주고 싶다면, "나는 아직도 그 사람를 사랑해요."라고 말하는 것이 허풍이나 가식이 아니라는 증거다. 당신의 느낌은 실체가 있는 것이다!

내가 '주는' 일에 관해 "구체적 사랑의 표현을 전달"하는 것이라고 한 말은 무슨 뜻일까? 극적이고 비싼 무언가를 말하는 게 아니다. 단지 상대편이 참신하게 느낄 수 있으면서 하기 어렵지 않은 작고 구체적인 일을 말하는 것이다. 이런 종류의 구체적 사랑 표현에는 아래와 같은 예들이 있다.

- 집으로 돌아왔을 때 미소로 맞는 것
- 애완동물을 잘 관리하고 꾸며놓은 파트너에게 찬사 보내기
- 서로 지나칠 때 파트너의 어깨를 치지 않기
- 상점에서 당신 파트너가 좋아하는 것을 사기
- 둘 사이를 연결하는 골자가 되는 어떤 중요한 것을 양보하기
- 파트너가 무슨 일인가 하고 있을 때 도와주겠다고 하기

어떤 것을 주라고, 혹은 무엇이 효과 있다고 당신에게 말할 수는 없다. 하지만 아직도 방금 언급한 것 같은 사례들 정도는 가볍게 할 수 있다면, 그리고 하고 싶다면, 그건 당신의 사랑이 진짜라는 신호다.

사랑이 불충분하다는 신호도 밝혀지게 된다. 그렇다면 한참 뒤에 결국 우리는 서로 멀어지고 있다는 사실을 느낄 수 있는데, 아마도 맨 처음 만날 날 같은 정도의 서먹한 상태만큼이나 멀어졌다고 느낄 것이다. 하지만 지금 당장은 "사랑해."

라는 당신의 주장이 단지 말뿐이 아니라, 실제로 관계를 유지하게끔 할 수 있는
지부터 알아야한다.

—— 희망의 불씨 살리기

그렇다면, '아니오'라는 답은 무슨 뜻일까? 이게 문제다. 만약 어떤 사람이 반대
급부로 돌아오는 것이 없으면 아무것도 줄 준비가 되어 있지 않다고 말한다면,
나는 변화와 희망, 치유가 어디서부터 사직되는지를 묻지 않을 수 없다. 무엇이,
지금보다 더 좋은 상태로 만들 수 있을까? 무엇이, 서로에게 마음 닫기라는 냉혹
한 과정을 역전시킬 수 있을까?

　당신이 그렇게 느끼면 파트너도 똑같이 느낄 것이고, 두 사람은 팔짱을 끼고
수수방관하다 세월만 흘려보내버릴 것이다. 말로는, 만약 죽는 날까지 기다려야
한다면 기다려주겠다고 말하지만, 실은 상대방이 먼저 움직여주기를 기다리면
서 말이다.

　일은 그런 식으로 될 것처럼 보인다. 당신이 뭔가를 되돌려 받기를 기대하지
않는 한 아무것도 기꺼이 주고 싶은 생각이 없다는 말은, 어떤 때는 모든 것이 끝
났다는 신호가 되기도 한다. 하지만 때로는 당신이 지금 극심한 고통을 겪고 있
음을 의미하기도 한다. 나는 자연분만을 했다. 자연분만이란, 다시는 경험하고
싶지 않은 지독한 고통을 겪어야 한다는 뜻이기도 하다. 출산만 아니었다면, 그
런 고통을 겪으니 차라리 죽는 게 나을 것 같았다. 하지만 그것은 죽음의 고통이
아니었다. 그것은 생명의 고통이었고, 그것이 모든 차이를 만들었다. 마찬가지
로 당신이 관계 때문에 고통스러워하고 있다면, 그리고 유일한 희망이라고는 당
신이 파트너를 사랑하는 것이라면, 그때의 고통은 사라질 수 있는 종류의 고통

이다.

그것이 바바라에게 일어난 것이었다. 처음 그녀는 "아니에요, 미안해요. 하지만 이제 후련해요. 나는 줄 것이 없어요." 하지만 바바라와 나는 그녀가 말하는 '아니오'의 의미를 이해할 필요가 있었다. 질문 12는 시간이 흘러야만 그 의미가 또렷해진다.

당신의 답이 '아니오'인 경우, 바바라가 하고 싶은 일이 무엇이냐고 물었다. 그녀는 종이 위에 이렇게 썼다.

"지금 이 순간, 나는 더 이상 파트너에게 조건 없이 주고 싶은 마음이 들지 않는다."

그리고 이 책의 나머지 부분들을 계속 함께 해나갔다. 나중에 나오는 질문은 당신이 떠나는 것이 더 행복해질 수 있음을 분명히 해 줄 수도 있다. 하지만 이 책을 끝낼 때 머무는 것이 더 행복할 거라는 신호가 온다면 이렇게 하라. 위의 글을 적은 종이를 지갑에 넣고 다녀라. 그리고 오늘부터 6개월 정도 틈틈이 그 쪽지를 본다. 6개월 후에도 변한 것 하나 없이 똑같은 느낌이라면, 나는 편안한 마음으로 당신이 관계를 정리하고 떠나야 행복할 거라고 말할 것이다.

바바라에게 무슨 일이 일어났는지를 보자. 바바라는 자신이 가망 없어 보이는 일을 계속하는 데에는 샘과의 관계 이상의 무언가가 관련되어 있다고 느꼈음에 틀림없다. 그래서 그녀는 샘과 사업을 떠나서 혼자 휴가를 갔다. 이런 경우를 샘이 잘 처리하지 못한다면, 그것이야 말로 바바라가 알고 싶었던, 떠나야 할 증거가 될 거라고 생각했다. 하지만 샘은 기꺼이 동의했다. 그래서 바바라는 플로리다의 어머니에게 가서 2주를 쉬었다. 신체적으로도, 감정적으로도 오롯이 혼자

보낸 시간이었다.

바바라가 놀란 것은, 샘과의 생활로 돌아오자 다시 샘에게 상냥하게 대할 수 있게 되었다는 점이다. 재정적 압박이나 다른 곤란한 점들은 전과 마찬가지였다. 샘도 여전히 까다로운 사람 그대로였지만, 그에게 다시 줄 수 있는 약간의 사랑이 있는 것으로 보아, 바바라가 샘을 사랑하는 것은 틀림없었다.

관계를 끝내기가 아까운 이유는 그것 하나만이 아니었다. 자신이 샘에게 주는 것을 보면서, 스스로에게 자문해 보았다. "이렇게 언제까지나 그에게 주지 못할 이유가 있나? 이렇게 하는 것이 뭐가 됐든 내게 손해를 끼치나?" 두 가지 질문 모두에 대해 그녀의 답은 '아니오'였다. 그리고 그것이 관계를 지속할 이유였다.

바바라의 이야기처럼 무조건적으로 주는 것이 악화된 관계를 되돌리는 힘을 갖는다는 것을 알면, 당신은 행복해질 것이다. 물론, 무조건적으로 주는 것이 회사에서 발생하는 두 사람의 간의 스트레스까지 줄인 것은 아니다. 하지만 바바라는 샘에게 상냥하게 대함으로써, 자신만이 줄 수 있는 선물을 샘에게 주었던 것이다. 그 같은 상냥함은, 샘이 기억하기에는, 온갖 곤란이 닥치기 전에 바바라가 자신을 대하던 바로 그 상냥함이었다.

그러자 이번에는 샘이 응답했다. 그가 완전히 새사람이 된 것은 아니었지만, 바바라에게 상냥하게 응답함으로써 그녀에게 줄 사랑을 갖고 있음을 보여주었다. 둘의 관계 속에 있는 다른 어떤 부정적인 요소들도 관계를 유지하기 곤란할 만큼 너무 나쁘게 만들지는 못했고, 이들의 작지만 현실적인 사랑의 선물은 '서로에게 마음 닫기'를 '서로에게 마음 열기' 모드로 변화시켰다.

어떤 사람들은 조건 없이 주는 것을 두려워한다. 그들은 줄 것이 남아 있는 것을 확실히 느끼면서도, 실제로 그걸 주고 나면 상대에게 착취당하고 모두 빼앗

겨서, 별 볼일 없는 처지가 되지 않을까를 두려워한다.

그러나 내가 말하고 싶은 것은, 이 같은 두려움이 반드시 증명되지는 않는다는 것이다. 당신은 이미 관계가 흔들리고 있다는 것을 안다. 당신은 이미 떠날 생각을 하고 있다. 만약 당신이 주는데도 아무런 변화가 생기지 않고, 서로에게 마음 닫기의 힘이 워낙 강해 다음번에 당신이 줄 수 있는 것이 아무것도 남지 않게 된다면, 그때 당신은 그렇게 찾아 헤매던 분명한 결론을 발견할 것이다. 최소한 당신의 사랑이 '실체'가 있는 것인지를 테스트할 수 있을 것이다.

섹스와 육체적 사랑

．
．
．

"섹스는 얼마만큼 중요할까?"

이번 장에서 다룰 주제는 바로, 섹스이다. 노골적이라고 놀라지 않았기를 바란다. 사실, 어떤 의미에서는 이 책 전체가 섹스에 관한 것이다. 설명하자면 이렇다.

우리는 파트너와의 관계 속에서 온갖 종류의 성적인 문제와 마주친다. 그 문제는 우리를 안절부절못하게 만들거나, 비참하게 만들 수도 있다. 이 문제는 때로 관계가 잘못되고 있는 것은 아닌가, 또는 너무 잘못된 나머지 차라리 관계를 정리하고 떠나는 것이 옳지 않을까 하는 의구심을 들게 한다. 나는 성 문제의 모든 범위를 말하고 있다. 당신들 중 한쪽이 섹스를 원하지 않는 경우라든지, 얼마나 자주 섹스를 하고 누가 주도해서 섹스를 시작할 것인지에 대한 다툼, 열정 없는 섹스, 더 많은 전희에 대한 요구, 한쪽은 원하는데 다른 한쪽은 만족시켜줄 생각이 없는 성적 욕구, 섹스에 대한 권태감, 조루, 오르가슴에 이르기 어려운 문제 등……. 이 밖에도 셀 수없이 많은 성생활 관련 문제들이 있다.

우리가 여기서 직면한 문제는 ①우리를 좌절하게 하고 실망하게 하는 성적인 문제와 ②관계를 떠날 생각을 하게 만드는 성적인 문제를 구분하는 것이다. 이번 9장에서는 관계 전반에 걸쳐 근본적으로 어긋나 있어서 관계를 끝내는 것이 행복할 거라는 신호나, 관계를 유지하고 머무는 것이 더 행복할 가능성이 있다는 증거를 관계의 육체적 측면에서 찾아보는 것에 초점을 맞춘다.

이번 장의 진단은 아주 독특하기 때문에 당신은 내가 언급한 것 이외의 다른 성적인 문제는 모두 생략하는 것이 아닌가 하는 생각이 들 수도 있다. 관계를 끝내는 기준이 될 수 있는, 최소한의 성교 횟수가 존재할까? 관계를 정리하는 것이 더 낫다고 판단할 수 있는, 성적 만족의 기준은 없을까? 관계를 정리하고 떠나는 것이 낫다는 증거로 작용하는 섹스 문제에 대해 당신과 파트너 사이에 어떤 차이점이 존재할까?

___ 섹스에 대한 진단

나는 이런 문제들을 하나도 빼놓지 않았다. 사람들의 관계에서 섹스에 관련된 부분은 관계의 나머지 부분들과 독립적으로 존재할 수 없다. 이 책의 모든 장에서 문제를 해결하기 위한 진단을 제공했던 것을 기억할 것이다. 어찌 보면, 머물기에는 너무나 관계를 나쁘게 만드는 것 모두가 성 문제와 무관하지 않다.

이런 성 문제에 관련된 한 가지 예를 들어보겠다. 파트너와의 섹스에서 오르가슴에 이르지 못하는 어떤 여자가 있다고 치자. 이 특정 섹스 문제는 당신이 관계를 떠나는 것이 더 낫다는 결정과는 아무런 관계가 없다. 진짜 문제는 오르가슴 장애의 문제를 파트너와 이야기할 수 있느냐는 것이다. 다시 말해, 그 여자가 관계에 머물지 떠날지를 결정하는 변수는 오르가슴에 이르기 어렵다는 문제가 아니라, 앞서 말했던 '테이블에서 치워버리기 증세'라는 말이다.

섹스 문제에 대해 이야기를 나눌 여지를 없애는 파트너가 있는 사람은 그 관계를 지속할 경우, 결국 비참해지고 만다. 반대로 토론을 회피하지 않는 파트너가 있는 사람은 관계가 떠나기 아까울 만큼 좋다고 느끼게 될 가능성이 훨씬 더 높다. 이유가 있다. 오르가슴 문제 같은 것을 얘기하는 데에 개방적인 파트너는 섹스 문제 해결에 진전을 이루거나, 못해도 파트너를 가깝게 느끼고 견실한 관계를 만들기 위해 함께 애쓰고 있다는 느낌을 주기 때문이다.

─ 가장 중요한 사항

문제를 이렇게 다뤄 보자. 함께 늙어가는 어떤 커플을 상상해보자. "우린 항상 무슨 일이든 얘기할 수 있어요."라고 말할 수 있다면, 오르가슴을 몇 번 느끼느냐 따위와 상관없이 아주 많은 행복을 느낀다는 것을 알 수 있다. 하지만 "우리는 한번도 중요한 문제를 의논해 본 적이 없어요."라고 말할 수밖에 없다면, 오르가슴을 얼마나 많이, 자주 느끼는지와 상관없이 많은 실망과 불행을 느낄 거라는 걸 알 수 있다.

서로 이야기를 할 수 있으면 섹스 문제를 해결할 수도 있다. 물론 섹스가 서로 간에 대화가 없다는 문제를 해결하지는 못한다. 이런 결론은 이 책의 모든 장, 거의 모든 진단에 해당된다!

이 책의 첫 번째 진단을 떠올려보자. "최선을 다했을 때도 결코 좋았던 적이 없다면, 관계를 끝내는 것이 좋다" 일반적인 상황이 좋다면 섹스가 특별히 만족스럽지 못하더라도 희망과 연결의 토대가 있다. 어디서도 좋은 적이 전혀 없었다면, 섹스에서 그들이 만족하리라는 근거가 어디 있단 말인가?

우리는 다른 문제, 예컨대 상호 존경, 당신과 파트너의 방식이 다른 문제, 파트너가 특정한 문제를 가진 경우, 친밀함 등 여러 주제를 다루게 될 것이다. 이 모든 문제들은 지금 당장 어떠한 형태의 섹스 문제와도 상당한 관련을 가진다. 요점은, 섹스 문제는 관계상의 다른 문제들과 별도로 존재하지 않는다는 것. 관계에 머물기 곤란하게 만드는 문제와 섹스로 인해 관계에 종말을 고하는 문제는 동일한 것이다.

이제부터 다룰 문제 말고, 당신이 관계를 끝내면 더 행복할 근거나 이유를 찾을 수 없다면, 특정 섹스 문제 때문에 관계를 정리할 이유도 전혀 없게 된다.

섹스, 관계의 리트머스 시험지

불만족스러운 섹스와 문제 있는 관계를 만드는 혼란의 중요한 원인을 돌이켜보자. 관계가 쇠퇴하는 것과 섹스 횟수가 줄어드는 것 사이에는 높은 상관관계가 존재한다. 누구나 싸우기 시작하면 사랑 나누기lovemaking를 중지한다.

하지만 어느 쪽이 원인이고, 어느 쪽이 결과인가? 관계의 쇠퇴가 사랑 나누기 중단의 원인이다. 이 말은 관계가 악화되면 그 커플은 예전과 같이 잠자리를 갖지 않을 거라는 예측을 쉽게 할 수 있다. 거의 틀림없다고 보면 된다. 뒤집어질 수는 없다. 어떤 커플이 섹스를 하지 않는다고 해서 그만큼 그들 관계가 악화되고 있다고 말할 수는 없다는 말이다. 누군가 아프다면 그가 침대에 누울 것은 뻔하다. 하지만 누군가가 침대에 누워 있다고 해서, 그가 아플 거라고 추측할 수는 없는 것 아닌가.

그리고 예측할 수 있는 것이 무엇인지를 분명히 하는 것도 매우 중요하다. 왜냐하면 섹스 문제는 사람들에게 그들의 관계가 지속되기 어려운 문제에 부딪힌 것이 아닌 하는 의문을 갖게 하는 주된 이유이기 때문이다. 결론은 이렇다. 만약 당신과 파트너가 예전만큼 자주 섹스를 안 하거나, 당신이 하고 싶은 만큼 섹스를 못하게 되더라도 그것이 꼭 당신들 사이에 심각한 문제가 생긴 것을 의미하는 것은 아니다. 섹스 문제 자체만으로는 당신이 관계를 정리하는 쪽으로 결론 내릴 이유도 아니고, 뭔가 문제가 생겼다는 증거가 될 수도 없다.

두 사람이 예전처럼 자주 섹스를 즐기지 않지만, 만족스러울 수도 있다. 두 사람이 서로에게 엄청나게 화가 나 있지만, 화가 가라앉고 나면 당신들은 침대에서 다시 뜨거워질 수도 있다. 두 사람 사이에 대화가 필요하긴 하지만, 너무 바쁘다든가 하는 온갖 이유들로 대화를 가지지 못할 수도 있다.

요점은, 섹스라는 것은 광산 안의 공기가 사람이 호흡하기에 안전한지를 알아보기 위해 광부가 데리고 들어가는 카나리아와 같다는 말이다. 카나리아는 공기에 조금만 문제가 있어도 극도로 예민하게 반응한다. 섹스와 관련해서 발생하는 일은 무엇이든 간에, 병이라기보다 그 병이 나타내는 증상에 가깝다고 할 수 있다. 그러니 이 책의 진단 중 어느 것도 당신에게 관계를 떠나라고 말하고 있지 않다면, 섹스와 관련된 문제들을 해결할 수 있거나 또는 과거 그대로의 방식으로 충분히 행복할 수 있을 가능성이 압도적으로 높은 것이다.

자, 이제 본격적으로 문제를 따져보다. 마음대로 하지 못할 때 문제가 되는 경우는 어떤 것일까?

13단계 우리는 아직도 서로의 손길이 그리운 걸까?

관계의 육체적 측면은 그 범위가 넓다. 어떤 것이 좋은 섹스이고, 어떻게 하면 그런 섹스를 즐길 수 있는지를 다룬 책은 엄청나게 많다. 커플들은 언제 사랑을 나누고, 어떻게 사랑을 나눠야 하고, 사랑을 나눌 때 무엇을 해야 하는지에 관해서 끊임없이 논쟁한다. 하지만 폭풍우치고 혼란스런 섹스의 바다 한가운데 어디에서, 당신은 둘 사이에 육체적으로 맞지 않는다는 이유로 관계를 끝내는 것이 진정 행복한 길이라는 것을 밝혀줄 등대 불빛을 발견할 수 있을 것인가? 다음 질문은 아주 기본적인 것이다.

> **질문 13**
>
> 당신과 파트너는 서로 만지기를 원하고, 미래에도 그럴 것을 기대하며, 서로의 몸을 만지기 위해 노력하고 있는가?

내가 말하는 것은 입맞춤, 포옹, 도닥이기, 손잡기, 목 쓰다듬기, 허벅지에 손 얹기와 같은 기본적인 것에서부터, 헌신적인 관계에서 있을 수 있는 다른 모든 종류의 접촉을 말한다. 이런 여러 가지 방식 중 어떤 식으로든, 하다못해 손을 잡는 정도라도, 당신 파트너가 당신을 만지기를 원하는가? 더 자주 당신을 만져 주었으면 하고 바라는가? 당신을 만질 때 행복하다고 느끼는가? 아니면 파트너가 당신을 만지면 섬뜩함을 느끼면서, 적극적이고 단호하게 그가 당신을 만지지 않기를 원하는가?

그리고 파트너가 당신을 만져주길 원하는 것과 마찬가지로, 당신 역시 파트너를 어떤 식으로든 만지고 싶은가? 뺨에 키스하든가 하는 식으로 말이다.

섹스는 신체 접촉 중 어디에 해당하는가? 지금으로서는 섹스를 다른 행동과 마찬가지로 단지 신체 접촉 중 하나의 형태라고 생각하라. 섹스에 대해 다른 신체 접촉보다 강한 의미를 부여할 필요는 없다. 다만, 육체적 사랑 역시 접촉의 한 형태이니 당신 파트너와 섹스하기를 원하는지 자문해 볼 수 있을 것이다. 당신이 지금 육체적 사랑을 나누지 않는 상태라면, 냉랭하고 거리감 있는 이 시기가 끝나고 육체적 사랑이 다시 시작되기를 바라는가? 나는 당신이 얼마나 자주 파트너와의 섹스를 원하는지 묻는 것이 아니다. 대개의 경우 당신이 파트너와의 섹스를 원하기는 하는 것인지를 묻는 것이다.

파트너를 바라보다가 사랑을 나누고 싶은 느낌이 든 적이 있는가? 그가 당신을 만질 때 그와 사랑을 나누고 싶다는 느낌이 일어난 적은? 당신 혼자 있을 때 파트너와 사랑을 나누고 싶다는 생각을 한 적이 있나? 그리고 파트너가 미친 짓을 할 때도 그와 섹스를 하고 싶은 생각이 드는가?

이 모든 질문들은 당신과 파트너가 육체적으로 서로에게 끌리고 있는가 하는 근본적안 문제를 뜻한다. 상대를 만지고 싶고, 상대가 만져주기를 원하는 것은 관계에서 육체적 측면의 기반이며, 그 위에 정서적인 측면이 단단히 형성될 수 있다. 다른 성 문제의 대부분은 해결하려 애쓸 수도 있고, 인정하고 그냥 살아갈 수도 있다. 하지만 당신이 관계를 지속할까 끝낼까를 고민한다면 여기에 진단의 단초가 있다.

진단 13

당신이나 당신 파트너가 신체적 접촉이나 상대가 만져주기를 원하지 않게 되고, 이러한 상황이 나아지는 기미 없이 여러 달이 흐른다면, 서로에게 엄청나게 소원해졌다는 심각한 증거다. 이와 같은 상황을 경험한 다른 사람들의 경우에 비춰보면, 당신이 관계를 지속하면 불행할 것이고, 떠나면 행복할 것이다.

누군가가 벌레가 스멀스멀 기어 다니듯 당신을 소름끼치게 한다면, 그때가 바로 관계의 구렁텅이 속에서 기어나와 탈출할 때이다.

이 진단에는 주의할 점이 하나 있다. "나아지는 기미 없이 여러 달 동안 지속되었는지"를 묻는 이유가 그것이다. 당신이 주의해야만 할 것은 사람들이 서로에게 몹시 화가 나거나, 마음의 상처를 입었다고 느낄 때는 섬뜩한 상태에 빠질 수 있다는 사실이다. 그래서 문제가 있는 관계에서는 보통 아무런 신체적 접촉도 없고 거의 섹스를 하지 않는 기간이 있게 된다. 또한 감정이 아주 격앙되어서 서로 간에 접촉을 원하지 않는 시기도 있다. 내가 말하는 것은 그런 경우가 아니다. 그러니 이 진단을 본질적으로 일시적으로 지속되는 상황에 적용해서는 결코 안 된다.

진단 13은 말 그대로 서로를 만지고 싶어 하지 않는 상태가 영구화할 때만 적용된다.

── 돌아올 수 있는 다리

만지고 싶어 하지 않는 것이 시금석이 되는 이유가 뭘까? 만지는 것은 명확히 인식할 수 있는 행동이기 때문에, 대부분의 사람들이 만지는 것과 그렇지 않은 차이를 쉽게 인식한다는 사실 말고, 왜 내가 성 문제를 가지고 머물기 너무 나쁜 관계라는 진단을 내리는 방법으로 언급하는 짐작이 가는가?

기본적으로 떠나기엔 너무 좋은 관계인 사람들이 분란에 빠졌다가, 다시 서로에게로 돌아오는 방식과 관련이 있다. 서로에게로 돌아오는 길 중의 하나가 신체적 결속이나 결합이다. 상황이 좋지 않으면 좋지 않은 대로, 둘은 작별의 악수나 키스를 할 것이고, 아니면 밤에 침대에 누워 있다가 신체 접촉이 일어날 수 있으며, 아니면 느닷없이 서로 껴안고 있는 것을 알게 될 수도 있고, 떨어져 있는 와중에 서로를 만지고 싶어 한다는 것을 깨닫게 될 수도 있다.

앞에서 '서로에게 마음 닫기'에 대해 우리가 한창 얘기했던 것을 기억할지 모르겠다. 상대로부터 서로 후퇴해서, 후퇴한 상태를 유지하고 감정이든 대화든 모든 면에서 상대가 먼저 움직이기를 기다리는 것이 바로 서로에게 마음 닫기다. 어쨌든 상대 몸에 접촉하고 싶어 하는 것은 두 사람이 서로에게 마음 닫기를 끝내는 방법을 발견하는 가장 중요한 방법이다. '우연한' 혹은 자발적인 접촉이 일어나고, 서로가 접촉을 원했다는 것을 느끼게 되고, 접촉이 점점 확대되거나 진해지면서 서로에게 마음 닫기는 해체되기 시작한다. 그리고 그것이 수백만, 수천만 커플이 상처와 분노의 악몽에서 벗어나는 길을 찾은 방법이다.

파트너의 몸을 만지고 싶어 하는 것은 자동차의 브레이크라고 생각해 볼 수 있다. 브레이크가 위험에서 벗어나게 해 주지는 못하지만, 충돌 이전에 멈추게 해주지 않은가. 브레이크 없이는 운전을 할 수 없다. 어떤 식으로든, 어떤 수준이든 간에, 서로를 만지고 싶어 하는 제동 장치가 없는 관계는 충돌을 막는 보호 장치가 없는 관계다.

좋은 소식은 진단 13이 적용되는 경우가 드물다는 것. 하지만 진단 13이 적용되는 상태, 즉 둘 다 서로를 만지고 싶어 하지도 않는 상태라면, 그들은 상처와 분노의 악몽에 사로잡힌 상태에서 벗어날 길이 없다.

14단계 ▶ 나를 아찔하게 만드는 당신의 섹시함

사람들이 내게 자주 묻는 질문 중 하나가, 얼마나 섹스가 만족스러우면 떠나기 어려울 정도냐는 것이다. 함께하기는 싫지만, 섹스 자체만은 진짜 만족스럽기 때문에 양가감정을 겪는 사람들이 있는데, 그런 사람들이 주로 이런 질문을 자주 한다. 혹시, 내가 너무 까다로운 것은 아닌가? 끝내주는 섹스로 모든 어려운 일들을 상쇄할 수 없다면 휴양지 바닷가의 별장처럼 그럴듯해 보이지만, 실상은 엉성하기 짝이 없는 싸구려 집에 머무는 것과 마찬가지 아닌가?

내가 알고 있는 구분법을 이야기하겠다. 인간의 성적 취향에 따른 구분법이 그것이다. 당신이 늘 지니고 다니는 부분이 있는데, 바로 '일반적인 성적 취향 general sexuality'이다. 대부분의 육체적 관계에서 갖는 당신의 반응이나 느낌이다. 예를 들어, 당신이 관계에서 실제로 오르가슴에 이르기까지 거치는 육체적인 반응과정이 당신의 일반적인 성적 취향이다.

그리고 상대방에 따라 다르게 반응하는 부분이 있는데, 바로 '대상특이적 성적 취향person-specific sexuality'이다. 이 말은 파트너가 바뀌면 그에 따라 달라지는 성적 욕구와 관심을 나타낸다.

당신의 일반적인 성적 취향은 어떤 특정관계에 머물든 떠나든, 여하튼지 간에 아무런 관계가 없어야 한다. 그러니 아무리 당신을 위한 애무가 근사하고 오르가슴이 만족스럽더라도, 이것이 다른 관계에서도 경험해봤던 것이거나 다른 사람과의 관계에서도 느낄 수 있는 것으로 생각된다면, 현재의 섹스는 훌륭하기는 하지만 그 자체만으로 현재의 관계를 지속해야 할 이유가 될 수 없다. 이 경우에는 아주 굉장한 신체적 화학반응이 있는 것처럼 보일 수도 있지만, 그건 당신이 어디를 가든 가지고 가는 일반적인 성적 취향 때문이다. 당신이 어떤 사람이냐가 중요한 것이지, 어떤 관계에 있는가가 중요한 것이 아니라는 의미다.

하지만 대상특이적 성적 취향은 함께하는 이가 누구냐에 따라 다른 반응을 보이는 부분이고, 당신의 양가감정적 관계를 끝내기 위해 절대적으로 중요한 부분이다. 당신의 관계를 정리하기 어렵게 만드는 육체적인 부분이 어떤 모습인지를 알기 원한다면, 자문해보라.

질문 14

당신은 파트너에게 독특하고 고유한 성적인 매력을 느끼는가?

나는 지금 당신 파트너와의 섹스가 얼마나 근사한지를 묻는 게 아니다. 그건 공정하지가 않다. 왜냐하면 근사한 섹스는 종종 당신이 어딜 가든 지니고 있는 일반적인 성적 취향 때문에 가능하기 때문이다. 그리고 흔들리는 관계에 있는 많은 사람들을 상담해본 경험에 따르면, 무슨 이유 때문이든 간에 머물기 나쁜 관계인데 단지 근사한 섹스 때문에 어떠하든 머물렀던 사람들은 결국 그렇게 머물기로 한 결정 때문에 불행해지는 것이 분명했기 때문이다.

어떤 식으로든 육체적으로 자신의 파트너에게 매혹당한 사람들을 그리 어렵지 않게 만날 수 있었다. 그들이 다른 사람과의 섹스를 상상할 능력이 없다거나, 다른 사람과의 섹스가 만족스러울 수 없을 거라거나, 파트너와의 섹스가 믿을 수 없을 만큼 대단할 것이란 얘기가 아니다. 그러나 무슨 이유이든 그 사람과의 섹스에는 뭔가 달콤하거나, 안전하거나, 특별하거나, 편안한 어떤 것이 있어서 다른 사람들을 그냥 다른 범주로 분류하게 만드는 그런 매력을 가진 사람이 있다. 다른 사람들은 '제대로'라는 느낌을 주지 못하지만, '이 사람만은' 그런 느낌을 준다.

내가 면담한 한 남자는 현재의 관계 이전에 엄청나게 많은 섹스 경험이 있고, 지금도 매력적으로 보이는 여자를 좋아하는 사람 중의 하나였다. 그러나 문제가 있었다. 그는 파티에서 다른 여자들과 시시덕거릴 수 있지만, 그 여자들과 춤을 추거나 가까이 앉기만 해도 그의 말을 빌자면, "특별히 흥분시키는 여자가 없다"고 느낀다는 것이다. 반면에 그 남자의 파트너에게는 특별한 뭔가가 있어서(느끼는 방식, 보는 방식, 냄새 맡는 방식 등) 언제나 그의 성욕을 불러일으킨다는 것이다. 그런 식으로 차이가 만들어진다.

> **진단 14**
>
> 만약 파트너가 특별하게 느껴질 만큼 육체적이고 성적인 매력이 있고, 그 특별함으로 인해 다른 사람에게는 끌리지 않고 오직 파트너에게만 강렬하게 매력을 느낀다면, 현재의 관계에 머무는 것이 행복할 거라고 장담할 수 있다. 왜냐하면 이런 상황에 놓였던 대부분의 사람들이, 떠나야 할 다른 강력한 이유가 없는 한, 머물러서 더욱 행복을 느꼈기 때문이다.
> 당신이 파트너에게 특별한 성적 매력을 느낀다면, 둘의 관계에는 뭔가 특별한 것이 있다.

이 진단이 당신에게 적용되지 않는다 해도 걱정하지 말라. 인간은 육체적으로 매력을 느끼지 않는 사람과의 관계에서도 완벽하게 행복해질 수 있다! 당신에게 절대적으로 필요한 것은 이전의 진단이 가리키는 것, 즉 서로를 만지고 싶어 하는가이다. 당신이 다른 사람에게도 육체적으로 끌린다고 해서 무엇이 문제인가?

파트너의 독특한 아름다움 때문이 아니라, 다른 사람들과는 다르게 느끼게 만드는 그 사람만의 화학반응 같은 것 때문에 특별하게 느껴진다면, 다른 문제가 없는 한 이런 상황에 있는 사람들은 머물렀을 때 행복하고, 떠나면 불행하다.

10

파트너의 문제점

. . . .

"모든 게 당신 탓이야!"

너무 늦기 전에

여기, 일을 제때 처리하지 않으면 어떤 일이 생길 수 있는지를 보여 주는 사례가 있다. 샐리는 서른두 살에 알코올중독자 남자와 결혼했다. 지난 20여 년 동안 그 남자는 샐리의 삶을 비참하게 만들었다. 주중에는 한밤중에 귀가하기 일쑤였고, 주말에는 늘 술에 취해 있었다. 그는 신체적으로야 결코 샐리를 학대한 적이 없지만 술을 마시면 화를 내고 남의 말을 듣지 않았다. 그 남자와의 생활은 대부분이 낭비였고, 더 이상 머물기 곤란한 관계인 것이 확실해 보였다. 샐리의 맹목적인 희망 하나는 파트너가 어느 날 갑자기 변해서 둘의 관계가 나아질 거라는 것뿐이었다. 하지만 그녀의 희망은 헛된 것으로 드러났다. 결국 가진 돈을 모두 탕진하고 난 후, 적절한 시점보다 한참이나 늦은 때에 관계를 끝냈다.

관계 정리 후 6개월도 안되었지만, 샐리는 새 아파트에서 자신의 힘으로 혼자 사는 삶이 얼마나 만족스러운지 거의 정신을 잃을 지경이라고 한다.

샐리는 근 20년 만에 처음으로 진정한 평화를 누리고 있다. 그렇지만 진작 결정하지 못한 것을 쓰라리게 후회하는 마음도 있다. 그가 변할 수도 있다는 문제가 가망성이 있는 것인지를 심각하게 검토해 본 적이 없었고, 어느 쪽으로든 결정을 내리는 것을 미뤄 왔었다. 결국 너무나 늦은 시기에 결론을 낸 것이었다.

당신은 절대로 그래선 안 된다. 양가감정이 관계를 야기하고 악화시키는 파트너들의 문제들을 살펴보자. 물론 우리가 관계에 대해 느끼고 있는 모든 문제들은 우리 파트너의 문제들과 어떤 식으로든 관련이 있다. 그렇지만 우선은 당신 파트너에게 어떤 종류이든 간에 문제가 있는데, 아직도 그가 변하기만 하면 모든 상황이 확 달라질 것처럼 보이는 상황에 대해 이야기해보자.

어떤 문제부터 이야기해볼까? 당신의 생활과 관계를 파괴하는 그 어떤 문제라도 좋다. 알코올중독은 물론이고 약물중독이나 진통제 과용 등 모든 종류의 약물 남용이 여기에 해당된다. 대마초 상용자, 성질 급한 인간, 멍텅구리, 모두 문제가 될 수 있다. 우울증이 문제일 수도 있다. 권위에 대한 적개심이나, 안정된 직장과 경력을 거부하는 심리가 문제일 수도 있다. 돈에 대해 무심한 경향도 문제일 수 있다. 문제를 꼭 심리적인 것으로 한정할 필요는 없다. 저학력이 문제가 될 수도 있고, 조루가 문제가 될 수도 있다. 아무튼 무엇이든 당신을 미치게 만들고, '그것 하나'만 없으면 모든 것이 훌륭해질 거라는 생각이 들게 하는 것이면 된다.

이 모든 문제를 어떻게 정리할 것인가? 공정해야 하고 인내심도 필요하겠지만, 당신은 행복하길 원하지 않는가?

___ '좋아하면 참으라'는 이데올로기

많은 사람을 양가감정적 관계에 더욱 묶이게 만드는 문제 가운데, '상대에게 조금이라도 특별할 것을 요구할 권리가 과연 나에게 있는가' 하는 문제다. 세상은 당신에게 파트너의 사람됨 그대로를 받아들이라고 한다. 자신을 변화시키려고 노력하고, 남을 변화시키려 하지 말라는 얘기를 늘 듣고 있지 않은가 말이다.

우리가 역사적으로 알고 있는 오래된 결혼 가운데, 소크라테스와 크산티페의 결혼을 예로 들어보자. 당시 사람들은 파트너를 변화시키기 위해서는 무슨 일이든 할 수 있고, 문제해결을 위해서는 파트너에게 무엇이든 요구할 수 있다고 생각했다.

그렇지만 동시에 '좋아하면 참으라'는, 역사적으로 강력한 흐름이 있어 왔고 그것은 일반적으로 그렇게 말할 힘이 있는 사람들, 다시 말해 주로 남자들과 연결되어 있었다. 불행히도, 좋아하면 참으라는 태도는 1960년대에 크게 유행처럼 팽배했고, 60년대에 성장한 사람들의 후손인 20대 풋내기들에게 강한 영향을 미쳤다. 또한 미국 베이비붐 세대(1945년~1962년 출생자들—옮긴이)의 심리치료사 다수가 표방하는 태도이기도 하다.

게슈탈트Gestalt(형태심리학이라고 불리는 심리학파의 하나—옮긴이) 기도문에 이런 태도가 표현되어 있다. 그 일부분을 한번 살펴보자.

내 일은 내가 하고, 당신 일은 당신이 하는 것.

나는 당신 기대에 맞춰 살기 위해 이 세상에 존재하는 것이 아니며,

당신 또한 내 기대에 맞춰 살기 위해 이 세상에 존재하는 것이 아니다.

이 구절에는 나름의 가치가 있지만, 여기에 표현된 것처럼 관계를 내버려두는 태도는 지나친 것이다. 나는 정치가도 아니고 이론가도 아니고, 무슨무슨 '주의자'도 아니다. 나는 남자와 여자의 사랑의 불을 지피고, 조화롭게 행복한 삶을 살 수 있도록 일선에서 일하는 심리치료사일 뿐이다. 그렇지만 나는 서로에게 영향

을 줄 수 있는 사람, 특히 아주 중요한 문제에 대해서 영향을 미칠 수 있는 사람이야말로, 관계를 살아 있게 만드는 생명수와 같은 존재라는 것을 알고 있다.

___ 변화를 요구하라

사람에게 분노와 거리감을 느끼게 하는 것 중 가장 강력한 것이 있다. 바로 그들이 자신의 파트너에게 아무런 영향을 미칠 수 없다는 것이다. 누군가에게 영향을 미친다는 것은 그들을 변하게 만드는 것이다. 이를 테면, 양말을 아무 데나 벗어 놓던 남자가 빨래 바구니에 양말을 넣어 놓는 사람으로 변하게 만든다든지, 당신에게 늘 트집을 잡던 사람이 다시는 그런 행동을 하는 일이 없는 사람이 되게 하는 것이다.

만약 내가 지속하기 너무 괴로운 저주받은 운명의 관계를 끝내기 위한 처방전을 쓴다면, 나는 두 사람에게 이렇게 말하게 할 것이다. "나는 변할 수 없어, 나는 변하지 않을 거야, 나는 변하고 싶지 않아, 그리고 나는 변해야 할 이유를 모르겠어."

하지만 서로가 변해야 할 이유를 찾을 수 있다면, 그건 훌륭한 일이다. 중요한 점은 이거다. 당신에게는 파트너의 변화를 원할 자격이 있다는 것이다.

그러면 무엇을 변화시키라고 요구해야 할까? 파트너의 문제가 너무나 심각한 나머지 그 문제가 해결되지 않는 한 그 남자와의 관계를 지속하면서 행복하기는 어렵다고 결정해야 할 때는 언제인가? 우리가 여기서 함께 방법을 찾아야 할 해결책은 네 가지 다른 주제로 나누어 정리해보자.

• 그가 자신의 문제를 인식하고 있는가?

- 기꺼이 변할 의향이 있는가?
- 당신이 그 문제로 인해 당하는 괴로움을 내려놓을 수 있는가?
- 그는 변화할 수 있나?

이 문제들을 한 번에 하나씩 다뤄 보자.

15단계 ▶ 내 노력 앞에 눈 감고 귀 막은 당신

부정이란 단어는 오늘날 너무나 자주, 너무나 가볍게 사용되기 때문에 그 말의 유용성이 없어진 게 아닌가 하는 생각이 들 정도다. 그래서 그 단어를 가능한 최소한도로 사용하려 한다. 대신에 당신이 누구인지, 무슨 일을 하고 있는 것인지, 그것이 주위 사람들에게 미치는 영향이 무엇인지, 그것이 장기적으로 어떤 효과를 발휘할 것인지에 대해, 맹목이라든가 무지와 같은 단어를 사용해서 이야기할 것이다.

어떤 문제에 대한 맹목과 무지인가? 알코올중독, 그리고 다른 종류의 약물 남용부터 시작해 보자. 이렇게 주장하는 남자가 있다. "나는 주정뱅이가 아니야. 긴장을 풀기 위해 저녁에 한두 잔 걸치는 걸 즐길 뿐이지." 하지만 남자는 항상 이렇게 마시고, 더구나 한두 잔 정도도 아니며, 결국 인사불성에 이르곤 한다.

또한 증상학적으로 문제가 있는데도, 그렇다고 인정하기를 거부하는 편집증이나 몇 가지 성격 장애와 같은 정신병리학의 범위를 포함하여 이야기할 것이다.

그리고 우리가 눈을 감고 맹목이 됨으로써 우리 관계를 해치게 되는 다른 모든 일들에 관해서도 얘기할 것이다. 상대를 조종하기 위해 끝없이 시도하는 잔머리 굴리기부터 질문에 대답하지 않기, 유머로 가장하고 끝없는 혹평 쏟아내기, 잔소리 퍼붓기, 기운 없는 체하기, 당신이 말하는 것을 들은 적이 없다고 잡아떼기, 근본적으로 당신 가까이 있는 사람에게 무관심하기까지의 모든 문제를 다룰 것이다. 자신이 지루한 애인인 줄 모르거나, 억압적인 부모인 줄 모르거나, 태만한 가정부인 줄 모르거나, 말싸움에서 지는 것을 못 참는 건방진 성격인 줄 모르거나, 어느 때고 거칠게 분노를 폭발시키는 성마른 사람인 줄 모르는 부류들도 마찬가지다.

마치 리어왕 같은 사람 말이다. 리어왕의 딸은 이렇게 말했다. "아버지는 모든 것을 소유했지만, 자신에 대해서는 아는 것이 거의 없어요."라고. 모든 비극은 바로 거기서부터 시작된다.

─── 맨디 이야기

사람들은 자신이 어떤 인간인지에 대해 마음과 눈을 닫을 수 있다. 맨디의 파트너인 밥에 관해 이야기해보자. 밥의 별명은 '미스터 이기주의자'다. 표면적으로 그는 당신이 아는 다른 남자나 여자들과 비슷해 보일지 모르겠으나, 이기심 면에서는 문제가 훨씬 더 심각하다.

밥은 철학 교수다. 만약 밥이 매력적이고 얼빠진 교수들처럼 그저 자기에 몰입한 사람이거나, 당신이 그의 자기 몰입이란 깊은 잠을 어떻게든 깨울 수만 있다면, 그를 관용하고 참기가 훨씬 더 수월했을 것이다. 하지만 밥에게서 아무리 노골적이고 뻔뻔스런 이기적 행위를 잡아내더라도, 그는 자기가 그런 행동을 했다는 걸 받아들이지 않거나, 그런 짓이 이기적이라는 걸 받아들이지 않을 것이다. 심지어 밥은 그 행위를 정밀한 논리로 방어하기까지 할 것이다. 여기엔 두 가지 요소가 있다.

1 이기주의 밥은 맨디를 지배하는 것에는 아무런 흥미도 없다. 밥은 그녀가 원하는 것을 하고 그녀가 되고 싶은 대로 두는 것에 행복을 느낀다. 마치 텔레비전 출연자가 자신을 보고 있는 시청자를 알 수 없는 것처럼, 밥은 자기 욕구 밖에 존재하는 다른 것들을 볼 능력이 없다.

예를 들면, 밥은 시간적으로 압박받기를 꺼려하고 또 스스로 자유로운 정신의 소유자라고 믿기 때문에, 계획과 일정과 약속 같은 것을 증오한다. 맨디는 밥과 같이 해야 할 일이 있어도, 그에게 약속을 잡자고 말을 건네기조차 어렵다. 맨디가 직업의 특성상 약속이 많기 때문에 자신에겐 일정을 계획하는 일이 중요하다고 말하면, 밥은 왜 그것이 중요하다고 하는지 전혀 알지를 못한다. 일정을 조정해보려고 하면, 그는 일정에 신경써야 하는 것이 왜 중요한지도 알 수 없어 한다.

2 눈치없음 또 하나의 요소는 자신의 이기적인 성격을 지각할 능력조차 없는 밥의 극단적인 '눈치없음'이다. 밥이 '그래'라든지, '알았어'라든지, '내가 이기적이야'라고 말할 수 있게 만들 수만 있다면 문제는 어마어마하게 다른 양상을 보일 것이다. 그러나 밥은 자신이 한 행동에 대해 수백만 가지의 이유와 설명과 정당성을 쏟아내면서 모든 사람의 욕구를 말살시켜 버린다. 아마도 당신은 TV 토크 쇼에서 몇몇 이기적인 남자들이 출연해서 모든 사람이 보는 앞에서 잘난 체를 하는 것을 본 적이 있을 것이다. 하지만 열정적으로 이유를 대고 논리를 빙자해 정당화하는 능력에서 보자면, 그들은 철학교수 밥에게 상대가 안 된다.

예를 들어, 두 사람이 꼭 함께 가야할 행사의 일정을 맨디의 상황 때문에 맞추지 못하면, 밥은 그녀가 틀에 박힌 사람이고, 편협하고, 경직되어 있으며, 시간을 지배하기 보다는 시간에 조종당하고 있다고 맹렬하게 비난한다. 밥은 본질적으로 맨디가 일정을 계획해야 한다고 생각하는 것이 왜 잘못된 것인지에 대한 확고한 철학을 갖고 있는 것이다. 그 철학이 밥을 맹목인 채로 살게 만든다.

내가 맨디에게 물었던 질문을 당신에게 묻고 싶다.

질문 15

당신이 파트너 때문에 그 관계를 떠나고 싶어 한다는 것을 인식하게 해보려는 노력을 파트너가 모른 체하며 인정하려 하지도 않는가?

물론 이런 종류의 맹목적인 무지는 어떤 문제에서든 우리를 괴롭게 만든다. 하지만 내가 여기서 말하려는 것은 당신이 그 문제를 생각할 때마다 관계에 머무는 것이 옳은 것인지 회의하게 만들고, 그 문제를 떠올릴 때마다 편두통처럼 당신을 괴롭게 만드는 그런 문제에 대해, 파트너가 눈도 감고 마음도 닫는 것이다.

___ 부정이라는 위험한 함정

물론, 이런 것들이 당신에게 중요하지 않다면 별 문제가 없다. 하지만 무지와 맹목이 당신에게 진정으로 문제가 된다면, 당신은 말 그대로 지옥으로 빠져들고 있는 것이다. 문제는 결코 변하지 않을 것이 분명하다는 점. 뿐만 아니라, 이런 종류의 맹목과 무지에는 당신을 끝끝내 감질나게 하는 속성이 있다. 이처럼 중요한 문제를 부정하는 파트너를 둔 사람들은 대개 파트너가 문제를 볼 능력도 없고, 알려고도 하지 않는다는 사실을 까놓고 직접적으로 말하지 않는 경향이 있다. 대신에 그들은 이렇게 말한다. "그에게 문제를 인식시키려고 나는 정말로 노력하는 중이에요. 어제는 이 문제에 대해 낙담했지만, 오늘은 다시 그가 문제를 직시하게 만들 방법이 있을 거라는 느낌이 들어요."

보는 것보다 쉬운 일이 어디 있나? 쉬워 보인다는 점이 우리를 감질나게 만드는 이유다. 당신이 생각하기에는, 어느 날 갑자기 이 남자가 문제를 보게 될 것 같다. 그러면 암흑은 걷히고 동이 트고 빛이 비출 것 같을 것이다. 마치 전기 침에 찔린 것처럼 파트너는 갑자기 도약하여 이전에 보지 못했던 것을, 깨닫게 될 것 같아 보인다.

이런 일은 너무나 쉬워 보이기 때문에 오히려 우리가 쉽게 볼 수 있는 당연한 것을 알아채지 못하게 만든다. 파트너가 보기 쉬운 것을 볼 수 없다면 뭔가 잘못된 것이 분명하고, 따라서 파트너가 결코 그 문제를 보지 못할 가능성이 높다는 것 말이다. 그러니 당신이 질문 15에 '그렇다'고 답했다면 어떻게 해야 할까?

진단 15

만약 파트너가 하는 어떤 행동이 당신들의 관계를 유지하기 어렵게 만들고, 당신이 그 문제점을 파트너가 알게 하려고 노력하는데도 그가 그 문제를 알 수 없거나 알려고 하지 않는다면, 문제는 시간이 흐를수록 악화되기만 할 것이다. 일생을 두고 문제가 악화되는 것을 받아들일 수 없다면, 그 관계를 정리하고 떠나는 것이 행복할 것이다.

벗어나길 원하는 문제가 파트너 때문인데 정작 당사자는 그런 사실을 볼 수조차 없다면, 그때가 바로 파트너에게서 벗어날 때다.

좀 더 노골적으로 말해볼까? 본인에게 심각한 중요성을 갖는 문제에 대해 알고 싶어 하지 않는 사람에게 매달려 살면서 행복하기는 거의 불가능하다! 파트너가 '관계를 유지하기 곤란하게 만드는 행동을 자신이 하고 있음을 알아차리는' 것이 정확히 무슨 뜻인가?

한 가지는 확실하다. 단지 말로만 알았다고 하는 것은 불충분하다는 것이다. 당신 파트너는 본인이 무슨 짓을 하고 있는지 알아차리면 충격을 받을 수도 있다. 물론 알아차렸다는 걸 시인한다는 것은 "그래, 내가 그런 행동을 하긴 해."라든가, "그래, 난 그런 식이야."라고 말하는 것이다. 하지만 당신 파트너는 본인의 행동이 당신에게 문제가 된다는 것을 스스로도 알고 있다는 사실을 당신이 느낄 수 있게 전달해야만 한다.

방금 내가 자세히 이야기한 것을 맨디와 밥의 사례에 적용시켜보면, 밥은 자신의 이마를 손으로 때리면서 이렇게 말해야만 한다. "맙소사, 나와 함께 사는 것이 당신에게 어떤 것이었을지 이제야 알겠네. 나는 언제나 내 방식만을 고집했고, 당신의 방식과 타협한 적이 결코 없었어. 나는 내 행동 방식에 대해 갖가지로 정당성을 주장했지만, 당신이 보는 관점에선 얼마나 이기적인 것으로 보였을지 이제야 알겠어. 그동안 당신을 너무 힘들게 해서 미안해."

그러나 당신은 사람들이 자신의 문제를 시인하지 않으려고 사용하는 가장 뻔뻔스런 방법 중의 하나에 넘어가지 않도록 조심해야 한다. 바로 '자학'이다. 문제를 시인하라는 당신의 요구에 파트너는 슬퍼하고, 낙담하고, 절망스러워한다. 그런 당신의 요구가 스스로를 나쁜 사람으로 느끼게 만드는 것처럼 보인다. 그의 자아가 심한 타격을 받기 때문에 당신이 그 문제를 언급하기만 했을 뿐인데, 상황이 좋아지기는커녕 점점 더 악화되는 것처럼 느껴진다. 그러나 그가 진짜로 하고 있는 일은 의식적으로든 무의식적으로든 당신에게 감정적인 공감과 협박을 보내서 문제를 정면으로 다루기보다 그대로 놔두는 것이 더 효과적이라고 생각하게 만들려는 것이다. 실제로는 자신의 문제를 알아차리고 시인하라는 요구를 차단하기 위해 일종의 '테이블에서 치우기 증세'를 사용하고 있는 것이다.

당신 파트너가 어떻게 행동하건 간에, 그가 스스로 어떤 행동을 하고 있는지 그리고 그 행동이 당신에게 어떤 타격을 주는지, 그 문제 때문에 관계를 정리하려고 갈등하는지를 인식할 능력조차 없다면, 어떻게 상황이 개선될 수 있겠는가? 현실을 도외시하는 사람은 하나로도 충분하다. 두 사람 모두가 현실을 떠나 있다면 정신이상자로 가득한 정신병동에 나란히 있는 것과 마찬가지다.

16단계 ▶ 당신, 정말 달라지려는 마음은 있는 거야?

당신은 지금 심각한 양가감정을 겪는 상태이다. 그리고 당신이 관계를 청산하고 싶게 만드는 파트너의 문제를 당사자가 알아차리고 있다고 생각해보자. 이것은 좋은 징조다. 알아차리고 시인한다면 진정한 희망이 생길 수 있기 때문이다.

하지만 지금은 다음 단계에 착수해 보자. 그렇다, 문제를 시인하기는 한다. 하지만 그렇다고 그 문제를 개선시키기 위해 어떤 행동을 할 의사가 있을까? 최소한 시도라도 해 볼 의사는 있을까? 파트너가 너무 뚱뚱하다는 것이 문제라고 해보자. 물론, 이런 문제는 정치적으로 올바르지는 않지만, 관계 속에서 정치적인 고려는 따질 게 아니다. 그리고 내 직업이라는 것은 사람들의 일반적이고, 일상적인 현실에 대해 다루는 것이다.

양가감정적 관계에 빠진 사람들의 큰 문제 가운데 하나는 그들의 파트너가 스스로 문제가 있음을 인정하고 난 후에 일어난다. 문제는 인정할지 모르나, 너무나 많은 사람들이 변화할 의사가 없다는 것이다. 여기, 많은 사람들의 양가감정에서 벗어날 수 있도록 해준 질문이 있다.

질문 16

두 사람의 관계를 유지하기 곤란하게 만드는 파트너의 문제 행동이 있고, 당사자도 그걸 알아차리고 시인까지 했지만, 아무리 좋게 보아도 당신 파트너는 그 문제를 해결하기 위해 그 어떤 행동도 하려 들지 않는가?

핵심 단어는 '하려 들지 않는'이다. 단순하게 들릴지 모르지만, 타이타닉 호를 침몰시킨 빙산처럼 문제는 보이는 것의 열배 이상으로 큰 문제이고, 대부분은 수면 아래 잠복해 있다. 변화할 의사가 없다고 솔직하게 인정하는 사람이 한 명이라면, 변화할 의지가 없다고는 절대로 말하지 않으면서 변화를 위한 매 단계마다 당신과 싸울 사람은 열 명도 넘는다.

___ 짐 이야기

파트너가 뚱뚱한 것이 문제였던 한 남자의 사례를 살펴보자. 얘기를 듣자마자 벌써 당신은 그를 미워하기 시작하겠지만, 꾹 참고 그의 관점에서 문제를 보자.

짐은 프로 스포츠 팀의 체력 담당 코치였다. 몸을 만들고, 보여주는 것이 그의 생활이자 생계수단이기도 했다. 짐이 처음 페기와 결혼했을 때 그녀는 무용수였고, 끝내주는 몸매의 소유자였다. 그들은 몸에 집중된 관심을 서로 나눌 수가 있었다. 똑똑한 사람 둘이 함께하면 그들은 서로의 지성을 즐기면서 일생을 보내고 그 중 한 사람이 무식해지면 모든 게 끝이라는 점을 이해하는 것과 마찬가지로, 짐과 페기에게는 아름다운 몸을 가지는 것이 두 사람 관계의 근본이자 가장 중요한 요소였다. 적어도 짐의 관점에서는 그랬다.

내가 두 사람을 만났을 때 짐의 충격을 대변하듯이, 페기의 체중은 290파운드(약 131.5킬로그램—옮긴이)였다. 섹스도 신체적으로 불편했고 불만족스러웠지만, 그보다 더 큰 문제는 짐은 더 이상 페기에게 성적 욕구가 생기지 않는다는 것이었다. 짐은 페기 때문에 난감해하는 자신이 부끄러웠지만, 그럼에도 불구하고 태평할 수는 없었다. 무엇보다도 짐은 페기가 자신을 그 지경에 이르도록 방치했다는 사실과 본인을 그렇게 만든 일에 대해 마음속으로 늘 화가 나 있는 상태였다.

주의 깊게 두 사람을 살펴본 결과, 내가 볼 수 있는 한도 내에서 짐은 자신이 어떻게 느끼고 있는지 그리고 그것이 무슨 의미인지를 페기에게 전하기 위해 가능한 모든 노력을 다하고 있는 걸로 보였다. 문서로 작성하진 않았지만, 페기는 자신이 뚱뚱해지는 것이 짐에게는 두 사람이 암묵적으로 동의한 '영혼의 계약'을 위반하는 것임을 알고 있었다. 그녀는 짐이 두 사람의 관계를 저울질하고 있으며, 여러 가지 긍정요인과 부정요인 중 290파운드의 체중이 관계 유지에 치명적인 것도 알고 있었다.

짐이 이 관계에서 느끼는 양가감정은 천칭의 한쪽에 아직도 여러 가지 것들, 이를 테면 아직도 페기를 사랑하고 있다는 사실 같은 것, 그리고 외모를 중요시하는 것에 대한 죄의식 등이 작용하고 있었다.

페기 쪽을 보자. 문제를 시인하는 것은 문제가 아니었다. 페기는 자신이 뚱뚱하다는 것을 알고 있었고, 그것이 건강에 좋지 않다는 것도 알고 있었고, 아름답지 않다는 것도 알고 있었고, 그것 때문에 자신이 우울해진다는 것도 알고 있었으며, 무엇보다도 (우리의 목적에 비추어 볼 때 중요한 측면인데) 비만 때문에 짐이 자신의 곁에서 멀어지고 있다는 사실도 알고 있었다.

그렇지만 진정으로 변화할 의사가 있다는 것이 무슨 뜻인가 하는 문제에 직면해야 하는 시점이 바로 여기다. 만약 페기가 그냥 다음과 같이 말해 준다면 문제는 너무도 분명해져서 어려울 게 없다. "그래, 나 비만이야. 그리고 당신이 뚱뚱한 걸 싫어하는 것도 알아. 하지만 나는 이대로 사는 게 좋아. 그래서 살을 빼기 위해 아무 일도 하고 싶지 않아."

그렇지만 페기는 사람들이 겉으로는 변할 의사가 있다고 하면서, 실제로는 진짜로 변화하고 싶은 의지가 '전혀 없음'을 어떤 방식으로 전달하는지를 보여주는 교과서 같았다. 페기가 한 말들 가운데 몇 가지 예를 들어보겠다.

- "물론 나도 살을 빼고 싶지만, 당신처럼 죽기 살기로 살만 빼면 된다고는 생각하지 않아. 나는 건강에 좋은 음식을 먹으면서 내 일에 집중하는 것이 더 중요하고, 무엇보다도 잘 먹어서 스트레스를 날려 버리는 것이 아주 중요하단 말이야."
- "당신이 내게 뭘 하라고 요구하는 건 아니라고 생각해. 사실 당신이 내게 뭘 하라고 하면 나는 그게 더 하기 싫어지거든."
- "나보고 변하라고 하는 당신이 잘못된 거야. 당신이라면 있는 그대로의 나를 받아들여 줄 거라고 생각했어."
- "당신이 체중에 관해 불평을 할 때마다 나는 기운이 빠지고 체중이 더 늘게 돼."(변할 의사가 없는 사람들이 항상 하는 말이다. 그들은 당신이 문제해결을 요구할 때

마다 그 문제에 더 깊이 빠져 들게 된다고 말한다.)

겉으로만 의사가 있는 체하고, 실제로는 전혀 그럴 의지가 없음을 보여주는
최종 결정판은 따로 있었다.

- "나 역시 체중을 줄이고 싶어. 하지만 당신을 위해서가 아니라 나 자신을 위
  해서 빼고 싶고, 나만의 시간에 내 방식으로 빼고 싶어."

이 마지막 말이 뭐가 잘못된 것인지 의아할 수도 있다. 이런 말은 믿어 줘야 하
는 것 아닌가? 그렇다, 이런 약속은 나 같은 심리치료사의 입장에서는 사람들에
게 믿어주라고 권하는 것이다. 우리의 삶은 우리 것이고 무슨 일을 하든지 자신
의 책임 아래 하는 것이 중요하기 때문이다. 그렇지만 페기의 마지막 말은 전혀
다른 두 가지 의미로 해석할 수 있다.

- 첫 번째는 "나도 그러고 싶고, 그렇게 할 거야. 하지만 내가 내 식으로 할 때
  만 효과가 있을 거야."라는 의미다. 진실하기만 하다면, 좋은 일이다.
- 두 번째는 "나는 그렇게 할 의사가 없어. 그리고 당신이 원하면 내 옆에 들러
  붙어서 내가 약속대로 하는지 않는지를 감시해도 좋지만, 나는 절대로 그렇
  게 하지 않을 거야. 그리고 '내 식으로'라고 말하는 의미는 내가 아무런 노력
  을 하지 않아도 그렇게 된다면 좋은 일이지만, 아니면 어쩔 수 없다는 얘기
  야."라는 의미다. 이건 당연히, 좋지 않다.

두 번째 해석이 페기가 진정으로 뜻한 것이었다. 페기는 그럴 의사가 없는데도, 그렇게 할 의사가 있다고 얘기하곤 했다. 여기 중요한 사실이 있다. 짐은 여러 해 동안 페기에게 자신의 느낌을 분명하게 전달했다. 페기는 그 여러 해 동안 '자신이 결정한 때에 자신의 방식으로' 체중을 빼겠다고 말하곤 했다. 하지만 페기의 몸은 그녀가 변할 의사가 없었다는 증거였다.

그러니 조금이라도 짐에게 공감할 수 있는지를 살펴보자. 확실히 짐은 좀 더 고상하고 영적인 사람이 되어야 할 필요가 있을지도 모른다.(파트너의 몸에 연연해하지 않는 것 말이다.) 그러나 짐은 있는 그대로의 자기 자신과는 전혀 다른 종류의 고상한 남자를 연기할 생각이 없었다. 그는 페기에게 자신이 중요하게 여기는 것이 뭔지를 분명하게 전달했다. 페기는 수십 가지 방식으로 그녀가 변화할 의사가 없음을 직·간접적으로 알려 주었기 때문에 결국 짐이 관계를 끝내도 좋다고 승인을 한 셈이다. 짐과 페기 사이의 간격은 너무나 크다. 당신이 질문 16에 '그렇다'고 답했다면, 여기 진단이 있다.

진단 16

파트너에게 관계를 유지하기 어렵게 만드는 문제가 있고 당사자도 그 점을 알고 있다. 그러나 파트너는 사실상 그 문제에 대해 어떤 일이든 할 의사가 없고, 실제로 변화할 의사가 없는 상태로 최소한 6개월 이상 지난다면, 당신은 관계를 끝내고 떠나는 것이 더 행복할 것이다.

당신의 파트너가 스스로 변화하고 싶어질 때까지 기다린다는 것은 '고도Godot'(사무엘 베케트 희곡 〈고도를 기다리며〉 속 인물. 고도는 오지 않는다—옮긴이)를 기다리는 것이다.

이 진단은 명료하다. 사람들이 관계 속에서 파트너가 하는 어떤 행위 때문에 괴로움을 당하는데도 문제의 당사자는 변화할 의사가 없다면, 그 관계를 정리하고 떠나는 결정을 하는 것이 만족스러운 경우가 대부분이라는 것이다.

때로는 파트너가 변할 의사가 없다고 말하기 때문에 그런 줄 안다. 아니면 폐기처럼 변할 의사가 없다는 사실을 수십 가지 방법으로 보여 주기 때문에 알 수도 있다. 하지만 때로는 본인은 변할 의사가 있다고 말하지만 실제로는 그렇지 않은 경우도 있다. 파트너가 변할 의사가 있다면 변하기 위해 무엇인가를 할 의지를 보여야 한다. 하지만 무엇을 해야 하나? 당신이 이런 상황에 있다면 실제로 어찌 해야 효과가 있을까?

___ 의지를 보여줘라

파트너가 변할 의사가 있다는 것을 어떤 식으로 표현해야 믿어 줄 수 있는지에 대해 구체적인 생각을 갖고, 그 내용을 정확히 전달할 수 있어야 실제 효과가 있다. 이런 식으로 말할 수 있다. "당신 때문에 생긴 이 문제로 인해서 나는 우리 관계를 끝내고 싶은 생각이 들어. 당신도 문제가 있다는 걸 알고 있다고 말하지 않았어? 만약 당신이 이 문제를 해결하기 위해 무슨 일인가를 한다면, 나도 당신이 변할 의사가 있다는 걸 알게 될 거야. 그게 무슨 일인가 하면……."이라고 말하며 그 일을 설명하면 된다. 당연히 타협의 여지도 있다. 당신 멋대로 규칙을 강요할 수는 없다. 하지만 말로는 변화할 의사가 있다고 하고, 행동으로는 진심으로 하고자 하는 의지를 보여주지 않는 한, 타협은 있을 수 없다.

그렇다면 당신은 진정한 변화 의지를 보여주는 행동으로 파트너에게 요구할 것을 어떻게 결정해야 할까? 수백만 가지 문제가 있고, 그 문제 각각에 대한 반응 또한 수백만 가지씩 있을 것이다. 당신이 요구할 행동이 실질적이고, 구체적이면서, 의미 있고, 관찰 가능한 것이어야 한다는 것이 내가 해줄 수 있는 말의 전부다. 그건 실제로 파트너가 진심으로 변하려고 노력한다는 것을 당신에게 믿을 수 있게 하는 것이어야 한다. 당신이 그 행동에 대해 이런 말을 할 수 있어야 한다. "저 사람이 저렇게 하는 것을 보니 변할 의사가 있다는 걸 알겠어요. 진짜 노력하고 있다는 걸 알겠네요." 어떤 종류의 행동을 말하는 것일까? 여기 몇 가지 예가 있다.

- 약물 남용이라는 문제가 있는 파트너가 변화하려는 의사는, 알코올중독자 모임(AA) 등에 참석하는 것일 수 있다. 같은 문제를 겪는 다른 사람에게는, 함께 몰려다니던 중독자 패거리와의 결별을 의미할 수도 있다.
- 수입이 별로 없으면서 직업을 찾을 생각도 않고 오랜 기간을 쉬는(이유가 무엇이든 간에) 문제를 해결하려는 의사는, 직업학교에서 기술을 익히거나 자격증을 따는 것 등일 수 있다. 같은 문제를 겪는 다른 사람에게는, 과거라면 그들이 결코 상상조차 하지 않을 빡빡한 현실세계의 직업을 얻고, 거기서 해고당하는 일없이 1년 이상을 버티는 것일 수도 있다.
- 많은 시간 우울해하고, 피곤해하고, 비참해하는 파트너가 변화하려는 의사는, 심리치료사를 찾아가서 열심히 치료를 받는 것이다. 똑같은 문제를 겪는 다른 사람에게는, 의사를 찾아가 항우울증 처방을 받는 것일 수도 있다.

이런 경우라면, 당신은 "그가 진심으로 변하려고 노력하고 있어요."라고 말할 수 있을 것이다. 그 다음, 당신은 시간 계획이 포함된 구체적인 변화에 대한 계약을 맺는다. 그러면 당신은 시간 계획이 포함된 구체적인 변화에 동의하는 것이다. 나라면 이런 식으로 말할 것이다. "나는 당신이 이 일을 한 달 이내에 시작해서, 적어도 1년 동안은 계속해주었으면 해. 당신에게 명령하고, 당신을 쥐고 흔들고 싶어서 그러는 게 아니야. 당신이 변하려는 의사를 보여주지 않는다면, 나는 우리 관계를 유지하기가 너무 힘들고 괴롭기 때문이야. 이건 협박이 아니야, 내게는 절박한 현실이야."

___ 기다림의 함정

동의하기만 하면, 당신은 많은 사람들이 여러 가지 방식으로 빠져드는 소위 '기다림의 함정'에 빠지지 않고 자신을 구해낼 수 있다.

우리 모두는 일생에 걸쳐 기다림의 함정에 빠지기 쉽게 되어 있다. 어째서 그렇게 되는지 설명해보자. 당신은 버스를 기다리고 있다. 당신이 10분을 기다린다면, 당신은 즉각 기다린 시간을 투자로 전환시킨다. 당신이 버스를 기다리는데 10분을 투자했으므로, 10분을 더 투자하지 않는다는 건 바보짓처럼 느껴진다. 20분을 기다리고 나서는 20분을 투자한 것으로 느끼고 그 만큼 더 투자할 이유가 생기는 식이니 언제 기다리는 것을 멈출 수 있겠는가. 기다리고 또 기다리게 된다. 이것이 걸어서 15분이면 될 길에서 45분씩이나 버스를 기다리게 되는 것이다.

문제 있는 파트너와 함께 사는 사람들도 똑같은 짓을 한다. 1년 동안 파트너가 변하기를 기다렸다면, 당신은 거의 마술에 걸린 것처럼 또 한 해를 기다리게 된다. 그리고 당신이 처음 2년을 기다렸다면 2년을 더 못 기다릴 이유가 어디 있는가? 이 장을 시작하며 소개한 샐리의 경우를 기억하는가? 그녀는 알코올중독자

198

인 남편과 결혼해서 32년을 살았다. 기다림이란 함정에 희생된 것이다. 샐리는 기다리면 기다릴수록 기다린 시간이란 투자를 보상 받기 위해서 계속 기다려야 한다고 느꼈던 것이다.

변할 의사가 있다는 걸 보여주기 위해서 해야 할 특정 행동을 당신 파트너에게 요구할 때, 시간 계획이 구체적으로 포함되어야 한다는 이유가 바로 기다림의 함정을 피하기 위해서다. 이제부터 내가 하려는 제언에 반감을 가질 사람들이 꽤 있겠지만, 당신 파트너가 하고자 하는 의향을 보이는 내용과 시간 계획을 날짜가 기록된 종이에 적어 놓는 것이 실제적으로 도움이 될 것이다. 적고 나서 거기에 두 사람이 서명을 한다.(만약 서명하지 않으려 한다면, 그는 어떻게 변하려는 의향을 보여주겠다는 것일까?) 그런 다음 1년 후에(얼마나 긴 시간을 약속했는지에 상관없이) 그걸 확인해 본다. 두 사람이 합의한 것을 파트너가 행하지 않았다면, 그가 어떤 말을 하든지 간에 변할 의사가 없었음을 보여주고 있는 것이다. 그러면 진단 16이 효력을 발휘한다.

17단계 ▶ 그냥 한번 내버려둬보자

좋다, 당신 파트너가 변할 의향이 없고 이 문제는 계속해서 당신을 괴롭힌다. 여기 어떤 사람에게는 결코 해당되지 않는 선택지가 있다. 문제 때문에 괴로워하는 걸 그만두고 문제를 놓아버리는 것이다. 여기 당신을 위한 질문이 있다.

파트너가 갖고 있는 문제 때문에 당신은 관계를 정리하고 떠나고 싶다. 그렇다면 당신은 그 문제를 내버려 두고, 무시하여, 그 문제가 당신을 괴롭히지 못하도록 노력해 보았는가? 그리고 성공했는가?

견딜 수 없는 것을 견디라고 말하는 게 아니다. 고통과 함께 사는 법을 배우라는 이야기도 아니다. 사람들이 문제에 직면해서, 특히 오랫동안 고통 받아온 문제에 직면해서 하는 행동을 보고 하는 얘기다. 문제는 사람들에게 족쇄처럼 채워져 있었다. 갑자기 그들은 이 문제를 자신이 움켜잡고 있는 헬륨이 채워진 풍선처럼 다룬다. 손을 놓기만 하면 날아가 버리는 풍선처럼, 그들은 더 이상 참고 견딜 것이 없다. 더 이상 견뎌야 할 것이 없기 때문에.

___ 존 이야기

존은 사업 때문에 텍사스에서 보스턴으로 옮겨 온지 얼마 안 돼서, 베스를 만나 결혼을 했다. 그녀는 음식 관련 작가이자 지방에 근거지를 둔 여성 잡지의 편집자였다. 베스가 일하는 분야가 그랬기 때문에 존은 그녀가 자신과 마찬가지로 전통적인 취향을 가지고 있을 거라고 생각했었다. 그는 베스가 전문적인 일을 계속하리라는 점을 이해했지만, 또한 그녀가 당연히 요리와 집안일 같은 것도 마찬가지로 잘 하리라고 기대했다. 존은 자기가 원하는 대로 그림을 그린 것이었다.

베스의 실상을 보고 존이 받은 충격은 상상도 못할 것이다. 베스는 게으르고 지저분했으며, 집안일은 조금도 하지 않았다. 직업상의 약속 때문이 아니면 요리도 하는 법이 없었다. 자신이 처한 상황이 확실히 보이기 시작하자 존은 점점 더 화가 났고, 절망하게 되었다. 그들은 '그녀의' 문제에 대해 심하게 싸우기도 했다. 베스는 집안일 근처에도 가지 않는 자신의 문제를 시인했고, 자신의 스케줄이 허락하는 대로 자신이 해야 할 몫만큼은 집안일도 좀 더 할 의향이 있다는 식의 의사를 표현하기에 이르렀다. 그 이상은 변하고 싶지 않다는 거였다.

이 문제가 이 텍사스 출신 남자에겐 거래를 깨는 문제처럼 느껴진 기간이 있었다. 존에게는 집안일을 멋지게 잘하는 여자와 결혼하는 것이 평생의 바람이었던 것이다. 나는 존에게 그의 기대를 내려놓을 수는 없는지 물어 보았다. 그 기대를 버린다는 것을 그는 한 번도 생각해 본 적이 없었다. 존은 일주일 정도 생각해 볼 시간이 필요하다고 했다.

일주일 후 돌아와서 존은 이렇게 말했다. "아시겠지만, 이것이 효력이 있기만 하다면, 내가 했던 어떤 일 보다 쉬운 일이라고 혼자 생각했지요. 그냥 크게 한번 숨을 쉬고는 베스가 집안에서 해주었으면 하고 내 머릿속에 들어 있는 잡다한 것들을 신경 쓰지 않고 내버려 두면 어찌되는지 보자고 생각했어요. 믿을 수 없게도 효과가 있었습니다."

내버려 둔다는 것이 언제나 쉬운 건 아니다. 그리고 희한한 일은 당신이 이미 해 보려고 했지만 실패했을 가능성이 더 많다. 하지만 관계를 위태롭게 하는 일에 집중하고 있거나 그로 인해 괴로움을 당하고 있지만, 한 번도 그런 일들을 내버려 두려 해 본 적이 없다면, 지금 당장 해볼 만하다. 일주일이나 이주일 시간을 두고 무슨 일이 일어나는지 보라. 그런 다음 질문 17에 답해보라. 당신은 내려놓을 수 있는가?

파트너를 떠나고 싶게 만드는 문제를 정말 내버려 둘 수 있다면, 당신이 그 문제에 더 이상 신경을 쓰지 않을 수 있고, 그 문제로 인해 더 이상 괴롭지 않을 수 있다면, 당신들은 행복한 관계를 유지할 가능성이 있다.
미래가 있는 관계라면, 풀 수 없는 문제들을 내버려 둘 수도 있다.

사람들은 종종 자신을 변화시킬 수 있을 뿐이지 어떻게 다른 사람을 변화시킬 수 있느냐는 식의 말을 한다. 이 진단이 참조하는 것이 바로 그것이다. 그렇지만 현실적으로는 이런 종류의 내버려두기는 우리가 기대하는 것보다는 훨씬 더 어려운 일이다. 대부분의 경우 우리는 내버려두기를 시도했다가 실패하고는, 별수 없이 다른 사람을 변화시키려는 욕구에 이끌리게 된다. 당신의 파트너가 문제가 있음을 시인할 용의가 있는 한, 그리고 변화할 의향이 있다고 선언하는 한 희망이 있다. 하지만 당신 파트너가 변할 수 있을까?

18단계 변화하라, 그러면 세상도 당신과 함께 변한다

"당신은 누구인가?"라는 질문에 대한 대답은 지금 우리가 어떤 사람인지, 그리고 미래에는 어떤 사람이 될 수 있는지를 모두 아울러 우리가 누구인가이다. 이것은 내가 환자들에게 변화를 촉구할 때 자주 하는 말이다. 그러면 사람들은 말한다. "그럴 수 없어요. 그건 내가 아니거든요."

마찬가지로, 파트너가 미래에 어떻게 변할지 모르는 만큼, 당신은 파트너가 어떻게 될지 모르고 있다. 그리고 당신이 그걸 알아낼 수 있는 유일한 방법은 그가 얼마나 변할 수 있는지를 보려고 시도해 보는 것이다.

―― 줄리아 이야기

이번 사례는 어떤 이가 양가감정적 관계로 인해 15년이나 고통스럽게 시달린 경우로, 내가 아는 사례 중 아주 비극적인 것이다. 줄리아는 남편인 오스카에게 끔찍스러울 정도로 불만인 채 오랜 세월을 허비했다. 줄리아는 절반쯤 관계를 떠난 행동을 했는데, 자신의 스튜디오를 빌리고 변호사와 의논하는 일 등이 그것이었다. 하지만 그녀는 머무르고 또 머물렀다. 남편과 함께 하는 미래의 계획을 세우기도 하고, 그녀가 희망하는 계획을 세우고는 그 계획에 두려움을 느끼기도 하면서.

그들은 문화 수준이 높고 지적인 커플이었다. 줄리아는 클래식 연주자였고, 그녀가 스스로 인정하는 바에 따르면 엄청난 재능을 가진 수준은 아니었다. 그 점이 문제의 일부였는데, 스스로 좀 더 재능을 갖고 있다고 느끼면 느낄수록 그만큼 더 줄리아는 음악가로서의 자신만의 삶을 살 자격이 있다고 생각했기 때문이다. 하지만 그건 어려운 일이었다. 오스카가 천재였기 때문이다. 오스카는 세계적인 상을 휩쓰는 최고 수준의 과학자인 동시에 사업가였다.

내 말이 믿기지 않겠지만, 오스카는 누구보다 쉽게 좌절하고, 화를 잘 내고, 과장을 많이 하는 사람인 동시에 꽤 상냥하고 매력적인 데가 있었다. 어떻게 그런 사람이 있을 수 있느냐고 하겠지만, 실제로 오스카는 그랬다.

오스카는 집에 돌아오면 줄리아가 무엇을 하는 중이든 상관없이 그녀를 방해했고, 음악을 꺼버렸다. 오스카가 그러는 이유는 줄리아가 백만 번도 더 집에 돌아왔을 때 자신을 방해하지 말라고 부탁한 것을, 백만 번도 더 잊어버리기 때문이었다. 그리고 그가 줄리아를 습격하는 이유는 항상 웃기는 얘기나 낮에 있었던 사소한 무용담 같은 것을 얘기하기 위해서였다.

비극은 오스카가 필사적으로 다른 사람과의 친숙해지길 원하지만 그에겐 그럴 능력이 없다는 것이었다. 그의 사소한 발언에서도 구시대의 교수가 하는 정규 강의 같은 분위기가 풍겼다. 오스카는 아주 지루하고, 믿을 수 없게 빙빙 둘러서 말하면서도, 자기 말을 듣는 사람을 쳐다보지도 않을 정도로 무신경했다.

이런 관계는 줄리아에게 떠나기 아까운 관계였을까? 아니면, 머물기 괴로운 관계였을까?

그만의 상냥한 방식 오스카의 그 둔감함을 고려한다면 놀라운 얘기지만, 그는 자신이 행동하는 방식에 뭔가 잘못된 것이 있음을 알았다. 그리고 그의 상냥한 측면 덕택에 진정으로 변화하고자 하는 의지를 보였다. 하지만 오스카의 변화 능력은 한계가 있었고, 솔직히 말해 기괴한 것이었다. 그는 엄청나게 머리 좋은 앵무새가 영어를 배우는 것처럼 인성발달이 이뤄진 사람이었다. 오스카는 아주 빨리 변할 수 있었지만, 과제가 거의 수학적인 형태로 부과되었을 때만 그랬다. 또한 그는 완벽하게 변하기는 했지만 아주 좁은 범위에서만 바뀌는 것이었다.

예를 들어, 방에 얼마나 많은 사람이 있든지 상관없이 오스카가 대화를 독점하는 데 대해 그의 가족들 모두가 격렬하게 불평을 터뜨린 적이 있었다. 내가 아래의 작은 공식을 주기 전까진 아무도 그를 변화시킬 수 없었다. 즉 '대화가 가능한 총 시간을 방에 있는 사람의 수로 나누어라. 거기서 나온 비율만큼이 당신이 얘기할 수 있는 시간이고 나머지는 다른 사람의 이야기를 들어야만 한다. 사람이 둘이면 당신은 절반의 시간 만큼 이야기할 수 있다. 네 사람이 있으면 당신은 시간의 25%만 이야기할 수 있다'고 말이다. 오스카는 받아들였고 그대로 행동했다. 하지만 내가 다른 수학 공식을 주기 전까지 다른 것은 한 가지도 변하지 않았다. "어떻게 해야 할까요?" 줄리아가 물었다. "머물까요, 떠날까요?" 내가 줄리아에게 한 질문이 여기 있다.

질문 18

관계를 지속하기 어렵게 만드는 파트너의 문제에 대해 생각할 때, 파트너는 그 문제를 알아차리고 시인하며, 그 문제해결을 위해 무슨 일이든 할 의지가 있는 동시에 변화할 능력이 있는가?

당신 파트너가 변화할 능력이 있는지를 어떻게 말할 수 있을까? 여러 가지 방법이 있고, 그걸 이해하는 것이 중요하다. 오스카는 자신만의 변화 스타일이 있었다. 그것은 기묘하긴 했지만 변화는 변화였다.

당신도 알겠지만, 개인이 변할 수 있는지를 묻는 것은 개인이 변하기 위해 필요한 것이 무엇인지를 묻는 것이다. 어떤 사람에게는 단순히 요구하기만 하면 된다. 오스카에게는 그가 과학자로서 매일 다루는 일처럼, 극단적으로 정밀하고 구체적인 요구가 필요하다. 사람이 다르면 필요한 것도 다르다. 아래에 몇 가지 예가 있다.

당신이 신경 쓴다는 것을 알게 하라 대부분의 사람들에게는, 당신이 요구한 것에 대해 진정으로 관심을 기울이고 있음을 알게 하는 것이 필요하다. 이 말에 대해 당신은 놀랄지도 모른다. 바로 이 일 때문에 두 사람이 몇 년 동안을 싸웠는데 어떻게 그녀가 그걸 모를 수가 있을까? 글쎄, 그건 내게도 역시 수수께끼다. 아마도 내가 은퇴해서 이 문제만을 해결하려고 해봤자 결국 수수께끼를 풀지 못한 채 늙어 죽게 될 것이 뻔하다.

하지만 내 임상 경험에 따르면, 어찌해서 이것이 진실인지는 알 수 없지만, 사람들이 어떤 문제에 대해 수십 년 동안을 소리 지르고 울부짖고 싸우고 난 후에도 그 파트너는 이렇게 말할 것이다. "나는 정말이지 그게 당신에게 그렇게 중요한 문제인지 몰랐어." 정직한 말이다.

그러니 파트너에게 물어보라. "1점부터 10점의 척도로 평가할 때, 당신은 이 문제가 내게 얼마나 중요하다고 생각해?"라고. 만약 그가 10점이라고 답하지 않는다면, 그는 그 문제가 당신에게 진짜로 중요한 문제인지를 알지 못하는 것이다(두 사람의 갈등을 직면하게 하는 좋은 방법으로, '부부문제 시각분석척도'라는 것이 있다. 서로 문제가 있다고 느끼는 것을 열 개씩 적고, 그 정도가 0점에서 10점 중 어디에 속하는지 그려보라고 한다. 그 결과를 같이 검토하면, 이 책에서 이야기하듯 심각한 문제로 고민하는 한쪽의 걱정을 다른 한쪽은 전혀 다른 식으로 인식하고 있음이 명백해진다—옮긴이).

동기부여 어떤 사람들에게는 적절한 동기부여가 필요하다. 하지만 당신이 신경 쓴다는 걸 아는 것으로 충분하지 않을까? 그래야 하지만, 완벽한 세계에서만 그럴 수 있다. 우리 세계처럼 이렇게 불완전한 곳에서는 변화가 고통스럽고 공포스럽다. 그리고 때로는 세상 모든 동기로도 변화하기 어려운 경우도 있다. 최소한 적절한 동기부여가 되면 변화의 가능성이 증가한다는 얘기다.

당신이 당신 파트너가 하는 행동 때문에 관계가 흔들리는 고통을 겪고 있다면, 스스로 자문해 볼 필요가 있다. "변하기만 하면 그의 삶이 얼마나 좋아질지 내가 그에게 분명히 말한 적이 있나?"

만약 인생이 더 좋아질 일이 없다면 그가 변해야할 필요가 어디 있는가? 그의 인생이 더 나아질 거라는 걸 분명히 알려주지 않은 상태라면, 당신은 무슨 권리로 그가 변화하고 싶어 하기를 기대하는가?

치료 어떤 사람들은 변화하기 위해 치료가 필요하다. 통계에 따르면 훌륭한 치료사는 스스로 시도했다가 실패한 사람들을 대상으로 그 삼분의 이의 경우에 변화를 일으키는 데 성공한다고 한다. 질문은 무엇이 좋은 치료사가 갖고 있는 속성인가 하는 것이다. 왜냐하면 당신 파트너는 당신이 그의 변화를 포기하기 전에 치료사 한 사람 정도는 찾아 봤을 가능성이 높기 때문이다. 여기 당신이 찾아봐야 할 것들이 있다. 좋은 신호들은 이런 것 들이다.

- 당신이 아는 사람이 이 치료사가 비슷한 문제에 구체적인 도움을 주었다고 말한다.
- 치료사가 당신이 설정한 목표에 이르는 걸 돕기 위한 계획을 제시하고, 당신이 목표에 도달하는 것을 어떻게 도울 것인지 분명히 이해된다.
- 당신의 문제와 현재 상태에 따라 다양한 기법을 사용한다.
- 자주 당신이 삶을 기분 좋게 느끼도록 도움을 주고 당신의 삶이 더 잘 돌아가도록 도움을 주고 있다는 느낌이 계속된다.

나쁜 신호들은 이렇다.

- 네 번을 상담한 후에도 당신이 하는 일이나 느끼는 방식에 변화가 없거나, 일이 실제로 악화된다.
- 당신의 구체적인 현재 생활에 무관심한 것처럼 보인다.
- 당신의 욕구나 감정에 주의하기 보다는 당신이 손상을 입은 방식에만 주의를 집중한다.
- 모든 것을 설명하는 만병통치의 이론이나 '답'을 가지고 있는 듯이 보인다.

당신 파트너가 특정 방식으로 변할 수가 없어서 당신의 관계가 머물기 괴로운 상태가 되고 있다고 말하기 전에, 훌륭한 치료사가 시도해 보도록 하고 여전히 변하지 않는지를 확인하는 것이 좋다. 훌륭한 치료사라고 모든 일을 해결할 수는 없지만, 진정한 변화를 일으킨다.

그러니 당신은 당신 파트너가 변화할 능력이 있는지를 묻는 질문 18에 어떻게 답할 것인가? 진단은 긍정적인 면을 강조한다.

진단 18

관계를 머물기 어려운 것으로 만드는 문제에 대해 파트너가 진정으로 변화할 수 있다는 신호를 보여준다면, 관계의 핵심에는 건강하고 싱싱하게 살아있는 뭔가가 있다. 그리고 당신이 여기서 관계를 포기한다면 당신은 행복하기 어려울 것이 틀림없다.

개구리가 왕자로 변하는 것이 변화의 능력이다.

이 진단의 요점은 변화의 능력은 아주, 아주 좋은 소식이라는 것이다. 하지만 질문 18에 대한 당신의 답이 '아니오'라면 어떨까? 그것이 꼭 나쁜 소식일 필요는 없다. 자신에게 문제가 있음을 시인하고, 그 문제를 해결하겠다는 단호한 의사를 표현한 사람에 대해 이야기한 것을 기억해 보라. 이런 사람에게 당신은 상황의 다른 측면에 대해 더 검토하기 전에 희망을 포기해선 안 된다. 치료사는 마음의 의사와 같은 사람이고, 의사는 사람들이 지금 잠시 아프더라도 어떻게든 건강해질 수 있는 가능성을 발견해야 할 소명이 있다.

그러니 당신 파트너가 변화할 수 있다는 신호를 아직 보여주지 못하더라도, 그가 문제를 알아차려 시인하고, 변하겠다는 의지를 보여준다면, 앞으로 언제든 변화할 가능성이 있는 것이다. 그 변화가 실제로 올지 그리고 충분할 정도로 변할 것인지가 당신에게는 중요한 문제라는 걸 알지만, 그 문제는 나중까지 미뤄둘 수 있다. 지금은 당신 파트너가 문제 시인과 변화 의지라는 시험을 통과했으니, 당신과 같은 상황에 있었던 사람들의 경우는 당신이 기다리면서 무슨 일이 일어나는지를 볼 수 있는 여유가 필요함을 분명하게 보여준다.

이 책이 끝날 때까지 당신은 관계를 정리하고 떠나는 것이 행복한 이유들을 명확하게 짚어 보게 될 것이다. 우리가 다음 장에서 다룰 계약 파괴자를 포함해서 적용할 만한 것이 없다면 당신의 관계는 떠나기 아까울 정도로 좋은 관계일 가능성이 대단히 높다.

11

개인적인 **최후** 경계선

.
.
.

"이제 그만 둬!"

이 책의 첫머리에서, 여기서 발견할 수 있는 관계에 대한 진실은 당신이 보면 알수 있는 그런 진실 중의 하나라고 말한 바 있다. 지금까지는 당신이 이런 진실을탐구하는 것을, 불확실한 관계에서 머물러야 하는지 혹은 떠나야하는지 결정을내리는데 중요한 주제들을 제시함으로써 도왔다. 그렇지만, 이번 장에서만은 이런 방식에 잠시 변화를 주려 한다. 이번에는 내가 주제를 제시하는 것이 아니고,당신 스스로 자신만의 관심 주제를 제시해 보기로 하자.

19단계 ▶ 제발 이 경계선은 침범하지 말아 줘!

불확실한 관계에서 어떻게 해야 할지를 결정하려 할 때, 당신은 두 가지 실수를피하고 싶을 것이다. 첫 번째는 진정 행복하게 머물 수 있는 관계를 끝내는 실수를 피하고 싶을 것이다. 두 번째로는 끝내는 것이 진정 행복할 경우에 관계에 머무는 실수를 하지 않고 싶을 것이다. 지금은 두 번째 실수를 피하는 것에 집중해보자.

마땅히 정리하고 떠나야 할 관계에 머물렀던 사람과 그런 실수를 피할 수 있었던 사람의 가장 큰 차이가 무엇일지를 추측해보라. 그들 행동의 결과에 따라 행복을 느끼는 사람은 결국은 스스로에게 이런 말을 했던 사람이었다. "나에게 개인적인 최후경계선은 무엇인가? 내 파트너가 그 선을 넘었는가?"라고 말했던 사람 말이다.

그리고 그들은 자신의 최후경계선이 어떤 것인지를 알고 있었고, 파트너가 그 선을 넘어왔다는 것을 보았고, 그런 침범에 대응하여 행동할 의지가 있었다. 행복하지 않은 사람들은 대개의 경우 어떤 행동도 하지 않았다. 그들은 자신의 최후경계선이 무엇인지 말할 수 없거나 말하려 하지 않았으며, 그들의 파트너가 그 선을 넘었는지를 알아차릴 능력이 없거나 알아차리려 하지 않았으며, 어떤 침범이나 위반에 대해서도 대응행동을 취할 의사가 없었다.

── 뒷문의 공범

자신들의 최후경계선을 무시한 사람들에게 그 이후에 일어난 일은 비극 그 자체였다. 당신에게 실제로 최후경계선이 있고, 당신 파트너가 그 선을 넘는데도 당신이 아무런 대응행동을 하지 않는다면, 심리적 자기손상self-mutilation에 해당된다. 그때 당신은 이런 식으로 말하게 된다. "나는 그것을 절대로 용납할 수 없다고 느꼈었고, 아직도 일부분은 그렇게 느끼고 있어요. 하지만 그가 그런 짓을 했을 때 나는 어떤 대응 행동도 할 수 없었거나, 할 의사가 없었어요. 그러니 그것이 나의 최후경계선이었다고 더 이상 말할 권리가 있겠어요?"

그렇게 되면 기묘하고 슬픈 방식으로 당신은 파트너가 하는 무슨 짓에든지 암묵적인 공범이 된다. 그것은 마치 이렇게 말하는 것과 같다. "그것이 관계를 허물

어뜨리지만 나는 당신에게 어떤 짓을 해도 좋다는 허가를 내주었고, 스스로에게는 당신이 무슨 짓을 하든 아무런 대응을 하지 않을 수 있는 허가를 내주었어." 당신은 이렇게 말할 수 있어야 한다. "우리가 서로를 미워할 수 있게 상황을 만들어보자."라고.

공범이 됨으로써 당신은 관계의 덫에 빠지게 되고, 당신 스스로를 배반한 듯이 느끼게 된다. 심리적으로 황폐화된다. 성적 학대를 받았던 아이들이 이런 경험을 한다. 그들 역시 '개인적인 최후경계선'을 갖고 있었고, 그 선은 결코 침해를 받아서는 안 되는 것임을 알고 있었다. 하지만 힘없는 아이였기 때문에 자신을 지킬 수 없었던 것이다. 그래서 그 아이들은 스스로를 폭행의 공범이라고 느끼게 된다.

예시가 너무 극단적이긴 하지만, 당신의 최후경계선을 인식하지 못하고 그것이 침해 받을 때 대응행동을 하지 않으면 당신은 영구적으로 진행되는 심리적 손상을 입게 된다.

___ 나의 최후경계선은 무엇인가?

당신은 자신의 인간적 한계가 무엇인지를 알아야 하고, 파트너가 그 선을 넘을 때는 대응행동을 해야만 한다.

개인적인 최후경계선은 실제로 어떤 것인가? 사람들은 자신의 최후경계선을 '긋는데' 익숙해져 있기 때문에 많은 사람이 여기서 결정적인 실수를 하곤 한다. 사람들은 최후경계선이 자신이 주장하면 되는 것이라 생각한다. 일반적으로 자신의 힘만으로 성립되는 것인 양 생각하며, 마치 이러 이러한 것들을 자신의 최후경계선이라고 '제기하기만 하면' 저절로 성립되는 것처럼 생각한다.

그러나 이것은 미숙한 짓이다. 최후경계선을 긋기 전에 그 경계선을 발견해야 한다. 어느 아침 잠에서 깨면서, 당신 파트너가 그런 행동을 하면 둘 사이의 관계는 그걸로 모두 끝이라고 결정내리는 식이 아니란 얘기다. 대신에, 그런 행동이 당신의 최후경계선인지는 스스로에게서 배운 그 무엇이어야만 한다. 즉, 누군가 그런 행동을 했을 때 모든 것이 끝장이라는 것은 당신에게 일어난 일들에 대한 경험과 당신에게 일어난 일들에 대한 반응을 통해서 알 수 있다는 것이다.

몇 가지 사례를 보자. 사람들이 이런 일을 통해 자신의 최후경계선에 대해 배울 수 있었다고 하는 사례들이다.

- "만약 그가 다시 6개월간 섹스를 하고 싶어 하지 않으면, 나는 관계를 끝낼 것이고, 그도 내가 그러리란 걸 안다."
- "두 사람의 인생이 조화를 이루기 어려울 때도 있다는 것을 안다. 하지만 내가 경력을 쌓는 것을 방해한다는 생각이 들면 그때는 모두 끝이다."
- "우리는 빈민처럼 살았다. 실제론 그렇지 않았는데도. 그가 내게 적절한 수준의 돈을 주지 않는다면 나는 더 이상 이 짓을 계속할 생각이 없다."
- "내 말이 무시무시하게 들리겠지만, 그녀의 전력前歷과 그로 인해 받은 내 고통을 알게 된다면, 당신도 이해할 것이다. 만약 그녀가 나와 먼저 상의하지 않고 500달러 이상을 쓰는 일이 다시 한 번만 더 있게 되면, 그땐, 끝이다."
- "그가 우울증 때문에 다시 병원을 가게 되면, 죄의식을 느끼긴 하겠지만, 나는 그를 떠날 것이다."

당신의 최후경계선이 실제로 어떤 것인지를 아는 사람은 당신뿐이다. 그 선이 어떤 것이든 당신은 그걸 인식하고 그 선이 침범 당할 때 대응할 준비를 해야 한다.

____ 실제로 그런지 점검해보자

자신에겐 최후경계선 같은 건 없다고 생각하는 사람들도 있다. 그들은 자신이 아주 유연하고 열린 마음을 갖고 있다고 생각한다. 내가 면담한 어떤 여자는 이렇게 말했다. "글쎄요, 나는 그를 사랑해요. 그래서 관계를 끝내야겠다는 분명하게 결정내릴 수 있는 그의 문제라고는 없어요. 내 말은, 설사 어느 날 내가 직장에서 일찍 돌아와 보니 그가 두 명의 여고생과 침대에서 뒹굴고 있다 하더라도, 나는 화가 나고 상처를 받고 아무튼 그렇겠지만, 우리 둘은 노력해서 그 문제를 해결할 거라는 말이죠."

이건 자기기만自己欺瞞이다. 나는 당신의 최후경계선이 어떤 것인지 모르고, 그 선이 어떤 것이어야 한다고 말할 생각도 없지만, 최후경계선이 존재한다는 것만은 분명히 안다. 당신이 감당해야 할 골칫거리가 생겼을 때 스스로에게 이렇게 말해보라. "비록 내가 파트너를 사랑하고, 혼자 살기 보다는 함께 사는 편이 낫긴 하지만, 계속 그럴 경우, 더 이상 이 관계에서 평화나 행복을 누릴 수 없겠다고 생각되는 일이 있다."고 말이다. 그리고는 그런 일을 상상해서 목록을 만들어보라.

당신만이 자신의 최후경계선을 안다. 내가 아는 것은 당신이 그런 최후경계선을 갖고 있다는 것이다. 이 책에 제시한 모든 질문과 진단은, 당신이 처음에는 인정하기 어려운 것도 있지만, 대부분의 사람들에게 진실임을 확인하고 그것에 근거를 둔 것이다. 다른 사람들에게 최후의 경계선이 아닐지언정, 당신에게는 최후의 경계선임을 알아야 하는 것이다. 우유나 딸기, 고양이털이 다른 사람에게는 문제가 안 될지라도, 당신에게는 참기 힘든 큰 문제일 수 있지 않은가.

질문 19

당신의 파트너가 당신의 최후경계선을 침범한 적이 있는가?

바로 진단으로 가자.

진단 19

만약 파트너가 어떤 식으로든 최후경계선을 침범한 것이 확실하다면, 단언컨대 그 관계에 머물러서는 행복할 수 없고, 그 관계를 떠나야한 행복해질 수 있다. 최후경계선이란 말 그대로, 선의 끝이다.

하지만 당신은 이 진단을 적용할 때 공정해야 한다. 마음속으로 당신의 한계를 알면서 그냥 지내면 안 된다. 당신 파트너는 최후경계선에 대한 단서가 없고, 그 선이 보이지 않으니 선을 넘으면서도 그런 줄 모를 수 있는데, 당신이 관계를 끝내버린다면 불공평한 일이다. 당신이 당신의 최후경계선을 알게 되면 파트너에게도 그걸 알려 주어야 한다. 모든 일이 유동적이고 막연한 상태인 불안정한 관계에선 특히 중요하다.

예를 들어, 파트너가 외도를 하는 것이 당신에겐 돌이킬 수 없는 최후경계선이라고 해보자. 지금 파트너는 바람피운 것이 들통 나면 당신이 상처를 입고 화를 낼 거라는 정도는 알고 있지만, 외도가 사실인 경우, 당신에게는 실제로 관계를 끝내야 하는 문제라는 걸 알면 놀랄 것이다. 당신은 이 문제를 미리 알려 주어야 한다. 최후경계선인 줄 모르고 그 선을 넘었다가 산산조각 나는 관계를 너무나 많이 볼 수 있었다. 마치 쿠웨이트에서 일하는 두 명의 미국인 석유 기술자가 사막을 어슬렁거리다가 자신도 모르게 이라크로 들어가게 된 경우처럼. 그리고 이런 사고는 당신이 미리 알려주기만 하면 예방이 가능하다.

___ 샬롯 이야기

문제는 자신의 경계선이 무엇이라는 것을 몰라서 경계선이 무엇이라고 명확히 정의할 수 없을 때 생긴다. 다시 말해서, 경계선에 대해 고민할 때보다는 경계선이 무엇인지 모를 때 쉽게 문제가 된다.

십대 시절로 돌아가서 처음 사랑에 빠졌던 때를 회상해보자. 그때로 돌아가보면 서로가 사랑하는 한 불가능은 없어 보였다. 당신의 사랑이 식는 경우를 제외하고는 사랑을 망가뜨리는 것이 있을 수 있다고 상상조차 할 수 없었다. 그러다가 남자 친구든 여자 친구든 진짜 혐오스러운 짓을 하고, 사랑이 끝났구나 하는 사실을 알게 된다. 최후경계선은 발명하는 것이 아니라, 발견하는 것이었다.

당신은 더 이상 그런 어린애가 아니니 자신에 대해 훨씬 더 잘 알 것이다. 그 말은 당신 파트너가 어떤 짓을 하면 당신들의 관계가 끝날지를 당신이 알 거라는 뜻이다. 하지만 개인적인 최후경계선은 아직도 경계선을 가진 사람이나 침범한 사람 모두를 놀라게 하는 경우가 많다.

여기 보기 드문 사례가 있다. 샬롯은 자기 지각이 뛰어나고 경험 많은 여자였는데, 어느 날 집에 일찍 돌아와 보니 남편이 샬롯의 옷을 차려 입고 화장까지 하고 있었다. 소름이 끼쳤다. 샬롯의 마음속에는 넓은 마음으로 수용해야 한다는 생각도 있었지만, 남편이 그녀의 경계선을 넘었다는 것을 즉시 깨달았다. 남편이 자신의 옷을 입고 있던 것이 그녀의 혼을 완전히 빼 놓았던 것이다.

문제는 두 사람 중 누구도 그 일이 일어나기 전까진 그것이 최후경계선인 줄 몰랐다는 것이다. 샬롯의 남편이 그녀의 옷을 입고 화장까지 하는 일은 결코 일어날 수 없는 일이었다. 그리고 남편 입장에서는 샬롯이 당황하고 불쾌해 하리라는 예상은 할 수 있었지만, 그것이 그들의 관계를 끝내는 일이 되리라는 생각은 결코 할 수가 없었다.

___ 다시 한 번 그런 행동을 한다면

파트너가 어떤 범주를 넘어섰고, 그때서야 당신도 그것이 당신의 최후경계선이라는 걸 알게 되었다면 어찌해야 할까? 경험상 최선의 방법은, 스스로 최후경계선을 설정하는 기회를 갖게 되고, 파트너도 그것이 당신의 최후경계선이라는 걸 알게 하는 기회를 주는 것이다.

당신들 중 어느 쪽도 그런 경계선이 있는 줄도 몰랐는데 한 쪽이 그 선을 넘어버렸다면, "다시 한 번 그런다면……."으로 시작되는 선언을 해야 한다.

하지만 많은 사람들이 그런 선언을 제대로 하지 않는다. "이런 일이 또 있게 되면 그땐 모두 끝이야."라고 말하는 것은 피해야 한다. 이것이 당신에겐 진실이라 해도, 협박이나 주도권을 빼앗으려는 술책으로 들릴 수도 있고, 그 때문에 당신의 진실된 마음을 보이기 어려울 수도 있다.

가장 효과적인 것은 이렇게 말하는 것이다. "나는 진정으로 당신이 이러저러한 것이 나의 최후경계선임을 알게 되길 원해. 그건 나에게 군말 필요 없는 사실이니까 다시 한 번 그런 행동을 하면 당신이 우리 사이의 관계를 끝내길 바라는 것으로 알겠어." 그것이 최후경계선에 관련된 핵심 사항이다. 사실을 다뤄야지 협박을 해선 안 된다.

___ 어느 쯤에서 선을 그을지 안다는 것

양가감정에 시달리고 있는 사람들은 최후경계선을 두려워하는 경향이 있다. 내가 기억하는 어떤 남자는 10여 년 동안 주위 사람들에게 자신의 관계를 끝내고 싶다는 이야기를 줄기차게 해 왔다. 이유는 아내가 '냉정'하고 '비열'하기 때문이라는 것이었다. 하지만 그가 나를 찾아왔을 때, 너무 멀어져서 서로간의 유대관계를 허물 수 있을 정도가 되는 아내의 행동이 무엇인지 물었더니 대답은 이랬다. 자신은 그런 일을 구체적으로 정해 두고 싶지 않은데, 그 이유는 '사랑에 관해 너무 업무 처리하듯' 하기는 싫기 때문이라는 것이었다.

내가 그런 경계선이 확실히 있을 거라고 좀 더 밀어 붙이자, 그가 말한 것은 결국 처음부터 불평을 했던 아내의 지나친 냉정함과 비열함이었다! 그 여자는 거래를 깼지만, 그것으로 계약을 깬 당사자는 아니라고? 수수께끼 하나. 최후경계선이 최후경계선이 아닌 것은 어떤 경우인가? 파트너와 함께하는 것이 아니라 양가감정과 함께했을 때 그렇다.

이 남자가 진짜로 원하는 것은 양가감정에 사로잡혀 지내는 것이다. 앞서 이야기한 '상대가 먼저 무엇이든 주기 전까진 서로가 아무것도 주려하지 않는다'는 '서로 마음 닫기'를 기억할 것이다. 그렇게 함으로써 얻은 혜택은 당신이 아무것도 할 필요가 없다는 것이다. 양가감정을 유지하면서, 아무 것도 주지 않고 파트너로부터는 뭔가를 얻어내고 싶어 하는 사람에겐 완벽한 상황이다.

이 남자는 분명한 의사결정을 하기 위해 나를 찾아온 것이 아니었다. 그는 자신이 아내와의 관계에서 이럴까 저럴까 망설이고 있음을 그녀에게 알림으로써, 관계 유지를 원하는 아내가 두려움을 느껴 무엇이든 남편이 하자는 대로 하게 만들 속셈으로 내게 온 것이었다.

양가감정과 함께하는 것은 고독의 공간에 갇히는 것이다. 나는 당신이 이런 외로운 공간에 갇혀 있기를 원한다고 믿을 수 없다. 당신의 개인적 최후경계선이 언제 어디에 존재하는지를 알고, 스스로 그것을 인정하는 동시에, 받아들일 수 있는 것은 무엇이고, 받아들일 수 없는 것은 무엇인지를 분명히 하는 것이 필요한 이유이다.

최후경계선에 관한 최후경계선 당신이 최후경계선에 대해 알아야 할 것들을 정리해보자.

1 당신이 최후경계선을 가지고 있음을 인정해야 한다. 그러지 않을 경우 실제로 존재하는 당신의 최후경계선이 침범 당하는 것을 참고 지내게 됨으로써 자신을 배반하고 손상을 입게 되기 때문이다.

2 최후경계선이 실제로 어떤 것인지를 샅샅이 알아 두어야 한다. 당신의 최후경계선이 실제로 어떤 것인지는, 생활에서 일어나는 일에 대해 자신이 어떻게 느끼는지를 살펴봄으로써 알 수 있다.

3 당신의 최후경계선이 어떤 것인지를 파트너에게 알려 주어야 한다. 하지만 협박하는 것처럼 보여서는 안 된다. 당신이 실제로 생각하고 느끼는 사실을 진술하는 형식으로 알려주어야 한다.

4 끝까지 마무리를 잘해야 한다. 최후경계선은 거래를 중단하는 기준이지 고민의 대상이 아니다. 당신과 파트너는 당신이 귀찮아하는 문제를 가지고 둘 중 하나가 죽을 때까지 다툴 수도 있다. 그건 만족스러운 관계에서조차 흔히 있는 정상적인 일이다. 하지만 최후경계선은 끝을 보는 선이기에, 당신은 파트너가 선 가까이 오게 되면 경고해야 하고, 선을 넘으면 즉각 대응 행동을 취해야 한다.

실제로 당신에게 최후경계선이 아닌 것을 최후경계선으로 만들 필요는 없다. 하지만 최후경계선이 있고 그 선이 침범 당했는데도 응징하지 않는다면 당신은 고통이라는 처방전을 쓰고 있는 셈이다. 그리된다면 정말 안 된 일이다. 사실 최후경계선은 행복을 위한 처방이기 때문이다. 당신은 이런 식으로 말해야 한다. "행복하려면 뭘 해야 하는지, 난 알아."

결국 최후경계선을 갖는 것은 모두 안전과 자유를 위해서이다. 얼마만큼이 지나친 것인지를 알게 되면 언제나 안전하게 느낄 수 있다. 어디에 선을 그어야 할지를 안다는 것은, 당신이 자신의 욕구에 맞는 방식으로 살아갈 자유를 언제나 누리고 있다는 뜻이다.

서로의 차이점

:

"당신은 '토메이토', 나는 '토마토'라고 하지"

이별한 사람들에게 무슨 일 때문에 그랬는지를 물으면, 많은 사람들이 함께하기에는 너무 크고 괴로운 차이가 있었다는 것에 초점을 맞춰 이야기한다.(심지어 이혼 시에도 법률의 핵심이기까지 한 것이 바로 '극복할 수 없는 차이'이다.) 관계를 떠나야 할지 걱정하는 많은 사람들은 오랫동안 둘 사이의 차이점에 대해 고통스럽게 고민하지 않을 수 없다.

차이를 만드는 차이점들

서로 다르다는 주제는 사람들에게 두 사람 사이에 뭔가 잘못된 것이 있는지를 알아봐야만 할 것 같은 강박적인 느낌을 준다. 우리가 어떤 사람을 처음 만났을 때, 우리가 인식하는 것은 그 사람이 우리와 어느 정도나 '같은지 혹은 다른지'다. 그리고 매우 다른 사람처럼 보이면 서로가 불편해 한다.

같다는 점과 다르다는 점이 조합을 이뤄서 두 사람을 어떤 모습으로 함께 하게 만들건 간에, 일단 관계가 만들어지고 나면 다르다는 점은 점점 강조되게 된다. 마치 신발 속에 조약돌이 들면, 그 크기에 상관없이 점점 더 신경을 쓰게 되는 것과 같다. 우리는 누구나 사랑으로 다리 놓기에는 너무나 간격이 큰 불일치를 경험해 본 적이 있다. 사람들이 관계에 머물기를 너무 고통스럽게 만드는 것이라고 이야기했던 차이점들이 있다.

- **활동적이다/게으르다** 한 사람은 일을 끝내지 않으면 견딜 수 없어 한다. 다른 이는 일을 하는 것을 견딜 수 없다

- **뜨겁다/차갑다** 파트너 중 한 쪽은 더 따뜻하고, 열정적이고, 더 감정적이다. 다른 쪽은 냉정한 편이고, 더 보수적이며, 더 지적인 듯이 보인다.

- **낙관적이다/비관적이다** 한 사람은 더 행복하고 더 희망적이다. 다른 사람은 부정적이고, 우울하고, 절망적이다.

- **빠르다/느리다** 한 사람은 일 처리가 빠르다. 다른 사람은 가능한 한 느리게 일한다.

- **외향적이다/내향적이다** 한쪽은 사람들을 좋아하고 파티를 좋아하고 인기를 좋아한다. 다른 한 쪽은 집에 머물러 있는 것을 좋아한다.

- **남성적이다/여성적이다** 대부분의 관계에서 이 속성에 따라 사람이 나눠지지만, 어떤 사람은 지나치게 남성적이거나 여성적이며, 성적인 차이를 과장되게 의식한다.

- **흑인/백인** 실제로 이 문제는 흑/백인종 차이에만 해당되는 것이 아니다. 무엇이 됐든 심각한 인종이나 민족 간의 차이점은 두 사람을 분리시킬 수 있다.

- **운동을 좋아한다/운동을 싫어한다** 한 사람은 체력 단련을 좋아하고 스포츠도 즐긴다. 다른 사람은 그냥 앉아 있는 것을 좋아한다.

- **야망이 있다/쾌락을 추구한다** 한 사람은 성취하고 싶어 한다. 다른 사람은 그냥 삶을 즐기길 원한다.
- **검소하다/소비를 즐긴다** 한 사람은 돈을 낭비하기 싫어한다. 다른 쪽은 돈을 버는 족족 써버린다.
- **머리가 좋다/우둔하다** 한 파트너는 다른 쪽보다 머리를 써서 문제를 해결하는 데 빠르고 영리하다. 다른 쪽 사람은 자기 파트너가 오만하고 자기 멋대로라고 생각한다.
- **좌파/우파** 한 쪽은 민주당 지지자이고, 다른 쪽은 공화당 지지자다.
- **공격적이다/수동적이다** 한쪽은 일을 만드는 것을 좋아한다. 다른 쪽은 일이 일어나기를 기다리는 편이다.
- **부유하다/가난하다** 한 쪽은 돈을 많이 벌거나 결혼할 때 많은 돈을 가지고 왔다. 다른 사람은 많이 벌지도 못하고 많이 가지고 오지도 못했다.
- **실용적이다/몽상적이다** 한 사람은 언제나 현실적인 수준에서 행동한다. 다른 사람은 보다 이상적이거나 기발한 생각을 좇아 행동한다.

물론 이것은 이유 중의 일부일 뿐이다. 한 사람은 직장에서 집에 돌아오면 파트너와 이야기하기를 즐기는데, 그 파트너는 혼자 있는 것을 더 좋아한다는 차이가 있다고 주장하는 커플에서부터, 한 쪽은 신의 말씀을 듣는데 다른 쪽은 그러지 못한다는 차이가 있다고 주장하는 커플까지, 나는 별의별 온갖 이야기를 들을 수 있었다.

어디서 이 모든 것이 혼란을 일으키는지, 당신이 도움을 필요로 하는 곳이 어디인지는, 다르다는 것에 대해 논할 때 바로 어디에 선을 그을지를 밝혀내는 문제이다. 정확히 어떤 종류의 다르다는 점이 현실적인 차이를 만드는가? 진정한 차이라면 어느 정도 크게 달라야 하는가? 다르다는 것이 당신을 얼마나 불편하게 하는가? 이번 장의 끝에 가게 되면 단지 귀찮을 뿐 그 자체로 일을 진짜 어렵게 만들지는 않는 차이점과, 관계의 중심에 비수를 꽂아 관계를 머물기 어렵게 만드는 차이점을 구분할 수 있게 될 것이다.

—— 놀라움

관계에 대해 차이점이란 충격이 가해지면, 우리가 진실이라고 생각하는 많은 것들이 진실이 아닌 것이 된다.

한 가지 예로, 내가 '다린/사만다 요인Darrin/Samantha factor'(미국의 TV 드라마 <아내는 요술쟁이>에 나오는 부부—옮긴이)라고 부르는 것이 있다. 엄청나게 큰 차이들도 진정으로 많은 차이를 만들지는 않는다는 것이다. 크라비쯔(다린과 사만다의 이웃에 사는 주부로, 몹시 시끄럽고 말 많은 이웃을 일컫는다—옮긴)와 같은 이웃은 제외하고 말이다. 첫 번째 이야기에서, 다린은 자신이 진짜 마녀하고 결혼한 것을 알게 된다. 그녀는 사람이 아니었던 것이다! 사만다가 매주 다린의 생활을 뒤죽박죽으로 만드는데도, 그들은 훌륭하게 살아간다.

이 요인의 현실 세계에서의 사례는 흑인과 백인 사이의 관계이다. 통계적으로는 흑/백 결혼이 평균보다 높은 이혼율을 보이지만, 잘못된 이유 때문에 이러한 관계를 만든 사람들을 제외하면(부모에게 '반항'하거나, 친구에게 '쿨하게' 보이기 위해서 결혼한 경우 등), 실제로는 성공확률이 평균보다 높다. 그러니 인종 차이는 사랑이 있는 경우라면 실질적인 차이가 될 수 없다. 이것 말고도 다린/사만다 요인이 적용되는 많은 다른 차이점들이 있다.

반면에, 내가 도시 쥐/시골 쥐 요인이라 부른 것이 있다. 이때는 보기에 사소한 차이가 모든 것을 파괴할 수도 있다. 결국 도시 쥐와 시골 쥐는 둘 다 쥐인 것이다-그들은 다만 다른 곳에 사는 것을 좋아할 뿐이다. 하지만 그 차이가 상황을 해결 불가능하게 만든다.

이런 커플과 일한 적이 있다. 둘은 두 마리의 쥐가 그랬던 것처럼 서로 완벽하게 어울렸다. 유일한 차이는 한 사람은 진정으로 시골에 살고 싶어 하고 다른 한 사람은 도시에 살고 싶어 했다는 것이다. 생각하기 나름으로 이런 단순한 차이는 쉬 해결될 것도 같지만, 결국에는 타협이 불가능한 것으로 판가름 났고 둘은 갈라서고 말았다.

─── 심리치료사의 관점

사람들로 하여금 관계를 떠나는 것이 행복하고, 머물면 불행하게 느끼게 하는 차이는 어떤 것들인가? 사람들이 "이 차이를 극복하고 관계를 유지한 결과 나는 지금 행복해."라든가 "우리 사이에 문제라고는 단지 그 사소한 차이 뿐이었는데 관계를 끝냈다니 얼마나 바보 같은 짓인가?"라고 말하게 할 수 있는 차이점들은 어떤 것인가?

차이라는 문제를 치료사의 관점에서 이해하는 것이 중요하다. 치료사의 관점이란 것은 내가 내 파트너와 다르다는 것을 경험할 때 갖게 되는 시각과도 다른 것이다. 그것은 의사가 갖는 관점과 환자가 갖는 관점의 차이 같은 것이다. 당신이 아프다면 당신은 당신을 공격한 세균이나 바이러스에 관해 생각한다. 의사의 관점에서는 병원균만큼 중요한 것은 당신의 면역체계-특정한 세균이나 바이러스에 대항해 싸우는 당신 몸의 전체적인 힘과 과정-이다. 그리고 당신을 공격한 것이 무엇이든 그것과 대항해 싸울 수 있는 면역체계를 지원하고 활성화할 방법을 찾는다.

그러니 관계에 문제가 생겨서 내게 사람들이 찾아올 때, 그들은 일반적으로 다른 점을 반복해서 이야기하지만, 나는 치료사의 관점에서 좀 다른 것을 본다. 그들이 다르다는 점을 극복하려는 노력을 방해하는 힘이나 요인이 무엇인지, 또한 그 문제 해결을 돕는 힘이나 요인은 무엇인지를 보게 된다.

── 성적 취향의 차이

일반적인 관점의 사례를 보자. 한 커플이 와서 섹스에 대한 '엄청난' 차이를 불평했다. 남자는 '결코' 섹스를 원하지 않는데, 여자는 '늘' 섹스를 원한다. 그들은 격렬히 화를 내고 마음 상하고 절망에 빠졌다. 그런 차이는 관계를 불구로 만들 수 있다.

그렇지만 이 문제를 치료사로서의 내 관점에서 보자. 문제를 해결할 수 있는 많은 길이 있다. 아마도 차이의 문제처럼 보이는 많은 것들은 실제로 커뮤니케이션의 문제일 것이다. 놀랍겠지만, 나는 이 같이 극단적으로 말하는 커플들에게 일주일이나 한 달에 얼마나 자주 섹스하고 싶어 하는지 기간에 따라 답해 달라고 번번이 요구한다. 이렇게 물어보면 '전혀 섹스하고 싶어 하지 않는' 남자는 일주일에 한 번이나 두 번 섹스를 하고 싶다고 말하고, '늘 섹스하길 원하는' 여자는 매일 하면 좋겠지만, 일주일에 두 세 번이면 행복할 거라고 말한다. 겹치는 부분이 있다! 두 사람은 진짜 말하고 싶은 것을 구체적으로 얘기해 본 적이 없는 것이다.

그리고 아마도 이 차이의 보이는 문제가 실제로는 타협하기 나름인 문제일 수도 있다. 예로 든 커플이 섹스를 얼마나 자주하느냐는 문제만이 아니라, 누가 섹스를 시작하느냐의 문제로 의견이 갈렸다고 해 보자. 한 커플이 이 문제를 해결한 방법이 있다. 섹스를 더 자주 하고 싶은 쪽이 파트너가 섹스를 시작해 주었으면 하는 욕구를 포기하는 하고, 대신에 더 많은 섹스를 하기로 하였다. 이 말은 더 많은 섹스를 하게 되려면 더 많은 섹스를 바라는 쪽인 여자가 더 자주 섹스를 시작해야 한다는 걸 의미한다. 차이라는 문제의 많은 경우 타협 기술이 충분하기만 하면 여러 가지 해결책이 있다.

혹은 차이의 문제로 보이는 것이 사실은 주도권의 문제일 수도 있다. 여러 가지 문제에 대해 주도권 다툼을 하는 특정 커플이 있다고 해 보자. 섹스를 얼마나 자주 할 지를 '누가 말하는가'를 두고 힘겨루기를 하는 커플이 있다고 하자. 서로가 그걸 '말하는 사람'이 되기 원한다. 한 사람이 이기길 원한다는 것이 곧 상대편이 이기지 않기를 바란다는 뜻은 아니다. 그들에게 필요한 일은 치료사나 존경받는 사람 누군가가 나서서 그들의 차이를 나눠 갖는 공정하고 객관적인 규칙을 만들어 주는 것이다. 예를 들어, 내 경우 자주 쓰는 방법은, 몇 주 혹은 몇 달씩 기간을 두고 번갈아 원하는 일을 하게 하는 것이다.

다리를 놓을 수 없는 차이점 이전 장들에서 주도권과 의사소통 문제를 다룬 적이 있었고 조금 후에는 타협에 관해 이야기할 것이다. 그렇게 되면 우리는 두 사람이 일생을 함께 하려 노력하면서 언제든 부딪힐 수 있는 차이를 극복하고자할 때, 이를 방해하는 모든 요소를 다루는 것이다. 관계를 유지하기 어렵게 만드는 것은 차이 그 자체가 아니다.

이 장에서는 남은 것이 무엇인지에 초점을 맞춘다. 당신은 질문에 대한 답을 발견하게 될 것이다. 차이 그 자체를 치명적이고 타협할 수 없는 것으로 만드는 것은 무엇인가?

20단계 ▷ 당신을 사랑하긴 하지만, 난 내 방식대로 살고 싶어

실제 차이를 만드는 것이 어떤 차이인지를 알아내기 위해서, 우리를 포함한 모든 사람들이 진실로 중요하게 여기는 것에 초점을 두어야 한다. 어떻게 살까라는 문제가 그것이다. 만약 당신이 파트너와의 사이에 다른 점이 아무것도 없기를 바라면서 관계에 머문다면 진짜로 비참한 고통을 겪게 될 것이다. 이 질문에 답해 보라.

질문 20

실제 경험 속에서 삶의 모습, 짜임새, 그리고 질과 관련되어 있으며, 명백히 존재를 확인할 수 있고, 한 쪽은 열망하지만 다른 쪽은 관심이 없는 그런 차이점이 둘 사이에 존재하는가?

이 질문은 라이프스타일을 알아보기 위한 것이다. 둘 중 한 사람이 신체적으로 활동적인 생활을 좋아하는데 다른 사람은 그렇지 않다고 해 보자. 그것이 차이다. 당신이 주말에 시골길을 자전거로 달리는 동안 나는 집에서 머물러 있어도 서로가 아무렇지도 않다면, 우리는 서로의 라이프스타일에 실제로 동의하고 있는 것이다.

하지만 당신이 관계에 대해 갖고 있는 꿈이 주말에 두 사람이 함께 시골길로 나가 자전거를 즐기는 것인데 내 꿈은 그게 아니라면, 우리는 우리의 라이프스타일에 동의하지 않는 것이다. 그리고 만약 우리가 의견이 다를 뿐 아니라 한 쪽이 열망하고 있다면 더더욱 심각하다. 두 사람 모두 이런 꿈이 삶에서 벗어나길 원하는 핵심이라면, 다시 말해 한쪽은 주말에 자전거를 함께 즐기는 것이 삶에서 매우 중요하지만, 다른 쪽은 집에서 쉬어야만 한다고 고집한다면, 이 의견 불일치는 우리 각자가 살고 싶어 하는 방식의 핵심을 건드리는 것이고 우리 관계의 핵심을 공격하게 된다.

나는 라이프스타일의 소소한 세부사항을 말하자는 게 아니다. 나는 내가 '라이프스타일의 갑옷'이라 부르는 우리 삶의 모습과 재료를 기준 짓는 내부의 준거 틀에 대해 이야기하려는 것이다. 이것은 당신이 실제로 어떻게 살지에 대해 기울이는 관심에 해당하는 것이다.

때로 차이는 자녀를 갖는 것 같이 근본적인 문제에 관한 것일 수도 있다. 한사람이 다른 사람보다 아이를 더 갖고 싶어 하는 정도의 문제가 아니다. 그 정도는 아주 흔하다. 하지만 한 사람에게는 그녀 인생의 꿈 중에 자녀를 갖는 것이 핵심적이고, 파트너의 경우에는 어떤 이유에서든지 자녀로 인해 지게 되는 의무에서 벗어나 자유롭게 사는 것을 중요시하고 실제 그렇게 행동한다면, 이것은 당신이 어떤 식으로 살까라는 문제와 관련해서 관심을 기울이는 핵심 사항에 관련된 차이인 것이다.

___ 로버트 이야기

로버트와 아그네스에게 일어난 일은 슬프지만 너무나 흔한 일이다. 그들은 여러 해 동안 비교적 성공적인 결혼생활을 했다. 전통적인 결혼이었다. 로버트는 열심히 일해서 부자가 되었고 변호사로서의 명성도 쌓아 갔고, 아그네스는 집에 머물면서 세 아이를 기르며, 로버트의 경력을 위해 중요한 일인 끝없는 접대와 지역사회 봉사 활동을 하였다. 서로에게 가치 있는 파트너 관계라고 느꼈다. 그 것이 서로가 기대하고 결혼한 라이프스타일이었다.

하지만 부부가 오랜 세월을 같이 살았든 아니면 몇 년밖에 같이 살지 않았든, 상황은 변하게 마련이다. 첫째 아이가 대학에 들어가 집을 떠났을 때부터 두 사 람은 반대 방향으로 급속히 멀어져가기 시작했다. 로버트는 법률업무라는 고된 일에 지쳐 있었다. 일이 지루하고 우울하고 공허하게만 느껴져서, 로버트는 일 찌감치 은퇴하고 이탈리아 북부 시골의 작은 빌라로 옮겨가 살고 싶다는 말을 하기 시작했다. 게다가 그에게는 그 '염병할 놈의' 돈이 있었다. 일에서 떠나 다시 는 일로 돌아가지 않아도 될 만큼의 충분한 현금이 있었던 것이다. 그는 인생의 남은 날을 즐기며 살고 싶었다.

아그네스는 그와 반대였다. 집과 가족을 돌보느라 쓴 세월은 그녀의 마음속에 야망의 에너지로 변해 축적되었다. 그 야망은 용수철이 눌리듯 점점 더 눌려서 압력이 사라지면 즉시 폭발할 지경에 이르렀다. 아이들이 자라서 집을 떠나기 시작함에 따라 그녀는 자신 만의 삶을 살고 싶었다. 바깥세상에서 화려한 경력 을 쌓고 성공하고 싶었다.

라이프스타일에 대한 지독한 차이가 로버트와 아그네스를 덮쳤다. 예전에는 그들의 차이가 무엇이든 간에 그들의 라이프스타일에 대한 비전은 서로의 것을 보완했었다. 지금의 라이프스타일 차이는 양립할 수 없는 것이었다.

로버트는 비어 있는 집으로 은퇴하고 싶지는 않았다. 로버트는 아그네스가 은

퇴한 자신과 함께 이탈리아 북부의 어느 곳에선가 완전히 새로운 생활을 시작하면서 취미와 여행을 함께 즐기길 바랐다. 하지만 아그네스는 자유를 원했다. 아그네스는 그 동안 로버트와 로버트의 삶에 구속되어 있었다고 느꼈고, 이제는 자신의 생활을 원했다. 하지만 50대 초반의 여자가 경력을 쌓아 간다는 것은 꽤나 어려운 일일 것이었다. 그래서 아그네스가 기회를 얻기 위해서는 친구와 인맥이 있는 이곳에 머물러야만 했다.

조화를 이루면서 오랜 세월을 살아온 두 사람이 결국은 고통스런 대립 상황에 처하게 되었다. 그들은 아직도 서로를 좋아했고 비슷한 기호와 가치관을 갖고 있었다. 하지만 이제 로버트는 끔찍스럽게 고민하게 되었다. 한 쪽에는 그가 원하는 삶이 있었다. 모든 책임과 의무란 생각을 떠나 있고, 곁에는 함께하는 길동무가 있는, 어딘가 먼 곳에서의 생활이었다. 다른 한 쪽에는 아그네스가 제안하는 삶이 있었다. 잠자코 앉아서 매일 빈 집을 지키는 것이었다. 아그네스가 제안하는 라이프스타일은 로버트가 꿈꾸었던 은퇴 후의 생활이 아니었다. 로버트에게 그런 생활은 마치 '때 이른 죽음'처럼 느껴졌다. 로버트와 아그네스가 결국 어찌 되었을까? 조금 있다가 알아보기로 하고, 우선은 진단을 보자.

진단 20

서로를 열렬하게 좋아하지만 어떻게 살까에 대해서는 심각하게 의견이 갈린다면, 그리고 당신의 라이프스타일을 포기하고 파트너와 함께 살기 보다는 파트너 없이 당신의 라이프스타일대로 사는 것이 더 행복하리라는 것이 분명하다면, 파트너와의 관계에 머물기보다는 정리하고 떠나는 것이 행복할 것이다.
우리가 살아가는 것은 삶이지, 관계가 아니다.

이 진단은 인생의 만족과 행복이 어디에서 오는지에 관한 것이다. 행복과 만족은 당신이 사는 방식으로부터 온다. 당신이 살아가는 방식과 관련해서 당신이 중요하다고 여기는 것들로부터 온다. 물론 당신들 중 어떤 이는 당신이 살아가는 방식보다 사랑이 훨씬 더 중요하다고 할 것이다. 하지만 이건 본말이 전도된 이야기다. 당신의 삶은 당신의 삶이고, 당신이 사랑하는 사람은 당신 삶의 일부분일 뿐이다.

행복하기 위해 원하는 삶을 선택할 능력은 누구에게나 있다. 당신들의 라이프스타일 차이가 그렇게 큰 문제가 아니거나, 당신의 라이프스타일 내에서 수용할 수 있는 정도라면 문제라 할 것이 없다. 안 그랬으면 괜찮을 수 있었던 관계를 라이프스타일의 사소한 문제 때문에 포기한 사람들은 대개는 두고두고 후회하며 살아간다. 하지만 당신과 모든 면에서 다른 라이프스타일을 원하는 파트너여서, 당신의 라이프스타일을 포기해야 한다면, 그 파트너와 함께 사는 것만으로 행복해지는 일은 있을 수 없다.

로버트는 당신에게 제안한 이 진단을 받아들이지 않았다. 그는 아그네스가 이태리로 로버트와 함께 떠나기 보다는 혼자 살겠다는 의사를 분명하게 밝혔음에도 불구하고, 아그네스를 떠난다는 생각에 죄의식을 느꼈다. 시간이 흘러서야 두려워하고 있었고 습관에 매어 있었음을 깨달을 수 있었지만, 어쩔 수 없이 그는 그토록 가능한 한 멀리 떠나고 싶어 했던, 과거의 모든 일을 기억하게 만드는 것들에 둘러싸인 도시의 살던 집에 그대로 머물렀다. 일찌감치 은퇴한 로버트는 감옥에서 해방되었다고 느끼기는커녕, 빛조차 희미한 중간 지대에서, 이미 떠나온 삶과 원했던 삶 사이 어딘지도 모르는 곳에 좌초해 있다고 느꼈다.

아그네스는 활짝 피어났다. 그녀의 새로운 삶은 점점 더 바라던 대로 되어갔다. 하지만 아그네스의 행복이 로버트를 행복하게 해 줄 수는 없었다. 로버트에게 아그네스가 행복해하는 삶은 둘 모두를 위한 삶도 아니었고 함께 하는 삶도 아니었기 때문이다. 그녀의 행복이 로버트에게는 거꾸로 들고 보는 망원경의 풍경과 같이 멀기만 했다. 과거의 모든 성공과 계획에도 불구하고 로버트는 결국 다른 누군가의 삶에 얹혀 좌초해 버린 이방인처럼 고립무원의 느낌을 받았다. 그들은 관계를 유지하고 함께 머물렀지만 로버트는 실수한 것처럼 느꼈다.

다른 사람과 함께 살면서 여러 가지 사소하고 짜증스런 차이 때문에 기가 꺾이는 걸 감수할 수는 있다. 하지만 어떻게 사느냐에 대한 차이를 감수하고 살 수는 없다.

21단계 "나는 화성인과 결혼했어요"

다르다는 것은 성가시게 느껴질 수 있지만, 대부분 해결할 수 있거나 무시할 수 있다. 타협이나 양보를 통해 해결할 수 있는 것이다. 당신 생긴 대로 살고 당신이 원하는 대로 하면서 당신들 사이의 틈에 대해서 신경을 쓰지 않음으로써 차이를 무시할 수도 있다. 대부분의 경우 사랑과 기술의 적절한 조합을 통해 파트너와의 차이점을 해결하거나 무시할 수 있다. 그렇게 되지 않는 한 가지 예외는 방금 이야기한 것처럼, 당신들 각자가 살고 싶어 하는 근본적인 방식에 차이가 있는 경우다.

그렇다고는 해도, 다른 차이들 중에도 너무 중요해서 당신의 해결 능력이나 무시할 수 있는 범위를 넘는 것들이 있지 않을까?

─── 연대감

물론이다. 해결하거나 무시할 수 있는 능력을 초월하는 차이점들이 있다. 이 차이점들은 궁극적이고 깊은 소외감과 관련이 있다. 당신이 개 또는 고양이를 길러 본 적이 있다면, 당신과 그 동물이 종種이 다르더라도, 어떤 수준에서든 서로 간에 공유하는 일종의 유대감이 있음을 안다. 당신이나 개 또는 고양이나 맛있는 음식을 좋아한다. 당신이나 그 동물이나 뒹굴거리기에 편안한 장소를 좋아한다. 신체적 애정 표현을 좋아하는 것도 같다. 장난치기도 좋아한다. 당신과 동물 모두 서로에게 관심을 기울인다는 것을 아는 능력이 있다. 이 같은 유사성이나 깊이 연결된 느낌이 당신과 애완동물 사이에 진정한 유대감을 만들어 낸다.

하지만 당신이 개나 고양이의 수준을 벗어나서 닭/공룡/뱀의 존재 수준으로, 더구나 대합조개/구더기/딱정벌레 수준이 되다 보면, 어디선가 연결된 느낌이 사라진다. 연결된 느낌이 있어야 생물들과 함께 살 수 있다. 연결된 느낌이 없으면 당신은 그놈을 먹거나 해충방제회사를 부른다.

사랑에 빠진 우리 자신도 마찬가지이다. 때로 우리는 사랑하는 사람과 깊고 근본적인 연결을 느끼지만, 놀랍게도 때론 그렇지 않을 때도 있다. 때로 우리는 무시무시하고 끔찍스러울 정도로 근본적으로 가까이 할 수 없을 만큼 차이가 나는 사람과 사랑에 빠진다. 그렇다고 해도 당신은 이런 심각한 차이를 보거나 인정하기가 어려운데, 당신이 사랑에 빠진 바로 그 사람에 관련된 것이기 때문이다. 당신이 개나 고양이를 사랑하게 된 것은 이해할 수 있지만, 어떻게 조개나 구더기를 사랑할 수 있겠는가 말이다.

그건 당신이 생각하는 것보다는 쉬운 일이다. 우리는 스스로를 속인다. 무엇보다도 그 사람은 같은 종이기 때문이다. 서로에게 육체적으로 끌릴 수도 있다.

두 사람 모두 록그룹 그레이트풀 데드Grateful Dead를 좋아고, 컨트리 음악을 싫어하거나 좋아 할 수 있다. 혹은 두 사람이 도스토예프스키가 지독히도 지루하고 무시무시한 작가라는 데 동의할 수도 있고, '닉 앳 나이트Nick at Nite'(미국의고전 드라마 재방송 전문 케이블 채널―옮긴이)의 팬일 수도 있다. 혹은 두 사람 모두 창문을 열어 놓고 잠들기를 좋아하며 아침에 섹스하는 것을 싫어할 수도 있다. 결국 당신에게 필요한 것이라고는 함께 가구를 사러 나가고 아이들 몇을 낳는 것이 전부이고, 당신들이 다른 행성에서 온 것만큼이나 서로 다르고 서로에겐 전혀 관심이 없다는 사실을 눈치 챌 수 없을 것이다. 그러니 스스로에게 물어 보라.

질문 21

당신들이 여러 가지로 다르긴 하지만, 파트너가 마음 깊은 곳에서 혹은 당신이 중요시하는 어떤 측면에서, 좋아하는 방식이 서로 비슷하다고 말할 수 있는가?

이러한 마음속 깊은 곳에 존재하는 근본적인 유사성으로 인해, 사람들은 종종 자신의 관계를 전혀 다른 방식으로 보게끔 한다. 예를 들어, 한 여자는 골프와 TV 스포츠에 남편을 빼앗긴 과부와도 같은 신세이며, 남편이 얼마나 '전형적으로 무심한 남자인지'에 대해 불평을 해왔다. 그녀는 두 사람이 함께 살기에는 너무나 다르다는 느낌에 마음을 빼앗기기 시작한 것이 확실하다.

질문 21은 여기에 다른 관점을 제공한다. 부정할 수 없는 사실은 그들이 해왔던 것처럼 인생의 가장 의미 있는 일은 좋은 부모가 되는 것이라고, 서로 상대방을 믿고 있다는 것이다. 그녀의 남편은 골프를 치고 스포츠 중계를 즐겨 보기는 하지만, 언제나 아이들을 위해 시간을 냈다. 아이들과 함께 할 방법을 어떻게든 찾아냈던 것이다. 그녀도 알고 있었다. 그녀를 성가시게 만드는 모든 일에도 불구하고, 그녀에게 가장 중요한 것이 남편에게도 가장 중요한 것이었다는 점은 의문의 여지가 없었다.

연결이 없음을 증명하기 깊고 근본적인 유사성을 찾아내는 문제는 당신이 파트너와의 사이에 유사성이 없을까봐 두려워하는 상황에서는 특히 주의 깊게 다뤄야 한다. 증거의 문제이다. 보고 느낄 수 있으니 당신은 유사성이 존재한다는 것을 알 수 있을 것이다. 하지만 당신이 유사성을 보고 느낄 수 없다고 해서 유사성이 없다는 증명이 될 수는 없다. 부정적인 명제란 증명이 되는 것이 아니다. 흔히 쓰이는 예를 들어 보면, 우리는 유니콘이 단순히 전설의 동물이라고 확신할 수도 있지만, 그걸 누가 아는가? 유니콘들이 어딘가에 잔뜩 모여 있는데 아직 본 사람이 없을 뿐인지. 같은 방식으로 말하자면, 당신이 당신 파트너와의 관계에 대해 신경을 쓰지 않고 지내는 별로 좋지 않은 시기이기 때문에 당신 파트너와 같은 점이 하나도 없다고 느낄 수도 있다-그렇다고 보면 당신이 간과하거나 잊고 있는 어딘가에 깊은 유사성이 존재할 수도 있다.

____ 느낌 신뢰하기

여기선 당신의 느낌이 기준이 되어야 한다. 당신은 파트너와의 사이에 당신이 중요하게 여기는 방식으로 진정으로 마음 속 깊은 유사성이 있다고 느끼는가? 표면상으로만 비슷한 것이어선 안 된다. 마음 깊은 곳에 있어야 하며, 그 유사성이란 것이 실제로 당신에게 의미 있는 것이어야 한다.

예를 들어, 당신들 두 사람 모두 30년대에 유행한 스크루볼 코미디screwball

comedy(로맨틱 코메디의 원형으로, 1930~1950년대 미국에서 유행한 희극장르를 말한다. 남녀 사이의 이야기가 꼬이다가 마지막에는 해피엔딩으로 끝이 난다―옮긴이)가 아주 재미있다고 생각한다면, 그 사실은 당신들의 동질성을 확인할 수 있는 한 가지 방식일 수 있지만, 그에 대해 마음 깊은 곳에 연결된 무엇인가가 있어야만 한다. 만약 당신들이 막나가고 저돌적인 태도를 공유하는 것이거나 인생에 대한 깊은 향수를 함께 느끼는 것이라면 당신들의 유사성은 의미가 있다. 하지만 일상적인 기호를 공유하는 것일 뿐 더 이상 깊은 곳에서 연결되는 것이 없다면, 당신들은 어쩌다 요행으로 같은 영화를 좋아하게 된 이방인일 뿐이다.

질문 21에 대해 함께 숲 속을 걷는 것을 좋아한다고 답한 커플이 있었다. 이는 자그마하나마 라이프스타일의 유사성이란 점에서 실질적이다. 그리고 같은 일을 좋아한다는 점에서 그들은 확실히 유사한 점이 있다. 하지만 그들은 헤어지고 나서야 행복할 수 있었다. 그들은 숲 속 길 걷기를 좋아한다는 것이 마음 깊은 곳에서 아무런 동질성도 느끼게 해 줄 수 없는 것이었음을 알게 되었다. 그것은 함께하는 것이 특별히 잘 어울린다고 느끼게 하는 깊고 특별한 종류의 자연에 대한 사랑이 아니었다. 그들이 좋아한 것은 무작위로 고른 숲길을 그냥 걷는 것이었고, 그건 두 사람 모두가 페퍼로니 피자를 좋아한다든가 택시 색깔로는 노란색이 제일 좋다고 의견의 일치를 보는 정도의 수준이었던 것이다. 그건 아주 표면적인 유사성이었고 두 사람 관계에 아무런 도움도 되지 않는 것이었다.

거트루드 스타인Gertrude Stein(1874~1946, 미국의 시인이자 소설가, 실험적인 언어사용으로 유명―옮긴이)이 캘리포니아의 오클랜드에 대해 했던 말이 자꾸 생각난다. "그곳에는 그냥 거기라는 지명은 없다There was no there there." 그녀가 한 말의 의미는 모든 사람들이 같은 의미로 받아들여 특별히 지정하지 않더라도 그저 모이자 하면 함께 모일 수 있는 도심가라는 지명은 없다는 뜻이다. 그리고 이 커플에 대해서라면 그들이 숲길 걷기를 좋아하는 것이 마음 속 깊은 곳의 유사성을 뜻하는 것이 아니었기 때문에 그들이 함께 갈 수가 없었던 것이다. 이것은 까다롭고 주관적인 문제이지만 진단은 실제적이고 진실하다.

진단 21

파트너가 당신에게 의미 있고 당신이 좋아하는 어떤 방식으로 당신과 비슷하다고 진정으로 느낀다면, 파트너와의 관계는 한없이 좋은 것이 될 가능성이 크다. 하지만 당신에게 중요한 측면에서 아무런 유사성이 없다면, 그래서 당신 파트너가 외계인처럼 느껴진다면, 이와 유사한 상황에 있었던 사람들 대부분은 결국은 상대와 헤어지고 나서야 행복할 수 있었다.
어떻게든, 또 어디서든, 파트너의 눈 깊은 곳에서 당신 모습을 볼 수 있어야 한다.

나는 가끔 이것을 '나는 화성인과 결혼했어요' 요인이라 부른다. 이 경우 사람들은 결혼해서 수십 년을 지낸 후 이렇게 말한다. "우리는 같은 것이 하나도 없어요."

이 때 문제가 되는 것은 당신과 파트너 사이의 차이가 얼마나 크거나 많은 지가 아니다. 요점은 당신이 차이가 없었으면 하고 바라는 곳에서, 아무리 좁더라도 메울 수 없는 결정적 차이점을 발견하는 것이다.

── 차이라는 수수께끼

이제 관계의 수수께끼에 대해 보다 명확히 알았기를 바란다. 즉, 어떤 차이점은 모든 차이를 의미하는 것이 있고, 또 다른 어떤 차이는 아무 것도 아닌 것이 있는지를 말이다. 언제나 차이점을 무시할 수 있고 해결할 수 있는 가능성은 있다. 엄청나거나 귀찮아 보이는 것은 물론 거의 대부분 가능하다.

하지만 당신이 중요하게 여기고 아끼는 삶의 방식에서의 차이일 때는 그렇지 않다. 그리고 당신들 사이에 깊고 의미 있는 유사성의 다리가 연결되어 있지 않을 때는 해결이 불가능하다. 당신은 모든 면에서 당신에게 화성인처럼 느껴지는 사람과는 함께 살 수 없음을 받아들여야 한다.

내가 관계에서 분명하게 알 수 있었던 것 중 하나는, 사진 한 장이 천 마디 말보다 나은 것처럼, 두 사람 모두에게 의미 있는 깊고 근본적인 유사성 하나만 있으면, 천 가지 차이라도 극복하고 만족스러운 관계를 만들 수 있다는 것이다. 하지만 그런 유사성이 없을 때는, 차이 하나가 참을 수 없는 고통이 될 수도 있다.

13

관계 정리 후 당신이
선택할 수 있는 것

:

"결국 당신을 떠나야 한다면……"

굴속에서 보는 바깥세상은 좁을 수밖에 없다

얼마 전 내가 어떤 커플 그룹의 작업을 이끌고 있을 때, 한 여자가 자기 남편이 "멜 깁슨이 아니야!"라며 불평하기 시작했다. 다른 여자가 그 여자 쪽으로 몸을 숙이더니 말했다. "당신은 멜 깁슨을 얻을 수 없어요. 그러니 포기하세요."

두 번째 여자는 중요한 점을 지적했을 뿐만 아니라, 불확실한 관계를 어찌하면 좋을지를 결정하려는 사람들이 자주 간과하는, 고려사항 모두를 다룰 수 있는 문을 활짝 열어 놓았다.

당신이 머무는 편이 행복할지 아니면 떠나는 편이 행복할지 결정하려 할 때, 당신 관계 내부에서 벌어지는 일에만 관심을 기울여서는 안 된다. 관계 밖에서 선택할 수 있는 것은 무엇인지 그리고 그 선택들이 얼마나 명확하고 현실적인 것인지를 알아봐야한다.

이것이 내가 이번 장에서 다루려는 내용이다. 당신은 관계를 유지한다면 일어날 수 없는 일이, 관계를 정리하면 가능해질 것이라는 기대 때문에 관계를 유지하는 것이 나쁘다고 생각할 수도 있다. 또는 관계를 끝내는 편이 낫다고 생각할 수도 있다. 여기 있는 질문들은 당신 관계의 울타리 너머에 무엇이 있는지를 살펴 볼 수 있게 도울 것이다. 큰 그림을 보지 못하면 당신은 큰 곤란을 당하게 될 것이다.

당신이 듣고 싶었던 마지막 얘기처럼 들릴지도 모르겠다. 당신이 관계에 머물까 혹은 떠날까 라는 문제와 씨름하고 있었다면, 관계를 끝낸 다음에 무슨 일이 있을지에 대해 지나치게 많은 고민을 했다는 생각이 들 것이다. 새 아파트는 어떻게 얻을 수 있을까? 자녀 양육이나 양육비 지원은 얼마나 부담이 될까? 어떤 새로운 관계를 찾아야 할까?

나는 당신이 온갖 실제적인 세부사항을 생각해 보았을 거라고 확신한다. 하지만 내 일은 지금 당신이 헤쳐 나가고 있는 일을 먼저 겪은 사람들의 경험을 당신과 나누는 것이다. 그리고 먼저 경험한 사람들의 경우를 보면 당신은 온갖 일을 생각하겠지만, 한편으로는 십중팔구 진짜 중요한 문제는 놓치고 있을 것이다.

── 전문가에게 묻자

이 상황을 경험한 사람이 배운 것을 요약한다면 다음과 같이 될 것이다. "저에게는 걱정거리가 많았어요. 하지만 돌이켜 보면 관계를 정리하고 떠났을 때 거기 어떤 선택 대안들이 있는지를 점검하는 데 너무 적은 시간을 썼다는 걸 알 수 있었죠. 관계를 정리하면, 실제로 어떻게 될지 정리하기 이전보다 더 나을지 못할지를 알아보는 데 소극적인 편이었어요. 큰 그림을 점검해 보아야 할 때, 내 파트너에 관련된 이런저런 문제, 혹은 관계를 떠났을 때 어떻게 될지에 관한 두려움과 희망들의 작은 그림 조각을 보고 또 보면서 시간을 낭비했죠."

양가감정적 관계라는 굴속에서 당신이 보는 것은 당신이 느끼는 미련과 현재 생활에 대한 끝없는 실제 사항들, 그리고 한편으로는 약간은 두렵지만 매력적인 미끼 같은 것들이다. 당신이 선택할 수 있는 것이 무엇인지를 분명히 보려면, 관계에 대한 양가감정이라는 굴을 벗어나와야만 한다. 당신이 좀 더 신중하게 선택했을 때 나타날 수 있는 엄청난 차이라는 것이 무엇인지 알아보기로 하자.

____ 굴 밖에서 비로소 큰 그림을 볼 수 있다

당신이 수천 달러를 써서 여름휴가를 떠날지 집에 그냥 머물러 있을지를 결정하려 한다고 해보자. 만약 당신이 굴속에 갇혀 좁은 시야를 갖고 있을 수밖에 없다면, 당신이 생각할 수 있는 모든 것은 기껏해야 휴가를 가서 돈을 쓸 것인지 아니면 휴가를 가지 않고 돈을 쓰지 않을지 정도일 것이다.

하지만 그건 엄청난 실수다. 굴 밖에서, 큰 그림을 보면 당신이 진짜로 선택할 수 있는 것은 휴가 가는 데 돈을 쓸 것인가와, 휴가를 가지 않고 그 돈을 어디든 당신이 쓰고 싶은 곳에 쓸 것인가 중 하나다. 휴가를 가는 것이 일단은 근사해 보이겠지만, 욕실을 리모델링한다든지 멋진 새 차를 사고 할부금으로 낼 수 있다는 걸 생각하면 휴가가 그리 멋진 것으로 여겨지지 않을 수도 있다.

하지만 휴가를 가지 않는다면, 별 것 아닌 작은 여행과 외식에 그 돈을 쓰게 될 것이 거의 확실하고, 그럴 경우 진짜 휴가가 주는 즐거움에는 턱없이 못 미칠 거라는 걸 당신이 잘 안다면, 휴가는 당신이 처음 생각했던 것보다 훨씬 근사하게 느껴질 것이다.

가장 진지한 결정을 돈 쓰는 문제와 비교하는 것이 엄청 바보스럽게 들릴 것이다. 하지만 요점은 이렇다. 당신에게 최선인 선택을 하기 위해서는 전체적인 그림을 보아야 한다는 것. 그러지 않았을 때 어떤 일이 생기는지를 보라.

── 맷 이야기

대학에서 만난 두 사람이 사랑에 빠지고 졸업 후에 결혼하게 된다는 것은 고전적인 이야기다. 웬디와 맷은 원래 함께 어울리는 친구들 그룹에서 알게 되었고, 둘 다 같은 종류의 음악을 좋아하고, 더 중요하게는 어떤 종류의 음악을 두 사람 모두 싫어하기 때문에 서로에게 열중하게 되었다. 서로를 편하게 느꼈고, 한번 서로를 사랑한다고 말하기 시작하자 서로의 진심을 느낄 수 있었고, 이젠 둘이 결혼하지 않는다는 것은 있을 수 없는 일처럼 보였다.

얼마 동안 상황은 아주 멋지게 풀렸다. 맷이 전자 기술자로 지역 방위산업체에서 많은 보수를 받고, 웬디가 중학교 교사로 근무하면서부터는 특히 좋은 시절이 시작되었다. 그때 고비가 찾아왔다.

그들의 관계처럼 많은 긍정요소를 갖고 시작한 관계가 언제부터 어찌해서 잘못되기 시작했는지 수수께끼일 것이다. 그 이유는 이런 부류의 사람들은 일이 잘못되기 시작할 때 바로 도움을 청하는 경우가 거의 없기 때문이다. 상처와 적의가 자라난 후에는 그 원인인 씨앗이 깊이 묻혀서 밝히기 어려운 경우가 많다.

그들이 도움을 청하기 위해 다른 사람에게 갔을 때, 특히 맷은 그와 웬디가 아주 다른 목표를 향해 자라났기 때문에 그들 사이엔 별다른 연결이 있다고는 느낄 수가 없었다.

맷은 그 자신을 정치와 사회 조류라는 더 넓은 세상에 관심을 가진 남자라고 생각하고 있었다. 그가 보기에 웬디는 아이를 낳고 교사직을 그만둔 후부터는 완전히 자질구레한 집안일에만 몰두하는 것 같았다. 게다가 결혼 초기 2년 만에 그가 발견한 경향이 있었다. 즉 천방지축 설쳐대는 대학생 아이와 같은 웬디의 성격이 더 드세고 심각해져만 가더니, 어찌할 수 없는 지경에 이르게 된 것이다. 아이를 낳은 후에도 그런 경향은 완화되지 않았다. 오히려 가속되었다. 웬디는 더 이상 예전의 부드럽고 상냥한 연인이 아닌 것처럼 느껴졌다.

이 모든 것이 합쳐져서 결국 맷이 결혼 생활에 대해 기대했던 것과 비교하여, 둘의 관계는 아주 삐걱거리는 상태가 되고 말았다. 맷은 함께 있었지만, 관계를 떠날 생각을 계속하고 있었다.

그때 맷의 가장 친한 친구가 이혼했다. 친구가 그리도 쉽게 '자유를 얻었다'는 것이 맷에게는 기적처럼 보였다. 그리워해 마지않는 자유를 지금 바로 얻을 수 있는데, 왜 잔소리를 퍼부어대는 불평꾼에게 묶여 살아야 하는지 맷은 고민하게 되었다. 맷의 마음속에 다음과 같은 단순한 등식이 만들어졌다. '이별=자유'. 불쌍한 맷! 자유라는 오아시스 혹은 신기루에 마음이 동요되어 맷은 이혼하게 되었다.

맷이 이혼하기 전에 좀더 주의 깊게 살펴보았다면, 이혼하고 난 뒤에 벌어지게 되었을 일들을 미리 알 수 있었을까?

프랑수와 트뤼포 감독의 영화 <400번의 구타>의 마지막 장면을 기억하는가? 영화 내내 집과 소년원을 피해 도망 다니던 소년이 결국은 그토록 가보고 싶어 하던 바다에 이르게 되었다. 바다를 처음 본 소년은 슬프고 멍한 표정으로 얼어붙는다. 왜냐하면 바다에서 모든 것을 기대했지만 아무것도 발견할 수 없었기 때문이었다.

그것이 바로 맷에게 일어난 일이었다. 다시 독신이 된 것은 결코 근사한 일이 아니었다. 독신 생활이란 놀이공원은 외로움으로 황폐해진 땅 한 조각에 불과한 것이었음이 드러났다. 새로운 사람을 만나는 것은 믿기 어려울 정도로 어려운 일이었으며, 도저히 말이 통하지 않는 여자와의 데이트는 어색하기만 했고, 그가 환상 속에서 관계를 꿈꾸던 젊은 여자들은 맷이 너무 늙었다고 생각한다는 잔인한 현실에 직면해야 했다.

그리고 맷은 자녀들 문제도 잘못 판단했다. 맷은, 아이들을 제 시간에 학교에 데려다 주고 숙제를 했는지를 챙기는 등의 골치 아픈 다툼 거리와 이혼(?)했으니, 아이들을 만나는 주말은 순수하게 부모가 된 즐거움만을 느끼는 멋진 시간이 될 것이라 생각했었다. 기대와는 반대로 주말은 악몽과 지루함과 단절의 시간이었다. 친구도 없고 사는 곳도 다른 아이들을 즐겁게 해주려는 노력은 무모한 것이어서 좌절만 커질 뿐이었다.

이 모든 일을 극복하고, 마침내 맷은 한 여자와 반쯤은 관계를 약속하고 장기간 만남을 지속하게 되었다. 그런데 이 여자는 맷을 당연하게 느끼기 시작하자 결국 지나친 요구를 하고 사무적으로 맷을 대했다. 바로 전에 웬디가 그랬던 것과 똑같이.

맷이 자기 자신을 평가한 걸 보자. "현실을 꿈과 비교할 수는 없죠. 그런데 내가 그런 짓을 했어요. 물론 현실은 내 꿈과는 거리가 멀 수밖에 없었죠. 하지만 나의 현실을 현실적인 대안들과 비교 평가했다면 웬디와의 관계를 끝내지 않았을 겁니다. 웬디와 함께 하는 생활은 완벽한 것과는 한참 거리가 있었지만, 결코 머물 수 없을 정도라거나, 관계를 유지하면서 문제를 해결해서 행복해질 가능성이 전혀 없을 정도는 아니었거든요."

맷의 경우는 굴속에 갇힌 듯한 좁은 시야에서 벗어나 좀더 현실적이고 폭넓은 시야를 갖는 것이, 관계의 유지 여부를 결정할 때 얼마나 큰 차이를 나타낼 수 있는가를 보여주는 완벽한 예다.

굴속에서 내다 본 세상은 맷으로 하여금 관계를 끝내는 쪽으로 잘못된 결정을 하게 했다. 마찬가지로 좁은 시야는 쉽사리 관계를 유지하라는 잘못된 결정을 하게 할 수도 있다.

___ 도나 이야기

도나가 마고와 함께 한 오랜 세월은 금박으로 입힌 새장 속에 스스로를 가둔 생활이었다. 도나가 새장을 제공하고 마고는 도금을 했다. 처음 출발할 때 두 사람은 모두 돈이 별로 없는 '반문화적 유형counter-culture-type'(기존의 사회질서와는 근본적으로 다른 가치체계, 사고, 행동을 하는 형태—옮긴이)의 사람이었다. 그렇지만 곧 마고는 컴퓨터 사업에 뛰어들었고, 나중에 도나가 알게 된 바로는 엄청나게 부유한 친척의 도움으로 금융업에 특화된 컴퓨터 장비를 생산하는 회사를 세우게 되었다. 회사는 아주 성공적이었다.

이렇게 화려한 일이 진행되는 동안, 도나는 취미를 즐기듯 보수가 좋지 않은 일들을 섭렵해 가고 있었다. 하프시코드 제작부터 도심 빈민가의 청소년 상담까지. 그러는 동안 마고와의 관계는 점점 더 불확실해졌다. 그들에게는 느슨하게 연결된 다양한 문제들이 있었다. 한쪽 끝에는 둘이 함께 하는 일이 점점 줄어들고 있었고 도나가 마고에 대해 친밀감을 느끼기가 어려워졌다는 문제(마고가 사업과 돈 문제에 몰두하는 시간이 늘어감에 따라 더 그랬다)로 부터, 다른 한 쪽 끝에는 그들 간의 섹스 횟수가 줄어들고 차가워졌다는 문제까지, 일종의 스펙트럼과 같은 문제들이었다.

도나가 아직도 마고에 대해 사랑의 감정을 느끼고 있었다는 것 이외에, 돈 문제가 모든 상황을 혼란스럽게 만들었다. 솔직히 말하자면, 도나에게는 다음과 같은 두 가지 생각이 있었는데, 이것은 양가감정적 관계에 빠져 굴속에 갇힌 듯 좁은 시야로 자신의 관계를 보았기 때문이다.

하나는 마고와의 관계를 유지할 때 가능한 편안하고 풍요로운 삶이 있었다. 도나가 무엇이든 하고 싶은 것은 얼마든지 할 수 있는 충분한 정도 이상의 돈이 있을 뿐만 아니라, 도나는 자신이 마고의 사업을 간접적으로 지원했다고 생각하고 있었기 때문에 감정적인 애착도 느끼고 있었다. 물론 당장 일어날 수 있는 이야기는 아니지만, 마고의 부유한 친척이 죽거나, 마고의 회사가 더 큰 회사에 팔린다거나, 혹은 두 가지 사건이 모두 일어나는 경우 마고는(당연히 도나까지도) 그냥 부유한 정도가 아니라 엄청나게 대단한 부자가 될 가능성도 많았다.

다른 하나는, 마고를 떠난다는 것은 절망적으로 궁핍한 생활을 의미했다. 자신의 돈이 없는 상황에서 도나는 금방 자신이 상담했던 도시 빈민가의 젊은 여자들처럼 가난해질 것이었다. 최소한 그것이 도나의 두려움이었다.

도나는 비참했다. 하지만 몇 년을 마고와의 관계 속에 머물면서 그녀의 새장에 입혀진 도금에 눈이 멀어갔다. 그러다가 우연히 그녀가 눈을 뜨게 되는 일이 일어났다. 도나는 함께 일했던 열여덟 살 먹은 소녀가 살 집을 구하는 일에 간여하게 되었다. 싸고 안전하고 안락한 집이나 아파트를 빌리기 위해 친구나 지인들과 이야기하다 보니 기회가 발견되었다. 도나가 예전에 자주 그랬던 것처럼 전업으로 일을 하게 되면, 자신이 버는 것만으로도 충분히 우아한 삶을 살 수 있다는 사실이 분명해진 것이다.

도나는 자신이 현실적인 가능성에 대해 느끼는 두려움을 좀 더 빨리 보기만 했으면, 벌써 여러 해 전에 자신의 생활을 바꿀 수 있었으리라는 데 생각이 미칠 때마다 후회를 느꼈다.

___ 양쪽 길을 다 보라

맷과 도나의 이야기는 좁은 시야가 재앙을 부른 두 가지 경우를 설명해 준다. 맷이 눈을 좀 더 크게 떴더라면 그가 의심스럽게 느낀 관계가 사실은 떠나기 아까운 좋은 관계란 것을 볼 수 있었을 것이다. 만약 도나가 눈을 좀더 크게 뜨고 보았더라면 불안불안한 관계가 실제로 머물러 있기엔 너무 괴로운 관계임을 알 수 있었을 것이다. 눈을 뜨는 것이 이미 알고 있던 현실을 어떤 식으로든 변화시키는 것은 아니지만, 문제를 완전히 새로운 관점에서 보게 만드는 것이다. 당신이 두 종류 재앙 모두를 피할 수 있는 길을 알려주겠다.

22단계 ▶ 머물러야 할 새로운 이유들

이번 장에서 제시하는 질문은 다른 장에서 한 질문과 좀 다르다. 이제까지의 질문들은 본질적으로 그 자체가 내용으로 완결되는 것이다. 하지만, 여기 제시하는 두 질문은 당신이 답을 하기 전에 당신의 상황에 대해 우선적으로 신선한 관점을 취해야 하는 것이다.

이렇게 한번 해보자. 종이 한 장을 준비해서 맨 위에 이렇게 적는다. '내가 떠날 것을 생각할 때 새로운 생활에서 기대하는 일들' 다른 종이의 꼭대기에는 이렇게 적는다. '내가 기존의 관계에 머물고 싶게 만드는 새로운 생활에서 일어날 수 있는 두려운 일들'

그리고 떠날지 머물지를 고민하면서 중요하게 생각했던 것이면 무엇이든 적어 넣는다. 당신이 방금 전에 읽었던 사례에서 예를 든다면, 맷은 '똑똑하고 섹시한 여자들과 데이트하기'라든가 '아이들과 더 좋은 관계를 가지기' 같은 것을 그가 기대하는 일로 적었을 것이다. 도나의 경우라면 '돈이 없다'라든가 '살 집이 없다' 같은 것을 두려워하는 일이라고 적었을 것이다.

특히, 당신이 기대하는 일을 적을 때는 친구나 가족들로부터 받을 거라고 생각하는 도움을 상세하게 포함시켜라. 당신이 써놓은 것을 보면, 당신이 굴속에서 내다본 것과 같은 좁은 시야로 만든 그림을 볼 수 있다. 이제 좁은 시야를 수정하는 기회를 갖도록 하자. 각각의 항목에 대해 자문하라.

- "이것이 사실인가?"
- "이럴 가능성이 높은가?"

그런 다음 또 묻는다.

- "달리 가능한 것은 무엇인가?"
- "가장 일어날 가능성이 높은 것은 무엇인가?"

맷이라면, 다른 여자들과 데이트할 수 있다는 것은 가능한 사실이었다. 하지만 데이트하기가 매우 어려울 것이고 그리 만족스럽지도 않을 것이란 점도 가능한 일이며, 그렇게 될 가능성이 더 높았을 것이다. 그리고 자녀들과의 관계는 그가 상상한 것만큼 훌륭하지 않았다는 것이 사실이었다. 이 모든 것은 먼저 이혼한 남자에게 물어 봤더라면 진작 배울 수 있었을 것들이다.

도나의 경우, 스스로 생활을 꾸려나갈 수 없으리란 것은 사실이 아니었다. 도나가 고려하지 않았던 가능성은 그녀가 독립하게 되면 인간다운 삶을 위해 돈벌이를 해야 할 것이고, 그럴 경우 그녀가 번 것으로 편안하게 살 수 있으리란 사실이었다.

내가 당신 입장이 되어 이렇게 하는 것은 불가능하다. 모든 사람 각자가 처해 있는 상황은 사람마다 아주 다르기 때문이다. 오직 당신만이 자신의 희망과 두려움, 그리고 그 희망과 두려움을 만들어내는 현실을 알아 낼 수 있다. 새롭게 만들어지는 정보를 접할 수 있다면 스스로 직면하고 있는 현실에 대한 이해가 완전히 바뀔 수 있다. 그러나 그 새로운 정보를 발달시키는 것은 당신의 몫이다.

달리 새로운 것을 찾을 수 없으면, 아는 사람에게 당신의 희망과 두려움이 현실적이라고 생각하는지를 물어 보라. 그들은 어떤 희망이나 공포가 더 현실적이라고 생각하는가? 이 사람들에게 당신이 처해 있는 관계에 내재되어있는 현실에 관해 물어 볼 필요는 없다. 하지만 관계 밖에 있는 현실에 대해서는 그들이 조언해줄 자격이 충분하다. 그런 다음, 아래 질문에 답해 보라.

질문 22

헤어진 후에 기대하는 새롭고 보다 완벽하고 보다 현실적인 이유가 있다면, 헤어지는 것을 불가능하거나 불쾌하게 만드는 다른 이유가 있는가? 새롭고 보다 현실 가능한 이유여야 한다.

이러한 정보를 개발하는 것을 돕기 위해, 문제 목록을 살펴보면서 생각해 보자.

- 어디에 살 것인가? 비용을 어떻게 감당할 수 있을까? 거기서 당신 직장에 출퇴근하는 것이 가능할까?

- 헤어진 후 얼마만큼의 저축을 확보할 수 있나? 가능한 수입은 얼마나 되나? 그것으로 충분한가?

- 사람들과 만나는 일은 어떨까? 정말로 솔직해져 보자. 당신은 데이트 상대를 쉽게 만들 수 있는 특성들을 갖고 있는가? 새로운 사람들과 만나기 위해 거쳐야 할 과정을 감당할 용의가 있는가?

- 새로운 생활에서 외로워질 현실적인 가능성이 있는가? 그 외로움에 얼마나 잘 대처할 수 있는가?

- 자녀들과는 어떻게 지내게 될 것 같은가? 공동친권의 가능성이 있고, 당신이 그걸 원하는가? 당신이 친권을 갖지 못할 가능성이 있는가? 그걸 수용할 수 있는가? 당신에게 친권이 주어질 가능성이 더 큰가? 그리고 당신 혼자서 아이를 키우는 것이 어떤 것일지 생각해 보았는가?

- 혼자 사는 것이 당신의 일할 능력에 어떤 영향을 미치는가?

- 당신이 친구로 머물러 주었으면 하는 관계가 유지될 현실적인 가능성이 있는가?(여자의 경우에는 전부터 알고 지내던 친구의 관계가 그대로 유지되는 경우가 많다. 남자 쪽은 안 그렇다. 하지만 결혼한 친구들은 두 사람 모두에게 거리를 두는 경우가 많다.)

- 당신의 친척들은 당신이 이혼하길 원하는 것에 대해 어떻게 생각하는가? 마음으로 성원할까? 아마도 더 중요한 걱정이라 생각되는데, 그렇다면 실질적이고 재정적인 지원을 해 줄 것 같은가?

이 목록에 당신 생활에 중요한 것이라면 무엇이든 자유롭게 추가하라. 진단을 살펴보자.

진단 22

이 시점에서 당신이 관계를 끝내면 실제로 어떨지를 보다 현실적으로 살펴보니, 떠나는 것이 너무 어려워 보이고 관계에 남는 것이 더 바람직해 보인다는 것이 분명해졌다면, 당신은 자신이 찾아 헤매던 분명함을 얻은 것이고, 머무는 것이 더 행복할 거라는 걸 알게 된 것이다.

현실을 점검했을 때 머무는 것이 이치에 맞는다면, 머무는 것이 옳다.

하지만 확신을 갖고 싶다면 천칭 접근법을 써서 양가감정에 떨어져선 안 된다. 이 진단은 저울에서 어느 쪽이 더 무거운지를 알아보라는 것이 아니다. 진단은 간과하고 있던 현실 문제 하나가 갑자기 모든 것들을 완전히 다른 시각에서 보게 만드는 걸 발견할 수 있도록 돕기 위한 것이다.

당신을 기다리고 있는 상황을 보다 현실적으로 생각해 보니 당신이 떠나는 문제에 대해 생각하고 있던 것이 결정적으로 바뀐다면 그것으로 좋다. 그렇지 않다면, 다음 질문으로 명료해 질 것이다.

23단계 ▶ 떠나야 할 새로운 이유들

이제 당신이 작성했던 두 장의 목록으로 돌아가 보자. '내가 떠날 것을 생각할 때 새로운 생활에서 기대하는 일들'과 '내가 지금 이 관계에 머물고 싶게 만드는 새로운 생활에서 일어날 수 있는 두려운 일들' 자신에게 아래 질문을 해보라.

만약, 예를 들어 당신이 갈 곳이 아무데도 없다고 확신한다면 그건 틀림없는 사실인가? 당신이 고독하고 외로워질 거라는 확신은 맞는 얘긴가? 당신 혼자 벌이로는 생활을 유지할 수 없을 거라는 생각은 틀림없는 사실인가? 방금 사용한 것과 똑같은 점검 목록을 활용하라. 그리고 당신이 이혼했을 때 '바깥세상'이 진짜로 어떤 것인지에 관한 정보원으로 친구들을 활용하라고 조언을 잊지 말기를 바란다.

이 진단을 적용한다고 상상해 보라. 당신의 생활을 보다 현실적으로 살펴보면 편협하게 관계에만 주의를 기울였을 때는 볼 수 없었던 분명한 사실을 보게 될 것이다.

____ 여동생의 속내

이 책은 불안정한 관계에 대한 감정적이고 심리적인 입력과 출력을 다루지만, 지금 이 장은 이상할 정도로 실질적인 문제를 다루는 것처럼 보일 것이다. 하지만 내 경험에 따르면 여기 제기된 문제들은 엄청나게 중요한 것이다. 이 책에 쓰여 있는 지혜들을 충분히 개발하기 전인 수십 년 전에 만났던 환자를 잊을 수가 없다. 관계를 떠나는 게 좋을지 머무는 게 좋을지에 대해 여러 주를 함께 이야기했었다. 문제에 대해 이야기할 때 마다 그녀는 매번 샌프란시스코에서 함께 살자는 여동생의 막연한 제안을 언급했고, 그 제안은 강력한 자석처럼 그녀를 현재의 관계에서 벗어나는 쪽으로 이끄는 역할을 했다. 그 제안이야 말로 저울추를 떠나는 쪽으로 기울게 하는 중요한 요인이었다.

결국 나는 여동생의 제안이 진지한 것인지를 확인해 보라고 그녀를 재촉하게 되었다. 그리고 다음 주에 돌아온 그녀는 동생과 오랜 시간 이야기를 했다고 했다. 여동생에게 반대하는 여러 가지 이유를 듣고 나서야, 사실은 언니를 환영하지도 또 함께 살고 싶어 하지도 않는다는 것을 깨닫게 되었다고 했다.

그 후로 그녀는 다시는 관계를 끝내고 싶다는 이야기를 하지 않았다. 관계가 조금이라도 개선되어서가 아니었다. 관계는 여전히 문제투성이였다. 하지만 그녀가 갈 수 있는 괜찮은 곳이 있을 때는 관계를 떠나는 것이 그럴듯하게 느껴졌지만, 갈 곳이 없을 때는 떠나는 것을 가치 있게 느낄 수가 없었다. 지금 직면하고 있는 문제들을 얼마나 견딜 수 있는지 정확히 측정할 수 있게 된 것이다. 몇 년이 지난 후까지 그녀는 여전히 남편과 함께 살고 있었다. 이 여자와 맷 그리고 도나 같은 사람들을 기억하라. 당신이 선택할 수 있는 길을 다시 점검하는 것이 중요하다. 다시 검토한다고 해서 당신의 관계가 실제로 변하지는 않는다. 하지만 당신이 관계의 실정에 관해 느끼는 양상은 크게 변할 수도 있다.

14

존경심

· · ·

"우린 서로를 존중하고 있다고 할 수 있을까?"

존경은 자긍심이 자라나는 토양이다. 반면 반목과 익숙함은 경멸이 자라나는 토양이다. 그것이 이번 장에서 다룰 문제이자 주제다.

우리 모두에겐 존경받고 있다는 느낌이 사활에 관계될 만큼 중요하다-전체적으로, 깊이 있게, 그리고 우리가 가장 중요하게 여기는 방식으로 존경받아야 한다. 그리고 우리는 파트너를 존경할 필요가 있다. 우리 삶에서 이보다 중요한 자원은 다시 없을 것이다. 하지만 전체적으로 불가피하게 우리 관계 속에 경멸을 싹트게 하는 재료들이 있을 수밖에 없다면, 경멸은 우리들 모두의 문제가 되지 않을 수 없다. 즉, "뭐라고? 그가 당신을 존경하지 않는다고? 그러면 그 관계를 당장 끝내버려!"라고 말할 수는 없다는 뜻이다. 왜냐하면 너무나 많은 관계 속에 너무도 많은 경멸이 존재하기에 사람들이 이런 식으로 행동하면 우리 사회에는 독신자들만 살게 될 것이다.

사람들은 다른 무엇과도 비교할 수 없을 만큼 존경에 굶주려 있다. 그리고 사람들은 자신이 존경받고 싶어 하는 것만큼이나 기꺼이 자신의 파트너를 존경하고 싶어 한다.

문제는 구별하는 일이다. 존경과 관련된 문제는 마치 출근길의 러시아워의 교통지옥에 갇히는 경우처럼 불쾌하지만 참고 살 수도 있고, 대처할 수도 있고, 극복해 낼 수도 있는 경우에서부터, 심리적으로 상처를 입게 되는 경우까지 문제가 다양하기 때문이다.

24단계 ▶ 그래, 당신 말대로 나는 미친년에, 바보에, 실패자야!

문제를 전망해 보자. 대부분의 관계에서 벌어지는 그런 종류의 정상적인 경멸은 어떤 것 일까? 우리가 이것을 알아야 하는 이유는, 의심스러운 관계를 명백히 유지하기 곤란한 관계로 변화시키는 경멸은, 정상적인 수준의 경멸보다 훨씬 더 극단적이고 더 충격적일 것이기 때문이다. 우리는 또한 의심스러운 관계를 떠나기 아까울 정도의 좋은 관계로 바꾸는 존경의 수준이 어느 정도인지를 보기 위해 이 문제를 이해해야만 한다.

── 정상 수준의 경멸

보통의 관계에서 경멸이 있을 수도 있다. 서로에게 실망하고 서로에게 소리를 지른다. 서로를 비판하고 사소한 흠까지 잡아낸다. 상대의 실수는 모두 기억한다. 글자 그대로 서로의 벌거벗은 모습을 본다. 벌거벗는 것은 욕망의 원천인 동시에 깊은 슬픔과 실망의 원천이기도 하다.

　이런 경멸에 대해서는 대처할 방법이 많다. 아내가 당신이 항상 피곤해 한다고 불평한다면, 우선 그녀가 진실을 말하고 있음을 당신이 알아야 하고, 또 그녀가 당신에 대해 신경 쓰고 있다는 것을 알아야한다. 그리고 또 알아야 할 것은, 당신이 잘난 사람처럼 보이기 위해 애써 봤자 소용없다는 것이다. 물론 당신은 무시당했다고 느낄 수 있다. 하지만, 심각한 지경에 이르지는 않는다.

게다가 당신이 알아야 중요한 것은 아내의 입장으로 보자면 실제로 당신을 평가절하 한 것이 아니라는 사실이다. 왜냐하면 그녀가 당신을 비판은 했지만, 실제로 그녀에게 중요한 것이 아니기 때문이다.

___ 경멸에 대처하기

때로 경멸이 진짜 고약한 수준에 이르더라도 당신은 살아남을 방도가 있다. 아마도 처음 만났을 때 파트너는 당신이 머리 좋고, 능력 있고, 추진력 있는 사람이어서 당신의 사업 분야에 돌풍을 몰고 올 사람이라고 확신했을지도 모른다. 이제 세월이 흘러서 당신은 심각하게 망가졌다. 당신 스스로 생각해 봐도 당신 파트너가 생각했던 것보다는 능력이 없었을 수도 있다 또한 어떤 면에서는 진짜로 얼빠진 짓을 하기도 하고, 모든 사람들이 생각했던 것 보다는 훨씬 게으른 것이 사실일지도 모른다. 당신 파트너의 실망은 근거가 있는 것이다. 당신도 안다. 예전처럼 파트너에게 당신이 얼마나 중요한 사람인지 느끼게끔 할 수 없다는 사실을 말이다.

그래도 아직 당신은 이러한 경멸에 대처할 수가 있는데, 부분적으로는 당신 또한 동의하기 때문이고,(당신 역시 자신에 대해 실망하고 있다) 다른 한 편으로는 경멸이 어느 정도를 넘기까지는 마음 상하지 않을 수 있기 때문이다. 또한 꾸준히 자기계발을 해왔다면, 파트너가 당신을 경멸하지 못하게 할 수도 있다. 파트너가 당신을 한물 간 사람으로 볼지라도, 당신 자신의 내면에서는 아직도 건재하다고 느낄 수 있다. 더욱이 파트너가 예전처럼 당신을 존경하지는 않지만, 그래도 아직 어떤 식으로든 당신을 사랑하고 있다고 느낄 수도 있다.

우리는 아직 관계 속에서 정상적인 수준이랄 수 있는 경멸의 영역에 있다. 웬만한 사람들이면 이 정도의 경멸은 다 참고 살 수 있으며, 대부분의 사람에게 이 정도의 경멸은 관계 유지를 어렵게 만들 정도는 아닌 것이다. 하지만 우리는 파트너가 그 선을 넘으면 누구라도 그런 관계를 지속시키기 어려워 할 경계선에 점점 더 가까이 가고 있는 중이다. 스스로에게 자문해보라.

질문 24

파트너가 당신이 중요시하는 부분에 대해 당신이 미친놈이고, 세상 물정 모르는 바보이고, 전혀 쓸모없는 실패자이고, 멍청하기 짝이 없는 인간이란 생각을 너무도 잘 전달해서, 스스로 생각하기에도 정말 그런 것 같다고 수긍하기 시작하였는가?

이 질문이 진정으로 의미하는 바가 무엇인가? 한 여자의 경험담을 들어보자.

레일라 이야기

벤은 어느 날 레일라가 바보천치이고, 천치바보라고 결정해 버렸다. 대화중에 레일라가 지나치게 감정적이었든지, 아무튼 완벽하게 이성적이지는 못했던 것 같다. 레일라는 벤이 알고 있는 실용적인 일이나 금전적인 현실을 몰랐을 수도 있고, 다른 가치관을 갖고 있었을 수도 있다. 어쩌면 벤이 레일라를 조종하고 싶어 했을 수도 있다. 혹은 벤이 남성우월주의자이고 남자는 화성에서 왔고 여자는 보잘것없는 존재라고 믿고 있을지도 모른다. 어떤 것이 원인이었든지 간에 벤은, 레일라가 스스로를 너무 신경증적이거나 그 어떤 일도 제대로 못하는 한심한 바보로 생각하게 만드는 말들을 마구 쏟아내기 시작했다.

"당신이 일을 망치고 있어, 당신은 늘 그 모양이야."라든가 "당신은 언제나 한심한 선택을 하지, 제대로 된 쪽을 고르는 걸 본 적이 없어!"라거나 "당신은 생각할 줄을 몰라. 느낌만 갖고 일을 처리하려고 해. 엉망진창으로 헷갈리는 것뿐이야!"라고 벤은 레일라에게 말했다.

우리 생각에 이런 일은 19세기나 1950년대에나 일어나던 일일 것 같지만, 오늘날에도 이런 일이 일어나고 있으리라 확신한다. 이런 식으로 무지막지하게 무시당하는 여자가 레일라만은 아닌 것이다. 직업을 가진 여자들이 넓은 세상에서 능력을 증명해 보임에 따라 이런 경멸이 감소되었을 거라고 생각할 수 있지만, 남자들이 여자들을 위협으로 느끼게 됨에 따라 이런 식의 경멸이 증가한 측면도 있다. 하지만 나는 이것을 성차별 문제로 만들 생각은 없다. 실제로 성 차별 문제가 아니기 때문이다. 남자들도 여자들이 당하는 것과 비슷한 비율로 무시당하고 경멸당하고 있을 것이다.

이렇게 무시당한 레일라에게 무슨 일이 일어났을까? 그녀에겐 방어 수단이 별로 없었다. 레일라는 무시당하는 것이 괴롭기는 했지만, 실제 자신은 그렇지 않다고 확신할 방법이 없었다. 벤의 경멸은 실제로 그녀에게 손상을 주었다. 벤이 하도 열심히 윽박질렀기 때문에 그녀 자신에 대해 벤이 한 말, 그녀는 변화시킬 수 없을 것이라는 말이 사실일 거라고 믿기 시작했던 것이다. 레일라는 내면으로부터 파괴되기 시작했다. 자신의 가능성에 대해서조차 자신을 잃은 것이다. '나는 미친년이고, 나는 멍청해'라고 생각했다.

그리고 마치 거울이 그녀에게 너무 뚱뚱하다고 "말했다"며 무조건 굶기 시작한 사람처럼, 레일라는 스스로를 미쳤다고 생각하고 멍청하다고 믿을 때 할 수 있는 일들을 했다. 레일라는 미친 사람이나 멍청한 사람처럼 행동을 했던 것이다.

___ 때로 당신이 바보처럼 느껴질 때

당신을 윽박지르는 말 때문에 진짜로 스스로를 바보, 멍청이고 쓸모없는 사람이라 여기게 된다면, 그냥 포기하는 것이 낫다. 왜냐하면 이런 종류의 일은 당신이 할 수 있는 것이 전혀 없기 때문이다. 그러니 당신 파트너가 당신이 바보라고 여기게 되면, 바보라고 무시하는 아내의 말을 인정하게 된 남자에게 일어날 수 있는 다음과 같은 일들이 당신에게도 일어날 것이다.

"당신은 일을 꼭 이상한 방향으로 끌고 가고, 사람을 미치게 만들어."라고 아내가 하도 여러 번 말했기 때문에 이 남자는 자신이 자녀들에게 나쁜 영향을 미친다고 느끼게 되었다. 이 남자는 자기의 '정신병'이 아이들을 오염시킬까봐 두려워서 아이들과의 접촉을 점점 더 피하게 되었다. 아이들이 무엇을 묻든지 그 남자는 엄마한테 물어보라고 했다. 내가 그 남자와 일해 본 바로는 그의 정신은 정상 범위 안에 있었다. 하지만 아내의 무시와 경멸이 그 남자에게서 아빠로서의 역할을 박탈해 버린 것이었다.

당신 파트너가 당신을 세상 물정 모르는 사람이고, 미치광이고, 멍청이고, 세상에 쓸모없는 패배자라고 당신을 납득시키기 위해 구사하는 경멸이나 무시에 의한 손상은, 당신이 무슨 일을 시작하거나 중단하는 것에 상관없이 일어난다. 남편으로부터 심각하게 우울해졌다는 말에 설득당한 한 여자는 결국 정신병원에 입원하게 되었다.

이 과정은 영화 <가스등Gaslight>과 아주 흡사하다. 주인공 잉그리드 버그만은 남편이 주장한 대로 자신이 미쳤다고 생각하고, 그에 따라 미친 것처럼 행동하고 격리되어 갇힌다. 하지만 거기에 차이도 있다. 영화에서는 그녀를 가두기 위한 치밀한 음모가 있었다. 내가 여기서 이야기하는 무시나 경멸과 관련된 과정에서는 반드시 고의로 그런다는 것은 아니다. 하지만 결과는 마찬가지로 파괴적이다.

다음의 진단은 단지 성가신 정도의 무시와 관계에 머물기를 너무 괴롭게 만드는 경멸을 구분하는 선을 어디에 그을지에 대한 것이다.

진단 24

당신이 중요하다고 느끼는 부분에 대해 당신 파트너가, 경멸에 가득 찬 말과 행동을 통해, 당신이 스스로를 미치광이고 세상물정 모르는 인간이고 쓸모없는 패배자이고 멍청하기 짝이 없는 인간이라고 여기도록 한다면, 파트너는 당신의 자기 지각 방식이나 자신의 능력에 대한 당신의 총체적인 감각을 손상시키기 시작한 것이다. 경멸이 이 수준에 이른다면 대부분이 관계를 떠났을 때 행복했고 머물렀을 때 불행했다.
누군가 당신의 다리를 잘라내려 한다면, 아직 다리가 남아있을 때 거기서 걸어 나와야만 한다.

진단의 핵심 요소들은 다음과 같다.

1 당신을 납득시키기 시작한다 당신 파트너 하고 있는 말을 당신이 실제로 사실이라고 믿게 된다. 당신 파트너가 말하는 것이 납득할 수 없는 것인지를

주의해 보라. 만약 납득할 수 없는 것이라면 이 진단은 적용되지 않는다. 남편은 내가 운전을 아주 잘한다고는 생각지 않는다고 말하지만, 그가 무슨 말을 하고 어떻게 행동하든 내 운전을 잘하지 못한다는 말을 납득할 수가 없다.

2 **경멸에 가득 찬 말과 행동을 통해** 당신 파트너가 윽박지르는 말로 납득시키려 할 뿐만 아니라, 행동까지 동원한다. 예를 들어, 친구들이나 자녀들 앞에서는 당신이 스스로 무슨 말을 하는지도 모른다고 말하지는 않지만, 당신 뒤에서 그들에게 당신 말에 신경 쓰지 말라고 말한다.

3 **당신은 미치광이고, 세상물정 모르는 인간이고, 쓸모없는 패배자이고, 멍청하기 짝이 없는 인간이다** 만약 파트너가 하는 말이 그들이 자동차 엔진의 튜닝을 할 줄 모른다거나, 현대 예술을 평가하지 못한다는 것이라면 누가 신경을 쓸까? 내가 말하는 경멸은 우리가 온전한 인간으로 기능하기 위해 필요한 핵심에 관련된 것이다. 자신이 미쳤다고 생각하면서 제대로 기능할 수 있는 사람은 없다. 혹은 아무도 당신을 좋아하지 않는다고 생각하거나, 아무 일도 제대로 해 본 적이 없다고 생각하거나, 근본적으로 당신이 멍청하다고 생각하면서 제대로 기능하기는 어려울 것이다. 당신에게 이런 점을 납득하기 시작하게 만드는 경멸은 당신의 인간으로서의 기능을 붕괴시킨다.

4 **당신이 중요하다고 느끼는 부분** 당신이 전체적으로 뭔가 잘못된 것이 있다고 믿을 때 정상적으로 기능할 수가 없는 것만이 아니다. 당신 파트너의 경멸이 가한 충격 때문에 당신 생활에서 가장 중요한 역할을 제대로 할 수 없게 되기도 한다. 예를 들어, 부모 역할이나 사업을 끌어가는 역할이 당신이 해야 하는 일일 뿐만 아니라, 당신 자신을 자신답게 느끼게 하는데 있어 사활

에 관계될 만큼 중요한 일이라면, 당신이 그 일을 제대로 할 수 없다고 확신하게 만드는 파트너의 경멸은 치명적인 손상을 준다.

이러한 것들이 당신이 진단 24를 적용하려 할 때, 주의를 기울여 따져 보아야 하는 것이다.

─── 강요된 오염

일상에서 흔히 존재하는 경멸과 당신이 얼른 피해 도망쳐야 할 경멸을 구분하는 도움을 줄 수 있는 이미지를 소개해 볼까 한다. 나중에 당신은 이 이미지가 지금의 진단뿐만 아니라 이 장에서 소개하는 3개의 다른 진단에도 어떻게 적용될 수 있는지 알게 될 것이다. 그것은 오염에 관련된 이미지이다.

당신 마을의 모든 사람에게 마실 물을 공급하는 저수통을 상상해 보라. 수도 꼭지에서 받은 물 대부분은 그것이 위생 기준에 부합하는 것이라 해도 완전히 순수할 수는 없다. 하지만 대부분의 사람들은 별 탈을 일으키지 않을 정도로는 순수하다. 구분점은 물이 독성을 띠게 될 때이다. 화학적으로나 미생물학적인 어떤 기준에서 백만 분의 얼마라든가 하는 식으로 말을 꾸며 대더라도, 그 물을 마신 사람이 아프기 시작하면 모든 게 끝이다. 우리들이 좋아하는 것보다 물이 좀 이상하고 냄새가 나더라도 참고 그 물을 마실 수는 있지만, 그 때문에 해를 입어서는 안 되는 것이다.

그리고 이것은 우리 관계에서 경멸 문제에 대해서도 마찬가지다. 당신이 당신 파트너의 나쁜 말을 믿기 시작했기 때문에 '요된 오염'이 실제로 피해를 일으키는 원인이 되었을 때나, 당신이 믿게 됨으로 해서 행동하고 살아가는 방식이 변하게 될 때, 그 때는 독극물에 희생되는 사람과 마찬가지로 당신이 심리적으로 불구가 되거나 파괴되고 있는 것이다.

25단계 당신이 나를 경멸하니까 당신과는 어떤 것도 함께하기 두려워

존경의 왕국은 분명한 선을 긋기 위해 도움이 필요한 곳이다. 앞서 언급한 오염의 예로 돌아가 보자. 당신이 저수통에 있는 물을 마시지 않는 이유는, 독성이 있기 때문이고, 실제로 그 독성이 당신을 상하게 할 수 있기 때문이다. 이 문제는 경멸과 관련해서 진단 24에서 다뤘다.

하지만 당신이 물을 그만 마셔야할 다른 이유가 있다. 물이 해롭지는 않다는 확신을 가지고 있지만, 당신이 잔에 든 물을 볼 때마다 그 물이 깨끗하지 않고, 당신이 냄새 맡을 때마다 역겨운 냄새가 난다고 생각해 보자. 언제 당신은 집으로 배달되는 비싼 샘물을 구입하게 될까, 어떻게 구분할까?

많은 사람들이 경멸이란 문제에 직면하는 경우가 이와 같다. 그들의 파트너가 말하는 어떤 경멸에도 실제로 당신이 다칠 위험은 없다. 하지만 끝없이 이어지는 윽박지르기와 비판과 오만한 질문과 품위 없는 비교들, 그리고 파트너를 아무리 두둔해 보았자 실망과 체념과 혐오감을 맘껏 표현하는 것일 뿐인, "다 당신 잘되라고 하는 얘기"의 연발사격이 당신을 기다린다. 어디쯤에 선을 그어야 할까? 다음 질문이 도움을 줄 것이다.

파트너가 당신을 경멸하는 것을 생각한다면, 꼭 상호작용이 필요한 경우를 제외하고, 파트너와의 접촉을 제한할 수 있는 모든 일을 한 것이 분명한가?

이 질문은 사람들이 자기 파트너의 경멸이 귀찮은 정도인지, 참을 수 없는 정도까지 선을 넘었는지를 결정하려 할 때 핵심이 되는 주제를 지적한 것이다. 하지만 도대체 왜 이런 질문이 필요한가? 당신은 멍청이가 아니다. 당신은 어느 정도면 물을 마시기가 곤란한지를 안다. 왜 당신은 경멸로 오염된 분위기 속에 살아가면서 이 정도면 참을 만큼 참았다는 걸 알 수가 없는가? 병을 얻고 나서야 떠나겠는가? 어떤 사람에게는 이와 같은 구분이 왜 그렇게 어려운가?

늘 지속되는 경멸의 분위기는, 심리적인 효과라는 점에서 어린 시절의 학대와 비슷한 요소를 포함한다. 어린이로 하여금 무슨 일이 일어나고 있는지를 알기 어렵게 만드는 요인과 비슷한 것들이, 당신에게 무슨 일이 일어나고 있는지를 알기 어렵게 만든다. 행크의 경우를 살펴보자.

___ 행크 이야기

이것은 아동의 성적 학대에 관한 고전적이고 비극적인 사례다. 엄청나게 많은 고통을 아주 간략히 줄여서 말하자면 이렇다. 행크의 삼촌은 그가 아홉 살부터 열네 살에 이르는 5년 동안 거의 매달 행크를 성폭행했다.

이 사실이 세상에 알려진 후 여러 해 동안 행크를 괴롭힌 질문은 왜 그런 짓을 참았느냐는 것이었다. 행크가 어린 소년이었던 것은 확실하지만, 그렇게 무력할 정도로 어린 것도 아니었다는 것이다. 행크는 모래 위에 선을 긋지 못하는 자신의 무능함에 사로잡혀 있었다.

치료를 통해 행크는 좀 더 배우고 이해하게 됐고, 자신을 용서하게 되었다. 그는 어떻게 이런 일이 심리적으로 효과를 발휘하는지에 대해 통찰을 얻을 수 있었다. 왜 이렇게 학대 받은 어린 아이들은, 말하지 말라고 협박을 받지 않은 상태에서도 그 일을 멈추게 하려 하지 않을까? 거기엔 네 가지 주된 이유가 있다.

1 아동들이 이런 일에 익숙해진다. 특히 어린 시절에 시작될 경우 그렇다. 나쁜 일이지만, 곧 그들 생활의 한 부분이 된다. 그리고 규칙적으로 일어난 일이니 정상적인 것이리라는 그릇된 감각이 생겨난다. 정상적인 것에 대한 그릇된 감각은 역설적으로 공포의 감각과 공존한다.

2 아동들은 일어나는 일이 타당성이 있다고 잘못 믿게 된다. 신체적으로 학대받은 아동들은 나쁜 쪽은 자기 자신이라고 믿게 된다. 성적으로 학대받은 아동들은 자신들이 섹시하며 유혹을 한 쪽이라고 믿게 되는 경향이 있다.

3 아동들은 고전적인 심리학적 기법인 '분열dissociation을' 사용한다. 그들에게 일어난 나쁜 일들에 대처하는 방법으로 그들 자신과 자신의 감정 사이에 거리를 두는 것이다. 그들에게 느껴지는 것을 느끼지 않도록 자신을 훈련시킨다.

4 아동들은 부모나 조부모 또는 숙모나 삼촌이 이와 같은 일을 저지른다는 것을 상상할 수가 없음을 알게 된다. 무슨 일이 일어나는지 그들이 알고 있더라도, 사건 당시 이외에는 그런 일이 있었음을 어느 정도 부정하게 된다.

나는 이 모든 일이 학대받은 아이들 모두에게 일어난다고 말하는 게 아니다.

하지만 여기 언급된 것은, 정상적인 사람조차, 이런 종류의 비정상적인 경험에 대해서 극단적으로 공통되게 나타내는 반응이다.

행크가 이런 것들을 이해하게 되면서, 파트너가 강도 높게 집중적으로 경멸함으로서 그를 공격했음을 알게 되었다. 내면의 어떤 자원 덕분에 행크는 파트너가 말했던 일들을 사실로 믿지 않을 수 있게 되었다. 그러니 진단 24는 적용되지 않는다. 동시에 그는 이런 모든 종류의 언어적 학대를 참았었다는 데 대해 충격을 받았다. 왜 그런 것을 참고 살면서 떠나지 않았을까?

결국 불현듯 깨닫게 되었다. 과거 아동인 그가 왜 성적인 학대를 중단시키려 할 수 없었는지를 설명하는 이유가, 현재 파트너의 언어적 학대에 대해서도 똑같은 방식으로 작용했던 것이다.

1 그는 익숙해졌다. 그래서 그에겐 그게 정상인 것처럼 보였다.

2 행크는 파트너가 퍼붓는 혹평의 세부 사항은 믿을 수 가 없었지만, 그는 일반적인 의미에서 '더 나아질' 필요가 있다는 건 믿을 수밖에 없었다. 그래서 그가 혹평을 당해도 마땅한 이유가 있는 것처럼 생각하게 되었다.

3 행크는 파트너의 혹평이 그를 자극하여 생겨날 수밖에 없는 느낌을 자신과 분리시키는 울타리를 자기 내면에 만들었다.

4 그리고 행크는 자기가 사랑하고 싶어 하는 사람이 자기를 그렇게 존경하지 않을 수 있다고 상상할 수가 없었기 때문에, 자신에 대한 경멸은 일어난 적이 없다고 부정할 수 있었다.

이것이 경멸에 관한 문제에 선을 그을 수 있기 위해서 배워야 할 네 가지다. 당신은 단순히 익숙해졌는가? 경멸이 정당하다고 믿는가? 이러한 혹평의 충격을 느끼지 않도록 할 수 있는가? 당신 파트너가 이런 식으로 당신을 혹평할 리가 없다고 믿는가? 이제 진단을 읽을 준비가 끝났다.

> **진단 25**
>
> 파트너가 너무 자주 당신에게 무례하게 대하고, 꼭 상호작용이 필요할 때를 빼고는 파트너와의 접촉을 제한하는 가능한 모든 일을 했고, 경멸의 수준이 관계의 분위기를 망가뜨리고 있는 정도라면, 관계를 끝내고 떠나는 것이 당신의 행복에 도움이 될 것이다.
>
> 마시기에 나쁜 물이라는 것을 알게 되었다면, 물 마시기를 중단하라.

회피하고 거리를 두는 것이 경멸의 정도를 측정할 수 있는 척도이다. 경멸이 직접적으로 해를 주는 독성이 없다고 해도, 접촉을 피하고 거리를 둔다는 것은 당신이 참을 수 없을 만큼 불쾌하다는 증거다.

당신이 신체적인 회피를 넘어서 '파트너와의 접촉을 제한하기 위해 가능한 모든 일을 했다'는 것을 이해하는 것이 중요하다.

- 당신이 생각하는 문제에 관해 파트너와 생각을 공유할 기회가 있는데도, 당신이 그 기회를 포기한다면, 당신은 파트너와의 접촉을 제한하고 있는 것이다.
- 파트너에게 물어 보고 싶은 것이 있는데 물어보지 않는 것은 파트너와의 접촉을 제한하고 있는 것이다.
- 파트너에게 일상에서의 작은 기쁨과 작은 재난에 대해 이야기하고 싶은데 그냥 침묵을 지키는 것은 파트너와의 접촉을 제한하고 있는 것이다.

- 보통 사이라면 파트너와 함께 하고 싶은 일이 있는데 당신이 그걸 얘기조차 않는다면, 당신은 파트너와의 접촉을 제한하고 있는 것이다.
- 친밀감을 느낄 수 있는 현실적인 기회가 있는데 당신이 그 기회를 그냥 흘려보낸다면, 파트너와의 접촉을 제한하고 있는 것이다.
- 결정할 일이 있을 때, 파트너와 토론하기 보다는 당신이 앞질러 나아가서 혼자만의 결정을 내려 버린다면, 당신은 파트너와의 접촉을 제한하고 있는 것이다.

우리 모두는 관계 속에서 때때로 이런 일을 하게 된다. 하지만 어떻게든 파트너와의 접촉을 제한하기 위해 가능한 모든 일을 하고 있다면, 이러한 회피행동을 통해 당신은 이미 당신의 관계가 머물기엔 너무 나쁜 것이라고 말하고 있음을 알아야 한다. 얼마 전에 우리는 안정감에 관해 이야기한 적이 있다. 만약 당신 파트너의 경멸 때문에 불안정하게 느끼게 하는 정도가 너무 심해서 이런 식으로 파트너와 거리를 두려고 하는 것이라면, 당신은 감정적으로 이미 떠난 지 오래고, 물리적으로도 떠나야 할 때임을 인정해야 한다.

26단계 ▶ 삶의 고비에서 나를 지켜주는 당신

경멸이란 주제를 다루는 일은 참으로 슬프고 음울하다! 마지막 두 개의 진단이 당신에게 적용된다면, 당신 혼자 독립해서 사는 편이 행복할 거라고 생각해야 한다. 두 개의 진단이 당신에게 적용되지 않는다면 그 두 가지 측면에서 당신의 관계는 문제가 없음을 알아야 한다.

아직은 격려가 필요한 시점이고, 관계에 대해 긍정적으로 생각할 때다. 다행스럽게도 지금 다루려는 영역 역시 매우 중요하다. 진정한 존경과 만나는 방법을 알게 되면 관계를 떠나기 아까울 만큼 좋게 만들 수도 있으니까 말이다.

치료든 연구든 커플들과 진행한 모든 작업에서, 나는 언제나 커플 중의 한 사람에게 질문했다. "당신은 파트너를 존경하나요?" 그리고 다른 사람에겐 이렇게 물었다. "당신은 존경받고 있다고 느끼십니까?"

대답을 듣고 충격을 받은 후 오랜 시간이 지났지만 나는 아직도 충격에서 벗어나지 못하고 있다. 존으로부터 제인에게 실제로 전달되는 존경은, 존이 제인에 대해 갖고 있는 존경에 비하면 아주 작다. 우리들 관계에 있어서 존경의 문제는 한심한 자선행위의 경우와 흡사하다. 자선 행위의 경우 도움을 받을 대상에게 도달하는 것은 원래 예상했던 것에 비해 말도 안될 만큼 작은 경우가 너무나 흔하다.

하지만 때때로 나는 존경이 진정으로 전달되는 관계를 보게 된다. 그건 당신 파트너가 당신을 존경한다고 말하는 것으로 다 되는 게 아니다-당신이 느낄 수 있어야 한다. 당신 파트너는 당신이 존경받고 있음을 느낄 뿐 아니라 그로 인해 당신의 생활에 실제적인 차이가 생기도록 해야 한다. 이 문제를 알아보는 질문이 있다.

질문 26

중요한 일을 하려 할 때, 파트너가 대체로 그리고 자주 당신이 하는 일에 대해 구체적인 지원과 진정한 관심을 보인다고 느끼는가?

이는 당신 파트너가 당신을 '좋은 사람'이라고 말하는 것과는 진짜 다르고, 그 보다 훨씬 더 나아간 것이다. 이는 실제로 당신이 신경 쓰고 있지만, 하려고 노력해도 하기 어려운 일에 대해 당신 파트너가 진정한 격려와 관심을 보내는 것을 말한다.

예를 들어, 어떤 사람이 파트너의 비판에 대해 불평은 하지만, 그 비판 덕분에 체중조절이 중요한 문제라고 생각해서 다이어트를 하기로 결정했고, 역시나 다이어트하기가 쉽지는 않다고 생각해 보자.

그의 파트너가 협조적이고 도움을 주고 관심을 기울이고 신경을 써 준다면, 그것이 존경을 전달하는 것이다. 구체적이고 실질적인 일에 대해, 자신을 위해 원하는 것을 파트너도 원하고 있다고 느끼게 만든다면 그것이 존경을 전달하는 일이다. 만약 그가 체중을 쉽게 줄이고 결국 다이어트에 성공할 수 있도록 그녀가 할 수 있는 일을 다 한다면, 또는 그녀가 미리 갖고 있던 이미지에 따라서가 아니라 그가 원하는 방식에 따라 그에게 필요한 것에 대해 진정으로 동조할 수 있다면, 혹은 그가 체중을 빼는 것이 얼마나 힘든 일인지를 말할 때 그녀가 경청할 수 있고, 그가 할 수밖에 없는 말을 진정으로 듣고 싶어 한다는 느낌을 그에게 전할 수 있으면, 이 모든 것이 존경을 전달하고 있는 것이다.

___ 사샤 이야기

마침내 사샤에게 포트폴리오 매니저가 될 기회가 생겼다. 사샤가 실제로 회사의 여러 개 뮤추얼 펀드 중 하나의 책임자가 되는 것이었다. 조사 연구자 중의 한 사람이 아니라 돈을 움직이는 실행자이자 관리자로서, 결국은 스타가 될 수 있을 것이었다. 갑자기 사샤의 업무 부담이 어마어마하게 증가했다. 더 이상은 사업 관련 자료를 뒤적이다가 여덟 시간을 때우기만 하면 퇴근할 수 있는 처지가 아니었다. 이제 사샤는 능동적으로 투자 기회를 찾아야 했고, 점검만 하는 것이 아니라 어느 것이 승리자가 될지를 점찍어야 했다. 열심히 일하고 좋은 결과를 얻게 되면 사샤는 자신을 위한 미래를 창조할 수 있게 된 것이다.

그런데 월리가 사샤를 놀라게 했다. 사업의 세계에 대한 월리의 의견은 물론 변한 것이 없었다. 하지만 그는 사샤가 자기가 하고 있는 일에 대해 얼마나 신경을 쓰는지, 하고 있는 일이 얼마나 어려운지, 그리고 그 일을 제대로 하기 위해서 그녀가 얼마나 열심인지를 이해했다. 월리가 자신을 존경하는지에 대해 사샤가 가질 수 있었던 의심이 무엇이든 그것은 여기서 모두 끝이 났다.

월리는 사샤를 가치 있는 일을 하는 가치 있는 사람으로 대접했다. 예를 들면, 사샤가 일 때문에 저녁 식사 때까지 집에 돌아오지 않는 것을 불평하기는커녕, 혼자서 저녁 식사를 만들고 사샤가 아무 때고 집에 돌아오면 먹을 수 있도록 보관하였다.

사샤는 포트폴리오 매니저가 되기 위해 필요한 추천을 얻기 위해 필요한 일들을 하느라 머리 속엔 온통 회사일 뿐이었다. 그리고 반자본주의자인 월리는 관심과 인내를 갖고, 사샤가 속이 타서 하는 모든 사소한 일에 관한 얘기들을 경청하였다. 그는 질문을 했고, 때로 자기 자신이 아이디어를 내기도 했다.

이것은 사샤에겐 뜻밖의 새로운 사실이었다. 이전에 월리가 보였던 경멸은 단지 말 뿐이었고, 악의없는 농담일 뿐이었다. 실제로 뭔가 실질적인 것을 전달하는 일이 문제가 되었을 때, 월리는 사샤의 삶을 실제로 변화시키는 존경을 전달했다. 월리와의 관계에 대한 사샤의 의심은 그것으로 끝이 났다.

통과하기 마침내 사샤에게 포트폴리오 매니저가 될 기회가 생겼다. 사샤가 실제로 회사의 여러 개 뮤츄얼 펀드 중 하나의 책임자가 되는 것이었다. 조사 연구자 중의 한 사람이 아니라 돈을 움직이는 실행자이자 관리자 결국은 스타가 될수 있을 것이었다. 갑자기 사샤의 업무 부담이 어마어마하게 증가했다. 더 이상은 사업 관련 자료를 살펴보다가 여덟 시간이 지나면 퇴근할 수 있는 처지가 아니었다. 이제 사샤는 능동적으로 투자 기회를 찾아야 했고, 점검만 하는 것이 아니라 어느 것이 승리자가 될지를 찍어야 했다. 열심히 일하고 잘하게 되면 사샤는 자신을 위한 미래를 창조할 수 있게 된 것이다.

그리고 월리가 사샤를 놀라게 했다. 사업의 세계에 대한 월리의 의견은 물론 변한 것이 없었다. 하지만 그는 사샤가 자기가 하고 있는 일에 대해 얼마나 신경을 쓰는지, 하고 있는 일이 얼마나 어려운지, 그리고 그 일을 제대로 하기 위해서 그녀가 얼마나 열심인지를 이해했다. 월리가 자신을 존경하는지에 대해 사샤가 가질 수 있었던 의심이 무엇이든 그것은 여기서 모두 끝이 났다.

월리는 사샤를 가치 있는 일을 하는 가치 있는 사람으로 대접했다. 예를 들면, 사샤가 일 때문에 저녁 식사 때까지 집에 돌아오지 않는 것을 불평하기는커녕, 혼자서 저녁 식사를 만들고 사샤가 아무 때고 집에 돌아오면 먹을 수 있도록 보관하였다.

사샤는 포트폴리오 매니저가 되기 위해 필요한 추천을 얻기 위해 필요한 일들을 하느라 머리 속엔 온통 회사일 뿐이었다. 그리고 반자본주의자인 월리는 관심과 인내를 갖고, 사샤가 속이 타서 하는 모든 사소한 일에 관한 얘기들을 경청하였다. 그는 질문을 했고, 때로 자기 자신이 아이디어를 내기도 했다.

이것은 사샤에겐 뜻밖의 새로운 사실이었다. 이전에 월리가 보였던 경멸은 단지 말 뿐이었고, 악의없는 농담일 뿐이었다. 실제로 뭔가 실질적인 것을 전달하는 일이 문제가 되었을 때, 윌리는 사샤의 삶을 실제로 변화시키는 존경을 전달했다. 윌리와의 관계에 대한 사샤의 의심은 그것으로 끝이 났다.

── 양털 속에서 찾은 금실

흔들리는 관계 속에서 진정한 보물을 알아보기는 쉽지 않다. 마치 이류 중고가구만 가득한 골동품 가게의 허섭스레기 같은 물건들 속에 묻히면 굉장한 골동품도 눈길을 끌기 어려운 것과 같다. 하지만 사샤에게는 진정한 보물이 있었고, 그것은 당신에게도 진품의 보물이 될 수 있다. 진단을 살펴보자.

> **진단 26**
>
> 당신에게 중요한 일을 위해 애쓸 때, 파트너가 관심과 격려를 보여 주고 실질적이고 구체적인 방식으로 이뤄져서, 당신에게 진정한 변화가 일어났다고 느껴진다면, 당신과 같은 상황에 있었던 대부분의 사람들은 그런 관계는 떠나기 아까울 정도로 너무나 좋은 관계라고 말한다.
> 중요할 때 그 자리에 있어주는 것, 이것이 바로 존경이다.

질문 26에 대한 당신의 답이 '아니오'라면, 이 진단은 적용되지 않지만, 그렇다고 해서 당신의 관계가 머물기 곤란한 관계라는 얘기는 아니다. 긍정적인 존경이 없다는 것이 당신에게 해를 주지 않고, 말 그대로 당신 파트너로부터 도망치게 만들지 않는 한, 당신이 좋아하는 관심과 지원 같은 것을 제공하지 않는 사람과도 만족스런 관계를 만들 수 있다. 다른 핵심 요소가 남아있을 수 있다. 이상적이진 않지만 함께 살 수는 있는 것이다.

게다가 당신이 존경을 받지 못하고 있다고 느낀다면, 그것은 양가감정 때문에 관계로부터 위축되게 만드는 기운이 작용한 것 때문일 수도 있다. 당신의 관계가 머물기에 너무 괴로운 것으로 판명되지 않는다면, 당신이 다시 한 번 관계를 중시하고 노력을 기울임으로써, 원하는 존경을 만들어 내는 쪽으로 관계를 변화시킬 수도 있다.

진단 26이 당신에게 적용된다고 얼마나 확신할 수 있는가? 당신이 도미노 피자에 전화를 하면, 30분 후엔 진짜 피자가 든 상자를 든 배달원이 당신 앞에 나타난다. 배달원은 빈 상자를 보여주지 않는다. 마찬가지로 진단 26은 당신 파트너가 보여주는 지원과 관심이 실제적인 것일 때 적용된다. 말만으로는 안 된다. 당신이 해야 할 말을 실제로 경청하려고도 않고, 당신에 대한 존경, 지원, 관심을 의미하는 일은 전혀 할 생각이 없는 사람이, 당신을 말로만 존경한다고 하는 걸 좋아할 사람이 어디 있겠는가?

오염되었을 수도 있는 저수조의 이미지로 다시 한 번 돌아가 보자-당신이 수도 꼭지를 틀어 얻을 수 있는 물이 진짜이고, 보증할 만하고, 건강을 증진시키고, 수명을 연장시키는 효능을 갖고 있다면 다른 결점은 눈감아 줄 수도 있는 것이다.

27단계 당신을 잃으면 내 삶이 흔들리지 않을까?

이제 관점을 바꾸어보자. 우리는 아직도 존경에 관해 이야기하는 중이다. 하지만 이제 파트너가 당신을 존경하는 것을 느끼는 문제로부터, 파트너에 대해 당신이 느끼는 존경이란 문제로 주제를 옮기려 한다. 지금까지 우리가 논의한 것은, 당신 파트너가 당신을 존경하거나 존경하지 않을 경우 당신에게 어떤 영향이 오느냐 하는 것이었다. 하지만 당신이 파트너를 존경하지 않을 때 당신에게 어떤 일이 일어날까? 어디에서 선을 그어야 할까?

당신은 파트너를 사랑할 수 있기 전에 자신을 사랑해야 할 이유와, 존경이란 것이 관계 속에서 얼마나 쉽사리 암습당할 수 있는지에 관해 논의한 것을 기억할 것이다. 그 말은 특히 당신이 흔들리는 관계 속에 있을 때, 한 때 당신이 파트너에 대해 가졌던 존경하는 마음이 어느 정도는 없어진다는 뜻이다. 당신들이 처음 만났을 때는 이랬다. "그는 굉장해."

이제는? "그는 그런 사람이야" 하고는 한숨을 쉰다. 우리는 지금까지 파트너의 사람됨을 있는 그대로 인정하는 것을 배웠다. 그렇지만 언제 그러는 걸 단념할 것인가? 당신이 마주보고 앉아 있는 사람에 대해 느끼는 존경의 느낌이, 언제 그와의 관계를 더 이상 참을 수 없는 수준 이하로 떨어질까?

내가 만났던 사람 중 얼마나 많은 사람이 이 문제로 고민했는지 말도 못한다. 나는 그들의 파트너가 돈벌이를 제대로 못한다든지, 야망이 없다든지, 언제나 바보 같은 결정을 해서 막심한 피해를 입는다든지, 아주 완고하고 맹목적인 어리석음을 보인다든지…… 이런저런 식으로 마음에 안 드는 짓을 하기 때문에, 많은 사람들은 파트너에게 "당신을 존경해요"라고 말하기가 정말 어렵다고 한다.

이런 사람을 계속 사랑하고 그와의 관계를 유지하는 것이 일리가 있을 때는 언제인가? 그리고 이런 사람들과의 관계를 유지하는 것이 실수인 때는 언제인가?

⎯⎯ 좋다고 해서 당신에게도 다 좋은 것은 아니다

파트너에 대해 얼마만큼의 존경이 필요한지가 문제일 때 개인으로서의 파트너가 어떤 사람인지 아니면, '당신의 파트너로서' 어떤 사람인지의 차이를 구분해 보는 것이 도움이 된다. 여기 두 가지 대안이 있다.

1 때로 우리는 우리에게 아무것도 해줄 수 없거나, 우리에게 하등 좋을 것이 없는 사람을 존경하기도 하고, 찬탄하기까지 한다.

2 어떤 때는 우리에게 실질적이고 중요한 무엇인가를 개인적으로 제공할 수 있는 사람이, 그것만 아니라면 우리가 존경할 하등의 이유가 없는 사람인 경우가 있다.

어느 쪽이 유지하기 곤란한 나쁜 관계라는 신호일까? 자신의 관계를 의심스러워하는 사람들은 파트너에 대한 존경을 대부분 잃었음에도 불구하고 아직 어느 정도는 존경하고 있음을 볼 수 있었다. 아니면 벌써 관계를 끝냈을 것이다. 하지만 이것은 파트너의 사람됨 그 자체에 대한 존경이다. 양가감정에 이끌려 눈이 흐려지면, 존경하는 당신 파트너가 당신을 위해 해 줄 수 있는 것은 과연 무엇일까 알기 어려워진다. 달리 말하면 당신이 생활에서 의지할 수 있는 자원資源이라는 의미에서 당신 파트너를 존경할 수 있느냐는 것이다. 질문을 해보자.

질문 27

그가 더 이상 당신 파트너가 아닐 경우, 당신 삶에서 중요한 어떤 것을 잃어버리게 되는가? 당신이 잃게 되는 것이 당신이 파트너에 대해 좋은 감정을 품었던 이유라는 것을 증명할 수 있는가?

물론 당신 파트너와 헤어지게 되면 당신은 뭔가를 잃는다. 하지만 그것 없이 지낼 수는 없는 것인가? 실제로 당신이 아쉬워할 어떤 것인가? 없이는 살 수 없고, 아쉬워할 것이 무엇이든 간에 당신은 당신 파트너가 그것을 제공할 능력이 있다는 것 때문에 당신 파트너를 좋아했었나?

예를 들어, 오늘날과 같은 시대에도 어떤 여자들은 그들의 파트너가 없으면, 닫힌 병을 열거나 변기를 고치거나 무거운 가구를 옮기는 파트너의 능력을 아쉬워할 것이라고 말할 수 있다. 하지만 이런 여자들이 파트너를 존경하기 위해서는, 파트너가 중요한 능력이나 자원을 갖고 있는 동시에, 그녀들이 이런 일을 하는 파트너를 존경해야만 한다. 파트너의 병 따는 능력을 아무리 지독하게 아쉬워한다고 해도, 파트너가 그 일을 할 수 있다고 해서 그를 좋게 느끼는 것도 아니고, 또한 그 일을 할 수 있다는 것 때문에 파트너가 가치 있는 자원이라는 생각이 드는 것도 아니라면, 그것은 그를 존경하게 되는 근거가 아니다. 그리고 그것이 파트너에 대해 긍정적인 것 전부라면, 당신은 질문 27에 '아니오'라고 답해야 한다.

다른 예를 들어보자. 많은 남자들이 파트너가 없으면, 상대 여성이 친구들과 함께 어울리거나, 맛있는 식사를 만드는 것 같은 능력을 아쉬워할 거라고 말한다. 하지만 문제는 파트너가 이런 일을 하기 때문에 파트너에게 좋은 느낌을 갖느냐는 것이다. 만약 그 남자들이 생각하기에, 물론 파트너가 이런 일을 훌륭하게 하지만, 그런 일은 본질적으로 시간 낭비라고 느낀다면, 그들은 파트너를 가치 있는 자원이라 생각하고 존경하는 것이 아니다. 이때는 질문 27에 '아니'라고 답해야 한다.

긍정적인 예도 있다. 어떤 여자의 남편이 원래 기대했던 것에 비해 야망도 없고 성공적이지도 않은 것으로 드러나서, 그 여자는 남편에 대한 개인적인 존경을 많이 잃어 버렸다. 그렇지만 그 남자는 우주 삼라만상에 대해 지적이고, 포괄적이고, 멋진 조망을 갖고 있어서, 그녀는 남편을, 어떤 문제에 대해서나 지혜의 빛을 비춰주는 특별한 사람으로 느끼고 있었다. 그녀는 이런 점을 높이 평가하고 있었고, 문제 해결의 방법을 제공할 수 있는 지적 능력을 가진 그에게 존경심을 갖고 있었다. 질문 27에 대한 그녀의 답은 '그렇다'가 되어야 한다.

파트너가 당신이 존경하는 어떤 자원을 제공하느냐는 것은 문제가 아니다. 열심히 일하는 것으로부터 재미있게 해주고 당신을 웃기는 것, 그리고 상황이 혼란스러울 때 보통 사람 이상으로 인내하는 능력까지 무엇이라도 상관없다. 요점은 단순히 '그가 어떤 사람이냐'가 아니라 '당신에게 어떤 사람이냐'는 점에서 당신 삶에 중요하고 당신의 존경을 받을만하다고 생각할 점이 있느냐는 것이다.

질문 27에 대해 '아니다'란 답이 어떤 뜻인지를 생각해 보자. 그것은 당신 파트너가 어떤 사람이고, 무엇을 하는 사람이건 간에 당신 생활에 대해 실질적이고 중요한 것은 하나도 줄 게 없다는 뜻이다. 최소한 당신에게는 그를 가치 있게 평가할 일도, 그를 특별하게 여길 일도 없는 것이다. 이 얘기는 당신이 그를 떠나더라도 잃어버릴 것이 아무것도 없다는 뜻이다.

___ 프랜 이야기

과거에는 전혀 생각조차 하지 않던 문제를 처음으로 어떻게 명확하게 알게 되었는지 이야기하려한다. 몇 년 전에 나는 관계를 유지해야 할지 끝낼지를 두고 엄청나게 고심하고 있는 한 여자와 상담을 했다. 프랜은 어쩌다 보니 아이 둘을 둔 엄마가 되었다. 그녀는 날이 갈수록 모든 일에 대해 불평하게 되었고, 모든 면에서 남편과의 사이가 틀어지기 시작했다. 아이들 아버지로서의 역할에 대해서도 마찬가지였다. 나는 어디에서든 희망을 찾아보는 중이었고, 그래서 이렇게 물었다. "그러면, 제리가 이혼한 전 남편으로서는 훌륭하게 역할을 할 것 같은가요?"

그제야 프랜에게 모든 것이 분명해졌다. 아니었다. 그녀 생활에서 제리란 존재는 일단 집 밖으로 나가면 전혀 편하지 않은 사람이었다. 어떤 사람들은 이혼한 전 배우자에게 끔찍하게 잘하며, 특히 부모로서의 책임을 이행할 때 그렇다는 것은 잘 알려진 사실이다. 많은 사람들이 자녀의 부모란 점에서 전 배우자에 대해 좋은 느낌을 갖고 있기고 하고 그들에게 의지하기도 한다. 하지만, 프랜에게 제리는 전 배우자로서도 완전한 실격이었다.

요점은 프랜이 제리를 존경하지 않는다는 것이다. 역설적으로 프랜이 어떤 면에서는 제리를 꽤나 존경하고 있기도 하다. 제리는 조각가였다. 그는 멋지고 헌신적인 장인이었다. 예술적인 면으로 그의 작품은 중요한 수집가들에게 팔렸고, 상업적인 측면에서는 (예술가로서의) 우아한 생활을 유지할 수 있었다. 제리가 유명하진 않았지만, 프랜은 예술에 관심이 있었고 제리의 엄청난 노력과 성취에 대해 나름대로 깊은 인상을 받고 있었다.

그러나, 일단 제리가 자신에게 줄 수 있는 것이 거의 없음을 알게 되자, 프랜은 제리에 대해 대한 존경이 한 인간으로서의 그에게 갖고 있었던 것임을 알았고, 그에게 이혼한 전 남편으로서 기대할 것이 전혀 없다는 것은 현재의 남편으로서도 별로 바랄 것이 없다는 실질적이고 구체적인 사실을 이해하게 되었다.

여기에 진단의 단초가 있다. 매일 매일과 몇 년이란 기간을 통해 당신 파트너 없이 사는 것이 실제로 어떨 것 같은지에 관해 생각해 보라.

당신이 관계를 끝냈을 때 잃을 게 전혀 없다는 것이 분명하다면, 파트너는 당신에게 실질적으로 제공할 것이 없으며, 더 이상 당신의 자원이 아니다. 당신의 파트너가 주는 것이 있다 해도 그것 때문에 당신이 그를 존경해야할 그런 것이 아니라면, 그는 당신이 존경할 만한 자원이 아니다. 이런 상황에 처했던 대부분의 사람들은 관계를 끝내고 떠났을 때 행복했다.

<u>없어도 아쉽지 않거나 또는 가졌어도 소중한 것이 아니라면, 굳이 갖고 있을 필요가 없다.</u>

이 진단의 중요성은 간과하기가 쉽다. 우리 모두는 도움이 필요하다. 우리 모두는 생활에서 가능한 한 많은 자원을 필요로 한다. 어떤 중요한 측면에서도 당신의 자원이 아닌 것이 확실한데도 누군가와 같이 산다면, 그건 당신이 무엇이 됐든 관계를 의심스럽게 만들 문제들과 함께 산다는 의미일 뿐 아니라, 당신에게 진정한 자원이 될 수 있는 다른 누군가와 삶을 누릴 가능성을 스스로 박탈하고 있다는 뜻이다.

이 진단과 관련해서 좋은 소식이 있다. 이 진단은 우리의 파트너들이 우리의 사랑을 받고 좋은 관계를 유지하기 위해 왜 꼭 부자가 되거나 유명해지거나 성공할 필요가 없는지 그 이유를 보여준다. 중요한 것은 파트너가 우리들에게 어떤 사람인지일 뿐이다.

15

상처와 배신

⋮

"지금 누가 미안해해야 하는 건데?"

오래가는 상처

우리는 누구나 파트너에게 상처 줄 일을 한다. 우연히 그럴 수도 있고, 고의로 하는 수도 있다. 한 번으로 끝날 수도 있고, 반복해서 저지르기도 한다. 정도 문제이지 어떤 관계든 치유해야 할 상처와 불만과 배신이 있기 마련이다. 사람들을 서로 마음 상하게 하는 일은 다양하다. 바보 같은 결혼기념일 선물로부터 처제와 자는 일까지 별의별 것이 다 포함되니 말이다.

우리가 여기서 강조하자고 하는 것은 스펙트럼의 한쪽 끝에 있는 것이다. 가장 극단적인 상처는, 바람을 피우는 것과 같이 엄청난 고통을 불러일으키고, 아주 오래도록 지속되는 상처를 만드는 것과 같은 일이다. 우리가 초점을 맞추려 하는 것은 사람들을 갈라서게 만드는 너무나도 흔한 문제들이다.

이번 장에서는 오랜 과거로부터 현재까지 계속되어 온 불륜 행위와 또 다른 '범죄'들을 다루려 한다. 당신이나 파트너가 정말로 아픔을 주고 고통을 주는 일을 하고 있는지 아닌지, 또 당신들이 갈라서야 하는 건지 아닌지를 궁금해 하고 있다면, 바로 당신을 위한 장이다. 어쩌면 당신은 파트너와의 관계가 이미 깨진 것은 아닌지 궁금해 하고 있는 중일지도 모른다. 또는 여전히 당신이 고통을 느끼고 아픔을 경험하고 는 있지만, 과연 살아남을 수 있을까 궁금할지도 모른다. 그렇지만 당신은 과거의 상처에 대한 의문 중 많은 것은 이미 답이 주어졌음을 알 필요도 있다.

——— '그저 바람일 뿐……'인 것이 아니다!

불륜의 정사는 물론 관계를 손상시키는 고전적인 형태의 상처주기와 배신이다. 그렇지만 불륜과 같은 수준의 손상을 일으키는 일은 여러 가지가 있다. 여기 몇 가지 예를 보자.

- 한 여자가 남편의 상사와 동료들을 위한 디너파티를 열었다. 그녀는 가난한 집안에서 자란 사람이었다. 아마도 아내가 세련되어 보이지 않는 것에 당황해서 그랬겠지만, 그녀의 남편은 그녀의 요리와 옷, 그리고 그녀가 편안하게 느끼지 못하는 일들만을 콕 찍어서 굴욕감을 느낄 수 있는 조크를 해댔다. 그녀 마음의 상처와 배신감은 여러 해 동안이나 수그러들지 않았다.

- 한 여자와 그녀의 남편 모두에게 학교로 돌아가 학위를 마칠 수 있는 기회가 왔다. 이때가 아이를 가질 절호의 기회처럼 보였는데, 그 이유는 오직 남편이 아이 돌보는 일의 50퍼센트를 확실히 책임지겠다고 했기 때문이었다. 그러나 남편은 너무 바쁘다고 불평하면서 육아에 대해 아무런 역할을 하지 않았다. 그녀의 연구는 엉망이 되었다.

- 한 남자가 진저리나는 지금의 일을 떠나 자신의 사업을 해 보기 위해 돈을 저축하고 있었다. 그의 아내는 그의 계획이 무엇인지, 그 돈이 그에게 얼마

나 중요한지를 잘 알고 있었음에도 불구하고, 그녀의 친정아버지에게 돈 문제가 생기자 저축한 돈을 주어 버렸다. 자신의 미래를 도둑맞은 그녀의 남편은 화가 나서 길길이 뛰었지만, 자기 아내가 어렸을 때, 그녀의 아버지가 그녀를 성적으로 학대했다는 걸게 되면서 그의 배신감은 더욱 깊어졌다.

이런 이야기들과 비슷한 다른 이야기들의 공통점은, 한 사람이 과거에 다른 사람에게 상처를 주는 무슨 짓인가를 했고 그때의 상처와 충격이 어떤 형태로든 몇 년 후까지 남아있다는 것이다.

지금의 관계를 유지하기 어렵게 만들 수 있는 과거에 생긴 상처와 배신감에 초점을 맞추어보자. 1년 전이든 10년 전이든, 과거에 있었던 일로 인해 아직도 쓰라림과 분노가 가득한 짐 꾸러미를 질질 끌고 다니면서, 아직도 그것이 얼마나 끔찍한 일이었는지 또 그것이 용서가 가능한 일이기나 한지 서로 다투고 있는 그런 문제에 초점을 맞추어보자.

___ 상처와 치유

과거 어떤 사람으로 인한 상처가 얼마나 큰 지 어떻게 측정하는가? 상처의 크기를 정확히 산정하는 것이 어려운 이유가 한 가지 있다.

당신이 회사의 복사실에 동료와 함께 있는데 우연히 동료의 발을 밟았다고 해보자. 당신은 당황해서 뒤로 펄쩍 뛰면서 말한다. "어이쿠, 미안해." 그리고 당신 동료는 재빨리 말한다. "아냐, 괜찮아."

'아냐, 괜찮아'란 말에 대해 생각해 보자. 당신의 범죄가 끔찍한 것이 아니라고 말함으로써 어떻게 용서가 되는 지 볼 수 있다. 그건 용서할 수 없는 범죄 중의 한 가지가 아니다. 이것은 사소하고 쉬 용서할 수 있는 일이다. 그래서 당신 동료의 발을 밟는 것, 아니면 또 다른 범죄가 얼마나 큰 죄인지 궁금하다면, 상대가 용서해 줄 수 있는 능력이 있는지 여부가 바로 그 범죄가 얼마나 큰 것인지를 정확히 말해준다.

그렇지만, 일상적인 관계에서 닥치는 커다란 어려움은, 누군가가 다른 사람에게 상처를 주고 그 사람을 배신하는 어떤 행동한다면, 그리 쉽게 용서할 수 없고, 그 상처와 배신의 충격은 좀처럼 사라지지 않는다는 점이다. 분노, 공포, 그리고 서먹함이 가슴에 맺힌다. 그것이 지금 당신의 처지일 수도 있다. 게다가 더욱 더 혼란스럽게 만드는 것은 이 난국이 누구 책임인지에 관해 의견일치 할 수 없다는 점이다.

당신이 파트너에게 '범죄'를 저지른 사람이라고 해보자. 상황이 이렇게 끔찍한 당신의 범죄를 저지르게까지 된 것은 두 사람 모두가 무능했기 때문인가? 아니면 상대편 사람이 용서하고 잊어버릴 능력이 없어서인가?

당신의 범죄가 누구라도 용서하고 잊기 어려울 만큼, 정말 객관적으로 그리도 무시무시한 것인가?(당신 파트너가 그리 주장하고 있을지도 모른다.) 아니면 당신은 그저 평범하게 가끔 실수도 할 수 있는 사람인데, 파트너가 불평을 계속하려는 병적인 욕구를 가진 사람이어서 억울하게 매도당하고 있는 것인가?(이것은 당신이 주장하는 것일 수 있다.) 서로에게 책임을 떠넘기고 있는 것을 보라. 죄의 크기는 필요한 용서의 양에 의해 결정된다. 하지만 거꾸로도 마찬가지이다. 즉, 역으로 용서의 크기는 죄의 크기에 의해 정해지니까 말이다.

예를 들어, 당신이 3년 전에 직장의 파트너 아닌 다른 누구와 불륜을 저질렀다면, 파트너와의 관계가 유지하기 어렵게 된 것은 불륜이 너무나 엄청난 일이어서인가? 아니면 파트너가 당신의 불륜을 용서하기 힘들어하고 있어서인가? 이것을 신체적 상해와 비교해 보자. 당신들 관계에 대한 죄의 크기는 상해에 따른 손상의 정도와 같을 것이다. 용서가 용이한 정도는 실제로 얼마만큼의 치유가 가능한지와 같을 것이다.

어떤 상처든 방식은 똑같다. 최종 결과는 상처와 치유의 조합으로 이뤄진다. 당신이나 파트너가 저지른 죄가 결국 당신들의 관계 유지를 어렵게 만들 정도인지 아닌지를 확인하고 싶다면, 상처의 정도와 치유 가능성을 확정해야 한다.

28단계 ▶ 시간이 내 상처를 치유할 수 있을까?

도대체 어떻게 하면 당신이나 파트너가 저지른 일이 얼마만큼 상처를 주는 것인지를 정확히 측정할 수 있을까? 어려운 일이다. 치료사들이 팀을 이뤄 이 문제를 다루더라도 상처를 정확히 산정하기는 곤란할 것이다. 어떻게 당신만의 힘으로 이 일을 할 수 있을까? 특히나 절반의 시간은 일어난 일에 대한 상처와 분노로 괴로워하면서, 다른 절반의 시간은 그 일을 잊으려고 애쓰고 있으면서, 상처가 얼마나 큰지 제대로 산정할 수 있을까?

나는 상처를 평가하는 문제에 대해 오랜 기간 생각해 왔다. 그래서 진짜 복잡하기 짝이 없는 이 문제를 다룰 때는 아주 핵심적인 사항에만 초점을 맞춰야 한다는 것을 알았다. 그렇지만 나는 도움이 된다면 늘 중요시 다루어서, 영향력 있는 요소들은 무시하지 않았다. 당신과 같은 상황에 있는 사람들이 도움을 청한 경우를 많이 경험했기 때문이다.

그리고 그들의 얘기를 주의 깊게 들으면서 시간의 경과에 따른 표현의 변화를 살펴본 결과, 다음과 같은 진단 질문이 만들어 진 것이다.

질문 28

무슨 일이 됐든 상처와 배신을 느끼게 하는 일이 일어난 경우, 당신은 시간이 지남에 따라 고통과 손상이 감소하는 느낌을 받았는가?

그냥 추상적으로 얼마나 나쁜 일이 일어났는지를 묻는 것이 아님을 주목하라. 이곳은 법정이 아니다. 어떤 행동이 해가 되는 행동인지 정의되어 있고, 또 관계를 파괴하는지 그렇지 않은지 명문화된 '나쁜 행동 법전'은 없다. 사실 고대에서조차도 간음죄는 상처 입은 배우자가 그것을 빌미로 큰 거래를 하기 원할 때만 세상에 알려졌었다. 관계 속에서 '죄'라는 의미는 언제나 두 파트너 사이에 무슨 일이 있었는지와 그들의 개인적인 심리상태에 따라 결정된다.

___ 불륜의 정사를 예로 들면

질문 28이 답하기 어려운 문제라는 걸 안다. 당신을 돕기 위해 사례를 보자.

당신들 중 한 사람이 저지른 일이 불륜의 정사라고 해 보자. 좋다. 거기에 많은 분노와 고통이 있음을 안다. 만약 이것이 신체적인 외상이라면 몸 구석구석 엄청난 양의 피를 흘리고 있을 것이다. 어떤 외상은 출혈이 크지만 실제 상처는 별게 아닐 수 있고, 어떤 외상은 출혈은 별로 없어도 치명적일 수 있다. 그러니 불륜 문제에 초점을 맞출 때, 그것이 언제 일어난 일이든 간에, 1년 전이었든 10년 전이었든, 질문은 이렇다. '당신이나 파트너가 불륜에 대해 처음 알게 된 때에 비

해 지금 불만에 찬 느낌이 감소했는가?'

시간이 차이를 만든다 물론 치유는 사건이 얼마나 오래 전에 일어났는지에 달려있다. 불륜 사건이 1년 전에 일어난 것이라고 하면, 그렇게 많이 냉각되지는 않았을 것이다. 그래서 이 사례에서, 불륜 사건이 1년간 당신들 두 사람만의 문제라면, 불만스런 느낌이 조금이라도 감소했는지를 자세히 살펴보아야 한다. 단지 1년이 지났을 뿐인데 약간이라도 감소하였다면 손상이 치유될 가능성이 있다고 말할 수 있다. 당신이 조심해야 할 일 은 단 하나, 냉각된 정도가 미미하다고 해서 냉각된 것이 없다고 잘못 생각하는 일을 피하는 것뿐이다.

하지만 불륜의 정사가 당신과 당신 파트너 사이의 문제로 10년 전 일이라고 해 보자. 이번 경우에는 시간 때문에 다른 식의 혼란을 겪을 수 있다. 매일 매일 일어나는 여러 가지 일들과 불가피한 생활 패턴의 변화 때문에 불륜 사건에 대해 손톱만큼의 생각도 없는 것 같이 여러 주를 보낼 수도 있다. 아니라고 부정하기는 쉽고 매력적이다. 그렇지만 아직도 어떤 경우에는, 당신들 사이에 아주 사소한 긴장이나 짜증이 있기만 하면, 그 사건은 마치 어제 일어난 일처럼 생생한 모습으로 기억의 상자로부터 튀어나올 수가 있다. 여기서 피해야만 하는 함정이 도사리고 있는데, 어떤 불륜이라는 것은 감정을 가라앉히는 방법이 모두 똑같다는 오해이다.

달리 말하면, 관계 속의 한 사람이 상처와 분노를 부르는 어떤 짓을 했을 때 완전히 상반된 방향의 두 가지 반응이 있을 수 있다.

1 (특히 단기간인 경우) 사람들 반응이 극단적인 폭력과 광기를 보인다.

2 (특히 장기간의 경우) 완벽한 부정과 회피의 능력을 발휘한다.

이 내용을 기억하면서 진단을 보자. 주의해야 할 사항을 진단 다음에 설명하였다.

진단 28

만약 아래의 시간표에 따라, 당신이나 당신 파트너가 저지른 '죄'로 인한 고통, 상처, 두려움과 분노의 느낌이 계속해서 감소한다면, 당신들의 관계에는 이 '죄'로 인한 상처를 치료할 수 있는 가능성이 많다. 그러므로 당신이 관계를 끝내려고 생각하는 주된 이유가 이 '죄'로 인한 상처에 관련된 것이라면, 당신은 지금의 관계를 유지해도 좋을 확률이 높다.

치유될 수 있는 상처라면, 시간이 약이다.

손상이 치유되고 있는지를 가늠할 수 있는 시간표다.

- **첫 번째 달** 1개월 이내에 조금이라도 감정이 가라앉고 있다는 단서가 있다면 좋은 신호다. 당신들이 아직 감정을 억누르고 있는 상태일지라도, 눈물이나 분노의 표출 없이 '죄' 그 자체에 대해 말할 수 있는 순간이 있다면 그것도 좋은 신호에 포함될 수 있다. 두 사람이 이 문제를 극복할 수 있으리라는 마음속의 희망적인 느낌도 포함될 수 있다. 문제를 악화시킬 뿐인 병적인 흥분과 활극 같은 반응을 자제하는 것도 좋은 신호다.
- **1개월이 지난 후** 사소하거나 일시적으로라도 이전 관계가 복원되는 것은 좋은 신호다. 이전 관계의 복원은 일어난 일을 생산적으로 해결하기 위한 첫

걸음이다. 1개월이 지났을 때 찾아볼 수 있는 치유의 예는 다음과 같은 것들이다. 다시 속이 뒤집히기 전 몇 분이라도 일어난 일에 대해 서로 이야기 하기 시작한다. 때때로 하루쯤 이전에 친밀하게 느끼던 때의 행동 방식으로 돌아가 있는 것을 느낀다. 언젠가는 서로를 다시 신뢰하게 되리라는 가능성을 즐긴다. 일어난 사건을 생각하면 자동적으로 떠오르던 감정적 고통이 확실히 줄어들었다.

- **1년 후** '죄'가 전면에 부각되지 않는 기간이 2-3개월 되고, 같은 기간 동안 당신들의 관계가 예전과 같은 체제에 있게 된다면 좋은 신호다. '죄'를 연상하게 하는 사람, 장소, 사건들을 언급하는 것이 덜 당황스럽다. 당신은 파트너가 그 죄를 어떻게 생각하는지 설명할 때도 흥분하지 않고 들을 수 있다. 당신은 처음 느꼈던 것과 같은 정도의 느낌 없이, 그리고 상처와 분노의 소용돌이에 빠지는 일 없이, 일어난 일에 대해 이야기할 수 있다.

- **초기 5년이 지난 후** 이 때 찾아 볼 수 있는 좋은 신호들은 다음과 같다. 당신들 관계에서 정확히 어느 부분이 손상을 입었는지 감이 생기고, 바로 이 손상이 의미 있는 정도로 치유된 것처럼 보인다. 당신이 일어난 일에 대해 이야기하기를 피하지 않고 실제로 화제에 올릴 수 있다. 근본적 신뢰 문제 신뢰 회복을 위해 필요한 일이 무엇인지를 내놓고 이야기하고, 신뢰를 다시 얻기 위한 당신 행동에 진전이 있다.

5년이 경과할 때까지는 당신이 실수에서 무엇을 배웠는지, 그리고 미래에 그런 일이 일어나는 것을 막기 위해 무엇을 할 수 있는지를 명확히 설정할 수 있어야 한다. 각자는 비난의 감정 없이 자신이 한 일에 대해 책임질 수 있어야 한다.

당신들 두 사람은 무슨 일이 일어나든 상관없이 커플로서의 서로에게 좋은 감정을 느끼기 시작해야 한다.

이 틀은 넓은 맥락으로 제시한 것이다. 개인 별로 차이가 있다. 일반적으로 긍정적인 견해를 갖고 사는 낙천적인 사람들은 빨리 치유된다. 과거 개인적인 고난이나 손실을 많이 겪었던 사람들은 훨씬 회복이 느리다. 요점을 말하자면, 전반적인 치유의 기대를 가질 수 있는지는 다음과 같은 것을 측정함으로써 알 수 있다.

- 단기적으로는, 당신들 사이의 상처에서 느껴지는 고통의 감소
- 중기적으로, 일상적인 관계의 회복
- 장기적으로, 상처와 그 상처의 원인을 회피하지 않고 생산적으로 다룰 수 있는 두 사람의 능력

진단 28은 중요한데, 사람들은 '죄'가 자신들의 관계에 대해 갖는 실질적인 의미가 뭔지를 생각하는 방법조차 모르는 경우가 많기 때문이다. 그러나 뭔가 나쁜 일이 일어났다는 것이 관계를 유지하기 곤란하다는 신호는 아니다. 치유되고 있음을 당신이 알 수 있다면, 치유의 과정에서 편안함을 느낄 수 있고, 상처를 건드리지 않고 살아남을 수 있을 것이다.

용서가 가능할까?

그러나 질문 28에 대한 당신의 답이 '아니요'라면 그 의미가 뭘까? 즉 시간표에 따라 확인해 보니 치유되고 있다는 신호가 아직 없다면? 그것은 중요한 대답이기는 하지만, 그렇다고 그것만으로 당신이 관계를 끝내야 행복할 거라는 말은 아니다. 치유가 아직 일어나지 않고 있다는 것은 사실이다. 하지만 이 때 질문은 당신들 둘이 갖고 있는 상처를 치유할 능력을 갖고 있느냐는 것이다. 그리고 능력의 문제는 당신이 다음 질문에 어떻게 답하느냐에 따라 다르다.

> ### 질문 29
>
> 당신들은 진정 용서할 수 있는 능력과 기제mechanism(인간의 행동에 영향을 미치는 심리의 작용이나 원리를 말한다. 기계가 작동을 하여 결과물을 생산해내는 과정처럼 인간의 심리도 어떤 상황을 해결하기 위한 각자 나름대로의 독특한 방식의 기제가 있다 ―옮긴이)를 증명해 보인 적이 있는가?

질문의 뜻은 당신들 중 과거 상처를 받았던 사람이, 그게 무슨 일이었든 간에, 파트너를 용서한 적이 있었느냐는 것이다. 상처와 분노의 기간이 지나고 그녀가 자신의 불만스런 감정을 내려놓을 수 있었느냐 하는 것이다. 진정한 용서였는가, 아니면 말로만 하는 것이었는가? 그리고 마찬가지로 중요한 것은 용서 받을 필요가 있었던 다른 파트너가 기꺼이 배상이나, 보상, 혹은 치유를 위한 행동을 하는가? 그리고 이런 행동이 실질적인 변화를 일으키는가?

진정한 용서는 심리적인 능력이면서 동시에 사람 사이의 관계에 적용할 수 있는 타고난 재능이다. 당신은 용서의 능력을 자신 내면에 가지고 있는 동시에 그 걸 어떻게 주어야 하는지를 알고 있다. 이것은 마치 다투는 일 없이 파티를 준비 할 수 있는 기제를 가지고 있는 것과 똑같은 종류의 기제이다. 진정한 용서의 가 능성이 있으면 상처는 치유될 수 있다.

── 용서의 구성 요소

사람들이, 가장 깊은 상처를 입었을 때조차, 몇 년 간에 걸쳐 서로를 용서해 가는 모습을 보면서, 용서에 세 가지 요소가 있음을 알 수 있었다. 당신이 이 세 가지 요소를 갖고 있다면, 치유를 위한 능력이 있는 것이다.

첫째로, 가장 근본적으로는 우선 고통 받는 사람이 자신의 고통과 상처와 두 려움과 손해에 집착하지 않는 지점에 도달해야 한다는 것이다. 황폐화된 자신의 감정에 집착해서, 감정적으로 파트너를 괴롭히는 데만 몰두해 있으면 상대를 용 서할 수는 없다.

둘째로, 고통 받는 사람이 과거 어떤 일에 대해 파트너를 용서한 적이 있느냐 는 것이다. 당신의 파트너가 아무리 작은 것일지라도 끊임없이 이런 저런 불만 에 사로잡혀 있는 사람이라면, 이번 문제에 대해 그녀가 집착하지 않을 이유가 있을까? 만약 과거에 당신을 어떤 일로든 거의 용서한 적이 없고, 당신이 사과한 문제에 대해 마지못해 조금만 용서하는 척 했다면, 파트너가 왜 이번에만은 당 신을 용서할 이유가 있겠는가? 하지만, 과거에 당신이 가했던 상처에 대해 당신 이 실제로 용서받았다고 느꼈었다면, 용서의 능력은 증명된 것이고 이번에도 당 신은 다시 한 번 용서받을 수 있다. 그렇지만 당신과 파트너 사이에 둘 중의 누가 됐든, 용서하고 싶어 한다고 해서 그냥 용서가 가능해지는 것은 아니다.

셋째로, 용서는 상대편이 그가 한 짓에 대해 진정으로 사과할 때 가능해진다는 사실이다. 그것은 그냥 말로 해결될 문제는 아니다. 그가 진정으로 후회하고 있으며, 당신이 그를 몰아세우는 것이 지겹고 피곤해서 사과하는 것이 아니라는 것을 당신이 느낄 수 있어야 한다. 진정한 후회와 짐을 벗기 위한 가짜 후회 사이의 차이를 테스트하는 한 가지 방법은, 파트너가 그가 한 일의 진정한 충격이 어떤 것인지를 실제로 느끼고 있는지를 보는 것이다. 그는 당신이 왜 그리고 얼마나 상처 입었는지를 알아야 한다. 또한 당신이 똑같은 행동을 그에게 했을 때, 왜 그리고 얼마나 자신이 상처 입게 될지를 이해할 수 있어야 한다.

당신은 상처를 입힌 파트너가 상황의 균형을 회복하기 위해 구체적인 일을 할 때만 그 후회가 진정한 것임을 알 수 있다. 사실 상처 때문에 고통 받는다는 것은 손실 때문에 괴로워하는 것이다. 법에서는 손실을 보전해서 완벽히 원상 복구하는 것이 있다. 그런 일이 관계에선 있을 수 없지만, 비슷한 일은 일어날 수도 있다. 나는 사람들이 다음과 같이 말하는 것을 보아 왔다. "당신이 저것 때문에 괴로워하니, 나는 이것으로 괴로워하겠어." 또는 "당신이 저것을 잃었으니, 그 대신 내가 이걸 주지."

이게 실수한 사람이 파트너를 위해 꽃을 사는 이유다. 하지만 공허하거나 기계적인 몸짓이 아니라, 진실한 행동이어야 한다.

만약 분노와 상처를 내려놓을 수 있는 능력과 용서를 느낄 수 있는 능력, 상대편의 경우 진지하게 사과를 표현할 수 있는 능력을 포함하는, 증명된 진정한 용서 능력이 있으면 이 관계는 상처를 치유하고 살아남을 수 있다.

그러나 그렇지 않다면, 그리고 진단 28에 기초해서 볼 때 시간의 경과에 따라 치유되는 모습이 없으면, 그때는 상처가 너무나 크고 치료를 위한 능력은 너무 작아서 이 관계는 지속하기 너무 곤란한 관계다. 그런 경우 대부분의 사람들이 관계를 떠났을 때 행복했고, 머물렀을 때 불행했다.

용서로 돌아가는 길을 찾을 수 없다면, 서로에게로 돌아가는 길을 찾을 수가 없다.

이 전체 주제의 핵심은 치유는 자연적으로 일어날 수 있다는 뜻이다. 어떤 상처는 깊고, 영원히 간다. 그리고 만약 시간이 흘러가는데 변화도 없고 용서도 없다면, 관계는 죽은 시체다. 그러나 시간에 따라 상황이 개선되고, 느리지만 굉장한 용서의 힘이 느껴진다면, 그것은 치유가 일어나고 있다는 핵심 신호다. 치유가 일어나고 있는 한, 관계에 손상이 있었다는 이유만으로 관계를 포기한다면, 그건 실수하는 것이다.

16

욕구 충족
:
:

"결코 만족할 수 없어"

얼마나 많은 욕구가 충족되지 않으면 관계를 끝낼 생각이 들까? 당신의 욕구를 충족시키기 위해 얼마나 쓰라린 악전고투를 견뎌내야, 관계를 떠나는 것이 좋겠다는 감이 올까? 그것을 이번 장에서 다룬다.

어서오세요, 당신의 집입니다

관계란 가정 안의 가정, 내면의 신성한 장소, 피난처 같은 것이라 할 수 있다. 그것은 당신과 특별한 또 한 사람이, 평화를 발견하고 진정으로 인생에서 바라는 최고의 것을 얻는 곳이다. 그것이 우리가 사랑에 빠질 때 기대하는 관계의 이상적인 모습이다.

이런 이상적인 모습은 관계에 국한된 것이 아니라 다른 사람에게도 적용된다. 누군가와 사랑에 빠진다는 것의 일부분으로 느껴지기도 하는데, 그것은 그 또는 그녀가 어떤 특별한 방법으로 당신의 욕구와 안전을 제공할 수 있다는 느낌이다. 다른 누구도 약속할 수 없는 아주 굉장한 방법으로 말이다.

그리고 우리들 대부분은 파트너와 함께 살게 될 때 처음에는 실제로 이런 이상적인 비전을 경험한다. 그 비전은 관계를 계속 진행시키게 하며, 전에 충족된 적이 없던 욕구를 충족시킬 수 있게 되고, 우리가 전에 알 수 없었던 안전을 제공하게 되리라는 증거처럼 작용한다.

그러니 이렇게 특별한 피난처가 투쟁과 박탈의 장소로 변하는 것은 우리 모두에게 지독한 충격이 아닐 수 없다. 우리가 원하는 것을 얻을 수 없는 장소가 되거나, 고통스런 싸움을 통해서만 원하는 것을 얻게 되는 장소, 또는 아무리 싸워도 원하는 것을 얻지 못하는 투쟁과 박탈의 장소로 말이다. 우리가 만족하고 있던 관계를, 끝내고 떠나야 할 관계로 변화시키는 경험 중에, 끊이지 않은 싸움과 충족되지 않은 욕구보다 더 공통적이고 핵심적인 것은 없을 것이다.

"우리가 이때까지 한 일은 싸우는 것뿐이었어요." "그녀는 내가 원하는 것을 단 한 번도 해준 적이 없습니다." "그는 언제나 똑같은 짓을 하는데, 내 힘으론 그걸 멈추게 할 수가 없어요."

부부치료를 시작할 때 사람들이 치료사에게 하는 가장 공통적인 불만 사항이다.

___ 싸움보다 더 나쁜

하지만 이것이 최악은 아니다. 사람들은 이길 수 있으리란 희망이 있으니 싸우는 것이다. 상황이 너무 안 좋으면 싸우는 것마저 포기하게 된다. 싸우는 것보다 나쁜 것은 냉랭하고 거리감 있는 정중함이나 냉전 상태다. 그럴 때 두 사람은 각자가 원하는 것을 두 사람의 관계 밖에서 구하려 한다.

그리고 대부분의 냉전에는, 해봐야 쓸모없다는 걸 알기에 내놓고 하는 혈전은 피하려 하지만, 조금이라고 유리한 위치를 차지하기 위해 상당한 정도의 암습과 비밀스런 전투가 있게 마련이다.

──── 전망이 있는 싸움

당신이 관계에서 양가감정을 느끼고, 함께 머물지 아니면 끝내야 할지를 고민한다면, 당신은 누구나 갖고 있지만 누구에게나 특별한 문제를 갖고 있을 것이다. 문제는 당신 관계가 얼마나 나쁜가하는 것이 아니라, 얼마나 공통적이냐는 것이다. 분명 당신은 당신이 경험하고 있는 것을 싫어한다. 하지만 고대로부터도 결혼을 투쟁과 욕구불만의 장소로 이해하는 문화 형태가 있었다.

예를 들어, 서양 최초의 문학 작품이랄 수 있는 <일리아드>에서, 각각 남신과 여신 중 최고의 자리를 차지하는 제우스와 헤라 커플은 마치 <신혼여행자The Honeymooners>(1950년대 유명 시트콤으로 후에 영화화되기도 하였다. 버스 운전기사인 남편 랄프와 식당 종업원인 아내 앨리스가 평생을 소원하는 집을 사고 날리고, 다시 갖게 되는 사이에 벌어지는 사랑과 에피소드에 관한 이야기다─옮긴이)에 나오는 랄프와 앨리스 같이 결혼한 지 오래된 커플처럼 싸우며, 서로에게 끊임없이 불평을 해댄다. 대중문화에서 결혼의 이미지는, 호머로부터 셰익스피어, 디킨스를 거쳐 요즘의 모든 라디오와 TV의 시트콤까지 자신들이 원하는 것을 얻기 위해 싸우면서, 어찌됐든 늘 지기만 하는 사람들로 가득하다.

세계 역사상 가장 짧은 조크는 헨리 영맨Henry Youngman의 "마누라 좀 데려가요, 제발Take my wife, please." 아니던가. 관계에선 누구나 서로 싸우기 마련이라는 것에 대해 이보다 더 좋은 명언이 있을까? 하지만 누구나 경험하는 보편적인 상황에 직면하게 될 때, 당신이 이 정도로 충분하니 그만 하자고 말할 수 있을까? 이 주제는 아주 미묘 복잡하기 때문에, 문제가 아주 중요함에도 불구하고, 이렇게 늦게야 다루게 된 것이다.

30단계 해결책을 찾는 길이 너무나 멀고 험난해

관계를 떠나지 못하고 머물러서 불행하다 말하는 사람들과 마찬가지로 관계를 떠나서 행복하다고 말했던 사람들도 젖먹이 어린애가 아니다. 그들은 싸움 없는 관계가 가능하리라는 비현실적인 기대를 갖지 않았다. 언제나 원하는 것을 얻을 수 있고, 무엇이든 하고 싶은 행동을 할 수 있으리라고 기대하지 않았다. 대신 갈등과 실망 없이 장기간 유지되는 관계는 없다는 것을 이해했던 것이다.

그렇지만 그 사람들은 이보다 훨씬 더 심각한 문제를 처리해야만 했다. 이번 질문은 그들이 다뤄야만 했던 문제를 지적한다.

> **질문 30**
>
> 당신이 합리적인 욕구를 가지고 있다면, 당신과 파트너는 지나치게 고통스런 싸움 없이 당신의 욕구를 만족시킬 방안을 찾아낼 수 있을 것 같은가?

다른 말로 하자면, '내 욕구를 만족시키기가 너무 어렵다'는 것이 실제로 당신의 현실인가 묻는 것이다.

전에 주도권 지향 인간을 다룬 것을 기억하는가? 당신이 그 관계에서 욕구를 가지는 것이 허락되지 않는 것처럼, 당신의 욕구가 무시되고 말살되는 것에 관한 내용이었다. 질문 30은 다르고, 좀 더 답하기 어려울 것이다. 초점은 충족되지 않는 욕구가 아니라 보상받지 못하는 투쟁에 있다. 당신들 중 누구의 욕구도 충족되지 않는다는 점이 강조되는 것이 아니고, 당신의 욕구 충족을 위해 그렇게 싸울 가치가 없다는 느낌을 갖고 있느냐가 강조되는 것이다. 너무나 적은 보람을 얻기 위해 지나치게 많은 싸움이 필요하다는 느낌인가를 묻는 것이다.

질문 30에 답하는 것을 돕기 위해, 지나치게 고통스런 투쟁을 거치지 않고 우리의 욕구를 만족시킬 수 있는데도 그것을 어렵게 만드는, 파트너의 행동 양식 중 가장 중요한 네 가지를 사례를 들어보겠다.

1. "난 내가 원하는 것은 무엇이든 할 수 있어, 안 그래?"

당신들의 관계를 당신의 욕구 충족이 너무 어려운 곳으로 만들기 위해, 당신 파트너가 사용하는 방법 중 하나다. 그는 원하는 것이 있으면 당신에게 말하지 않고, 혼자서, 하고 싶은 대로 한다. 나이키 광고에 나오는 철학과 비슷하다. '그냥 한다'. 당신들에게 새 차가 필요하다는 것이 그의 생각인데 당신은 그렇게 생각하지 않는다. 파트너는 당신과 대판 싸움을 벌이는 대신, 느닷없이 새 차를 몰고 나타나서 당신을 놀라게 한다. 이것이 그가 말하는 방식이다. 나는 당신과 협상하고 싶지 않아, 그리고 나는 우리 문제를 함께 해결하는 데는 관심이 없어.

그러나 이 문제는 그가 어느 날 갑자기 당신과 상의도 없이 나가서 머리를 자르고 들어오는 것과 같은 문제가 아니다. 그가 자동차에 쓴 돈에 대해서는 당신도 지출 계획이 있었다. 혹시 그 계획이 어려운 시절을 대비한 저축일지라도, 당신 역시 당신 나름대로 그 돈을 써서 만족시키려던 욕구가 있었던 것이다.

문제를 겪고 있는 커플들과 오랜 세월 작업을 했지만, 나는 일방적인 행동보다 더 관계에 파괴적인 영향을 주는 것을 본 적이 거의 없다. 이것은 사전 토론

없이 하고 싶을 때 원하는 것을 하는 것이다. 물론 사후에는 대개 분노에 찬 토론이 있게 마련이다. 늘 일방적인 행동을 하는 사람을 우리는 이기적이라거나 미성숙하다고 생각한다. "당신은 자기 자신 말고 다른 사람 생각은 전혀 안하지!"라고 우린 말한다.

일방적으로 행동하는 사람은 자주 당신이 아주 똑같은 일을 반복하게 만든다. "이봐, 나는 당신이 원하는 대로 할 수 없다고 말하는 게 아냐. 우리는 모두 각자가 원하는 걸 할 수 있어야 하지. 나는 단지 그 일에 대해 당신과 이야기하고 싶지 않았을 뿐이라고." 그러면서 그는 눈을 굴린다.

이 예를 통해 당신은 이 문제가 주도권의 문제와 얼마나 다른 문제인지를 알 수 있을 것이다. 주도권 지향 인간은 결코 '사람들은 누구나 자기가 원하는 걸 할 수 있어'라고 말하지 않는다. 그렇지만 우리가 문제 삼는 것이 일방적으로 행동하는 사람이든 주도권 지향 인간이든, 문제는 당신의 욕구가 여전히 충족되지 않는다는 데 있다.

그러나 갑자기 새 차를 사가지고 돌아오는 남자의 예에서 분명한 것은, 자원은 한정되어 있고, 사전 협의 없이 그가 자신의 욕구를 충족시키면, 대개의 경우 당신 욕구는 충족시킬 방법이 없게 된다는 것이다. 또 일방적 행동은 아주 다양하다. 섹스를 하자고 압박하는 것, 혹은 당신이 말하고 싶지 않은 것을 말하라고 윽박지르는 것, 혹은 사전 예고 없이 친구나 친척과 함께 저녁 식사 자리에 나타나는 것, 혹은 당신이 알지도 못하는 엄청난 양의 새로운 책임을 떠맡게 되는 승진을 받아들이는 것 등, 무엇이든 일방적 행동에 포함될 수 있다.

당신 파트너가 언제나 이와 같이 일방적으로 행동한다면, 그리고 당신이 그걸 지적하는데도 당신 파트너가 그런 행동을 그만두지 않는다면, 당신의 욕구가 충족될 가능성은 엄청나게 줄어들 것이다.

2. "그렇게 사소한 것까지 다 말해야 한다는 것은 정말 고역이야"

너무도 고통스런 투쟁 없이는 욕구를 충족시킬 수 없게 만드는 또 다른 방식이 있다. 그것은 행복한 결혼 생활을 만드는 법을 다룬 책이나 워크숍이면 모두가 중요하게 다루는 문제이고, 나 역시 커플들을 돕기 위해 많은 시간 공을 들였던 문제다. 둘이 마주 앉아, 두 사람 모두에게 좋은, 창조적이고 공감할 수 있는 해결책이 나올 때까지, 자신들의 욕구에 대해 개방적이고 편안한 마음으로 토론하는 것. 당신들이 이렇게 할 수 있다면, 당신의 욕구가 충족되지 않는다고 말할 필요가 없다는 뜻이다.

또 다른 문제는, 동시에 오르가즘에 이르는 문제처럼, 실행보다는 이론이 훨씬 쉬운 문제다. 당신이 주의해야 할 것은 함께 해결책을 논의하고 협상하는 것이 실질적으로 불가능할 때이다. 협상을 불가능하게 만드는 것들은 다음과 같다.

서로의 말을 경청할 수 없거나, 상대편이 하는 얘기를 이해하지 못하면 협상은 불가능하다 당당신과 파트너가 서로의 말을 경청할 수 없는 경우 중 하나는, 당신들이 화가 나있거나 박탈감을 느끼는 때이다. 당신이 가진 것이 거의 없거나 그들이 당신에게서 너무 많은 것을 빼앗아 갔기 때문에 당신이 질식해 죽을 것 같다면, 당신이 원하는 것을 얻기 위해서라지만, 어떻게 그들이 원하거나 필요로 하는 것에 대해 주의를 기울여 들을 수 있겠는가?

당신이 경청할 수 없는 또 하나의 경우는 당신 파트너가 의사소통 기술이 없는 사람일 때다. 내가 아는 한 남자는 그가 입을 열기만 하면, 얼마나 지루하고 길게 말하고, 지적으로 잘난 체를 하는지, 누구라도 그 사람 말을 듣다 보면 비명을 지르며 밖으로 뛰쳐나가고 싶어질 정도다. 또 다른 사람은 말이 혼란스럽고 산만하고 초점이 없어서 도대체 그가 무슨 말을 하고 있는지를 알 재간이 없다. 이 정도까지는 아니더라도 마찬가지다. 당신 파트너가 아무리 오래 이야기를 해도 당신은 그가 당신에게 요구하는 것이 무엇인지를 명확히 파악할 수가 없다.

당신이 파트너의 말을 경청할 수 없는 또 다른 경우는 당신이 탈진해 있거나 상대에게 질려 있을 때다. 당신은 하루 종일 고객이나, 동료, 혹은 상사로부터 그들이 원하는 것을 들었기 때문에 진이 빠졌을 수도 있다. 거기다가 아이들도 끝없이 재잘댄다. 당신 파트너가 말을 시작했을 때 당신은 이미 과부하 상태다.

질 것을 너무 두려워하면 협상은 불가능하다 당신이 질 것을 두려워하는 이유는 파트너가 사나운 싸움꾼이기 때문일 수도 있다. 그래서 당신들이 뭔가 협상을 해야 할 때 그는 상소리를 하고 욕을 할 수도 있고, 당신의 과거 잘못을 들춰내서 비난할 수도 있고, 협박할지도 모르고, 조금이라도 양보해야 되면 죽기보다 더한 고통을 느끼는 것처럼 보이게 할 수도 있고, 가진 돈이 없다고 거짓말을 할 수도 있고, 비명을 지르기 시작할지도 모른다. 그럴 것이 뻔히 보인다. 그는 당신보다 많은 무기를 가지고 있고, 그걸 사용할 의사도 훨씬 강하다.

당신이 질까봐 두려워하는 또 다른 이유는 당신 파트너의 자원이 제한되어 있기 때문일 수도 있다. 그녀는 당신에게 줄 수 있는 것이 아무것도 없을 수 있다. 그녀가 늘 피곤해 한다면 당신은 섹스를 더 할 수도 없고, 더 자주 외출할 수도 없고, 당신이 이야기하고 싶은 모든 것을 이야기할 수도 없고, 아무튼 사람을 피곤하게 하는 일은 아무것도 할 수가 없다. 혹은 당신 파트너가 단순한 멍청이일 수도 있다. 멍청한 사람은 당신이 두 사람 모두에게 만족스러운 새롭고 더 나은 방법을 내놓더라도, 협상 중인 해결책의 개념을 '이해'할 수가 없다. 그들이 생각할 수 있는 것은 당신은 X를 원하고, 그 시점에 그런 방식으로는 그들에게 X가 없고, 그러니 협상은 불가능하다는 것이 전부다.

공격당할까봐 두려워하면 협상은 불가능하다 당신이 공격당할 것을 두려워하는 이유 중 하나는 당신 파트너가 나의 용어로, 소위 '역사가'이기 때문일 수 있다. 당신이 제기하는 안건은 무엇이든 과거의 손아귀를 벗어나지 못한다. 당신이 지금 돈을 좀 쓰고 싶어 하면, 과거에 어리석게 돈을 낭비했던 경우나. 과거 씀씀이에 인색했던 경우에 덜미를 잡힌다. 만약 당신이 좀 더 자주 섹스하기를 원하면, 그건 과거 당신이 섹스를 거부했던 모든 경우나, 과거 당신들 사이에 있었던 모든 성적인 문제들에 발목을 잡히게 된다.

당신이 공격당할 것을 두려워하는 또 하나의 이유는 비판받을 것이 싫기 때문일 수도 있다. 당신이 욕구를 밝힐 때마다, 파트너는 그런 욕구를 갖는 것이 어째서 잘못인지를 말해 준다. 뭐라고! 당신 집 근처 사람들을 좀 더 도와주자고? 그건 당신 마음이 편협하고 강박적이기 때문이야. 뭐라고? 그녀가 당신에 대한 비판을 그만해 주길 바란다고? 그건 당신이 나약하고 방어적이며 성장할 의지가 없다는 뜻이야. 만약 이런 사람이 당신이 욕구를 가진 것에 대해 비판하지 않는다면, 이번에는 욕구 표현 방식을 비판해서, 당신을 이야기할 적절한 타이밍을 모르는 사람이나 심각하게 둔감한 사람으로 만들어 버린다.

갈등과 투쟁이 두렵다면 협상은 불가능하다 당신이 이런 두려움을 갖게 된 이유가 과거의 모든 협상이 결국 재난으로 끝났기 때문일 수 있다. 당신이 생각하는 협상은 조용한 토론인데 파트너는 협상이 감정을 발산할 기회라 생각한다면, 둘 중 한 사람이 욕구를 협상거리로 내놓을 때마다 바로 절망적인 대판 싸움이 벌어지게 될 것이다. 때로는 두 사람 모두가 '모 아니면 도'라는 식으로 이기지 않으면 지는 것이지 중간은 없다는 생각으로 협상 결과에 과도하게 집착하는 사람이기 때문에, 서로 지지 않으려 해서 모든 협상을 재앙으로 만들 수도 있다.

당신이 갈등과 투쟁을 두려워하는 것은, 깨놓고 말해서, 당신 파트너가 미치광이 꼴통이기 때문일 수도 있다. 협상 때마다 당신 파트너는 스트레스 때문에 심각한 우울증에 빠질 것이다. 아니면, 조금만 궁지에 몰려도 관계를 끝내자는 협박을 받고 있다고 느낄 수도 있다. 갈등과 투쟁을 두려워하는 이유는 당신들 관계에 잠복해 있는 장애물이 있어서, 협상할 때마다 상대편의 사력을 다한 공격을 받게 되기 때문일 수도 있다. 예를 들어, 당신들에게 돈이 없다면, 집에서 좀 더 신선한 야채를 먹을 수 없을까 하는 논의조차도 곧바로 '그래서, 돈이 어디 있어?'라는 장애물을 만나게 된다. 고지서 처리를 시간에 맞춰 하자는 단순한 발언조차 곧바로 엄격함 대 관대함의 전투로 비화하고 만다.

이 모든 현실들은 모두를 위한 논의를 누군가에 대한 고통으로 변하게 만드는 것들이다. 이런 현실이 너무 강력하고 그로 인한 고통이 너무 끔찍하다면 당신의 욕구가 충족될 가능성은 엄청나게 감소한다.

3. "당신은 말로만 한다고 하지 실제로는 결코 하는 법이 없다"

지옥 같은 협상이 문제라고 생각한다면(그건 그렇다) 당신은 '입에 발린 말'로 끝나는 협상을 조심할 필요가 있다. 파트너가 당신이 원하는 대로 하자고 합의해

놓고 약속을 지키지 않는 것보다 더 당신의 욕구 충족을 어렵게 만드는 일은 없다. 이런 경우 근본적인 신뢰의 문제가 등장한다. 하겠다고 말한 것을 하는 사람은 신뢰받는다. 그렇게 하지 않으면 관계는 투쟁과 박탈의 장소일 뿐만 아니라 배신의 장소가 되고 만다. 가정은 안전하게 느껴지지 않을 뿐만 아니라, 완전히 소외된 세계에 있는 두려움 속에 살게 된다.

믿기지 않겠지만 깨어진 신뢰는 너무나 자주 발견되지 않은 채 잠복해 있다. 한바탕 싸움(여기선 격렬한 협상을 지칭한다) 끝에 파트너가 당신이 일깨우지 않더라도 매주 한 번씩 쓰레기를 내다 버리겠다는 약속을 했다고 해 보자. 듣기엔 아주 좋다. 그리고 그는 한 주나 두 주쯤 약속대로 한다. 일이 어그러지는 것은 그 다음부터다. 한 주는 그가 "잊어버렸다"지만 실제 그가 아주 바빴으니 그냥 넘긴다. 그 다음 주에 그가 약속을 또 잊은 것 같아서 당신이 깨우쳐 주는데, 거기서 당신들은 처음 출발했던 때로 되돌아간다.

이 상황에서 미안하다고 말하기는 쉽지만, 신뢰는 이미 깨졌다. 쓰레기를 내버리는 것은 그리 큰 일이 아니다. 하지만 깨어진 신뢰를 쉽사리 눈감아주는 것은, 당신의 욕구를 충족시키는 데는, 엄청난 타격을 주는 커다란 배신 만큼이나 치명적이다.

사람들이 합의를 깨는 방식은 여러 가지다. 우린 방금 하나만을 다뤘다. '망각하기'이다. 당신은 주의해야만 한다. 우리는 믿기 어려울 정도로 바쁘게 살기 때문에 거의 필사적으로 조금만 여유가 있었으면 하고 바란다. 그래서 내가 잊은 것이 별 말썽 없이 지나가기를 바란다. 그리고 그 말은 우리가 원하는 바인 바로 그 망각에 빠진 파트너를 빡빡하게 대하기가 쉽지 않다는 것이다. 우리는 파트너와 동일시하고 있는 것이다!

그렇지만 합의 사항을 끊임없이 잊어버리는 패턴은 치명적인 독이 될 수 있다. 만약 당신 파트너가 그가 한 약속을 끝내는 잊어버리고야 마는 일을 늘 반복한다면, 즉시는 아니더라도 결국 당신은 자기도 모르는 사이에 파트너란 인간을 어쩔 수 없는 사람으로 포기하고 있음을 알게 될 것이다. 그러면 당신은 너무 화가 나서 그와 섹스를 하지 않게 될 것이다. 당신은 그를 없는 사람처럼 여기기 때문에 아무 것도 함께 하려 하지 않는다. 실질적 결론이나 결정이 났어도 파트너는 그 핵심을 잊어버릴 것이 불을 보듯 뻔하기 때문에, 어떤 일에 관해서도 이야기할 수가 없다. 기억은 일을 현실적인 것으로 유지시켜 준다. 망각은 일을 허공에 흩어 버린다. 관계 내에서의 망각은 관계를 허공에 흩어 버린다.

파트너가 망각을 단지 긴장을 푸는 방법으로 사용했다고 해서 나쁜 놈 취급을 하는 것은 아니다. 사람들이 합의를 깨는 또 다른 방식은 합의를 중요하게 생각하지 않는 것이다. 처음에 합의를 만들어 내기 위해 많은 노력을 했던 당신 입장에서는 경악할 일이다. 몇 주 동안 싸운 끝에 결국 둘은 합의를 끌어내든 데 성공했다. 파트너가 당신과 먼저 의논하기 전에는 돈을 쓰지 않겠다는 약속을 했다. 그리고 바로 그 다음 날 거의 고의라고 볼 수 있을 정도로, 당신과 먼저 논의하지 않고 혼자 나가서 버버리 코트를 사온다.

그가 왜 둘 사이의 합의를 당신이 중시하지 않을 거라고 생각하게 했는지를 추측해 보자. 그가 문을 열고 들어오고 그에게 옷이 아주 잘 어울린다고 말한다. 어쩌면 당신도 합의를 잊어버린 것 같다. 아니면 당신은 속 좁은 사람으로 보이는 게 두려웠을지도 모른다. 한참을 싸우고 나서야 이뤄낸 합의인데 약속을 지키라고 다시 싸운다는 것을 생각만 해도 진절머리가 났을지도 모른다.

어쩌면 매번 합의를 확실하게 적용하기에는 너무나 많은 "예외"가 있기 때문에 합의대로 결과가 이뤄지는 경우가 없을지도 모른다. 파트너는 당신과 사랑을 나눌 때마다 20분을 꼭 채워서 전희를 해주기로 약속했다. 그러고 나서 약속을 지킨 적이 없더라도 당신 파트너는 실제로 약속을 지켰다고 말할 수도 있다. 그리고 거기엔 여러 가지 이유가 있을 수 있다.

요점은 이것이다. 결과가 없다면 합의는 소용없다는 것이다. 당신이 합의를 할 때까지 싸운 것에 이미 진저리가 나서, 결과가 약속과 다르다는 것을 확실히 하기 위해 다시 싸울 마음이 없을 수 있다. 그렇다면 합의가 깨져도 아무런 결론이 있을 리 없기 때문에, 합의를 해 봤자 당신의 욕구가 충족되지 않는다는 사실은 아무 차이가 없다.

오해 때문에 합의가 깨지기도 한다. "나는 당신이 얘기한 20분의 전희에 내가 당신을 올라타고 내 물건을 당신 음문에 넣는 것이 포함되지 않는다고는 꿈에도 생각하지 않았어." "나는 내가 돈을 쓰기 원할 때 논의해야 한다는 말이 필수적인 사용처나, 500달러 이하의 비용을 지출할 때까지는 포함하지 않는 것인 줄 알았지." "당신이 다시 말하지 않아도 쓰레기를 내다 버리라는 것이 매번 그러기를 원하는 것인 줄 몰랐어."

이런 일들이 관계를 끝내야 할 정도의 일이 아닌 것은 확실하다, 그렇지 않은가? 한번 가지고는 그럴 일이 아니다. 하지만 그런 일이 자꾸만 반복해서 일어나고, 패턴이 만들어지고, 당신이 욕구를 갖는다는 것, 더구나 그 욕구가 충족될 거라고 생각하는 것이 시간 낭비가 될 때 당신들의 관계는 파괴되고 만다.

4. "우리는 서로에게 아주 예의바르다"

당신의 욕구 충족이 아주 어려울 거라는 다른 신호가 있다. 나는 사실 예의바른 행동을 건드리고 싶지는 않다. 예의바른 태도는 너무나 많은 관계에서 실종된 상태다. 예의바른 행동은 천국일 수도 있다. 그러나 예의바른 태도라는 바로 그 재료가 관계를 지옥으로 만들 수도 있다. 관계 속의 사람들이 쓸모없는 싸움과 깨어진 합의와 충족되지 않은 욕구 때문에 엄청나게 화가 나고, 기운이 다 빠졌다면, 무슨 일이 생길까?

당신은 합의에 도달하기 위해 애쓰던 행동을 그만둘 수 있다. 그런 행동은 일견 예의바른 것처럼 보일 수 있겠지만, 실제로는 자포자기가 예의바른 행동이란 탈을 쓴 것이다. 그가 원하는 대로 돈을 써도 당신은 한마디도 하지 않는다. 당신은 전보다 훨씬 더 그를 증오하지만, 외부 사람에게는 두 사람의 관계가 좋아진 것처럼 보일 수도 있다. 섹스에 대해 당신이 불만이지만 그건 내놓고 말하기가 곤란한 것이고, 말해 봤자 하나도 변하는 것이 없기 때문에 정중한 태도로 섹스의 욕구를 억제하는 지경에 이르게 된다. 그리고 쓰레기 문제를 항의하는 것은 졸렬한 일이기 때문에, 당신 스스로 쓰레기를 내다 버리면서, 당신의 꿈을 짓밟는 사람과의 관계라는 덫에 빠졌다고 느낀다.

그러니 만약 협상을 통한 해결이란 생각에 당신이 너무나 심하게 절망하게 되면, 당신들의 관계는 예의바른 태도라는 공허한 사막으로 변하고 만다. 그 사막에서 당신은 당신이 원하는 것을 요구하지도 않으며, 그때 이미 당신은 욕구를 충족시키는 것이 얼마나 가망 없는 일인지를 안다.

그만두고 싶을 때 사람들이 자신의 욕구를 충족시키는 것이 너무 어렵다고 느끼게 만드는 네 가지 기제가 있다. 간단하게 요약해 보자.

1 나는 내가 원하는 건 무엇이든 할 수 있어, 안 그래? 당신 파트너가 일방적인 행동을 한다. 그가 원하는 것을, 원하는 때에, 당신에게 이야기하지 않고, 혼자 한다.

2 그렇게 사소한 것까지 다 이야기하는 것은 아주 고역이야 이는 함께 협상해서 해결책을 만드는 것이 실질적으로 불가능할 때이다. 해결책 끌어내기를 불가능하게 하는 것들은 다음과 같은 경우다.

- 당신들은 서로의 말을 경청할 수가 없거나, 다른 사람이 한 말을 이해하지 못한다. 왜냐하면 당신 파트너가 의사소통을 잘 못하는 사람이거나, 당신이 지치고 질려있기 때문이다.

- 당신 파트너가 무지막지한 싸움꾼이거나 당신 파트너의 능력에 결함이 있어서, 당신이 지는 것이 죽고 싶을 만큼 겁이 난다.

- 당신 파트너가 사사건건 과거 일을 꼬투리 잡는 '역사가'이거나, 당신이 욕구를 가지기만 하면 끊임없이 비판받기 때문에, 공격당할 것이 두렵다.

- 당신은 갈등과 투쟁이 두렵다. 왜냐하면 과거의 모든 협상이 예외 없이 재앙으로 끝났거나, 혹은 당신 파트너가 미치광이 꼴통이어서 협상의 스트레스가 그녀를 우울하게 만들거나, 그녀에게 관계를 끝내라는 협박으로 느끼게 만들기 때문이거나, 무슨 문제로 협상을 하든지 파트너가 최후의 결사적 공격을 하게 만드는 특별한 장애물이 있기 때문이다.

3 당신은 말로만 하겠다고 하지 실제로는 결코 하는 법이 없다 이는 관계에 있어서의 근본적인 신뢰의 문제다. 사람들이 합의를 하고 그것을 깰 때, 관계는 투쟁과 박탈의 장이 될 뿐만 아니라, 배신의 장이 되고 만다.

4 우리는 서로에게 아주 예의바르다 이것은 관계 속의 사람들이 쓸모없는 투쟁, 깨어진 합의, 충족되지 않은 요구들 때문에 화가 나고 지쳤을 때 일어나는 일이다. 싸움이 없으면 자포자기가 있을 뿐이다.

내가 요약한 네 가지 기제가 당신의 관계에 존재한다면, 진단 30이 당신에게 적용될 가능성이 높다.

진단 30

해결책에 도달하기 위한 너무나 고통스런 투쟁이 없이 당신의 합리적인 욕구가 충족될 희망이 없다면, 맘 놓고 말할 수 있다. 당신은 관계를 끝내고 떠나면 행복할 것이고, 관계를 유지하고 머무른다면 불행할 것이라고.
좌절, 공포, 박탈감이란 것은 지금의 관계가 당신의 집home이 아니라고 자연스럽게 알려주는 것이다.

이 진단 이전에 수록한 네 가지 기제는, 고통스런 몸부림 없이는 당신의 합리적인 욕구를 충족시킬 수 없게 만드는 것이 무엇인지를 보여준다. 해야 할 일은, 둘 사이의 관계에 욕구를 파괴하는 이런 기제가 존재하는지를 확인하는 것이고, 그것이 확인되면 실제로 당신의 희망을 포기할지 말지를 결정하는 것이다. 그것이 이 진단의 핵심이다.

당신이 불안정한 관계인데도 머물고 있다는 사실은 어떤 수준이 됐든 박탈이 존재하는 상황에 순응하고 있다는 것을 의미한다. 당신은 관계의 실상을 제대로 보지 못하고, 그렇게 머물고 있다는 것 자체가 아직 희망을 가질 수 있다는 증거라고 착각할 수도 있다. 당신의 행동을 근거삼아 실제로 느끼고 있는 것을 오인하지 않도록 하라. 행위처럼 보이는 것이 사실은 무기력증에 빠진 상태에서의 관성일 뿐일 수 있다.

하지만 아직 희망을 완전히 포기하기에는 이르다. 네 가지 기제를 통해 당신은 관계의 진실을 볼 수 있다. 그리고 그 진실을 보았다는 것은 당신의 욕구 충족이 그리 어렵지는 않으리라는 현실적인 희망이 여전히 있음을 의미한다. 그렇다면 관계 유지가 곤란하다고 할 수는 없다.

—— 싸움에 대해 말해보자

어느 정도나 싸움을 해야 관계를 정리할 명분이 되는지에 대해서는 내가 언급한 적이 없음을 주의하라. "우리는 맨날 싸움밖에 하는 게 없어요"라고 사람들이 불평할 때, 그들이 실제로 불평하는 것은 파괴적이고 피 튀기는 싸움이 아무 결론도 없이 끝났다는 사실이다. 아무런 욕구도 충족시켜주지 않는다는 것을 불평하는 것이다. 진단 30이 말하는 것이 바로 그것이다. 문제는 충족되지 않은 욕구이지, 싸움이 아니다. 문제는 아무런 해결책에도 이르지 못하는 싸움이지, 문제 해결의 기회를 제공하는 싸움이 아니다.

때로 사람들은 싸움을 통해 현실 문제에 대한 실질적 해결책에 이른다. 그리고 그런 상황에 있는 사람들은 관계를 유지하는 것이 유감이라고는 말하지 않는다. 관계를 끝낼 시간임을 가리키는 것은, 싸움 자체가 아니라, 충족되지 않은 욕구와 결실 없는 싸움이다.

31단계 ▶ 나의 가장 큰 욕망을 가로막는 당신

때로 어떤 사람들은 그들의 관계에 대해 이렇게 말한다. "우리는 그리 자주 싸우지는 않아요. 나는 지금의 관계에서 내가 갖고 있는 욕구 대부분이 충족됩니다. 그리고 문제가 있으면 우리는 대개 그 문제에 대해 이야기를 할 수 있고, 어떤 식이든 해결책을 발견하곤 하지요. 문제는 내게 아주 중요한 큰 욕구 하나가 있다는 겁니다. 그것은 지금 관계에서 충족될 수 없는 유일한 욕구일 뿐만 아니라, 내 파트너가 충족시켜 줄 수 없는 욕구지요." 그런 다음 이 남자는 그의 파트너가 이 욕구 충족을 어떻게 거부하고 있는지, 혹은 어째서 이 욕구 충족이 불가능한지에 대해 계속 이야기한다.

물론 우리는 모두 다 자란 성인이고, 인생에서 원하는 것을 모두 얻을 수 없다는 것도 이해한다. 당신에게 중요한 어떤 욕구가 충족되지 않는다고 불평을 하더라도, 자동적으로 그 때문에 관계를 유지하지 않는 것이 낫다는 의미가 되는 것은 아니다. 그러니 어디에 선을 그어야 할까? 어디서부터 자신의 책임 아니라고 말하고, 그 욕구를 만족시키기 위해서 관계를 끝내도 괜찮겠다는 생각을 하기 시작할까?

나는 당신에게 아주 중요한 일생일대의 욕구이기 때문에 그것을 충족시키지 못하면 삶의 의미가 바뀔 수도 있는 그런 욕구에 관해서 말하고 있는 것이다. 나는 충족되지 않은 또 다른 욕구를 말하는 것이 아니라, 충족되지 않은 삶을 말고 있다. 내가 말하는 것을 분명하게 보여줄 사례를 살펴보자.

___ 버니 이야기

버니는 샌디와 함께 하는 삶을 사랑했다. 그는 자기 집을 사랑했고, 자녀들을 사랑했으며, 친구들을 사랑했고, 가족이 함께 하는 휴가를 사랑했다. 그는 매일 아침 직장에 출근해서 아주 열심히 일한다는 생각조차 사랑했다. 그리고 아내 샌디도 같은 것들을 사랑했다. 하지만 버니는 자신의 직업을 싫어했고 그 직업을 갖고 있는 자신조차 싫었다. 버니가 원하는 것은 그가 자신의 사업을 하게 되면 따라오게 될 자유와 힘과 자신의 운명을 자기 마음대로 할 수 있다는 느낌이었다.

버니는 판매 담당 기술자였고 제조회사의 외판원이었다. 그는 크고 작은 온갖 제조회사에 다양한 기계 설비를 판매하였다. 제조회사를 이해하고 자기 회사가 생산한 제품으로 제조회사들의 문제를 해결해야 했기 때문에 그 일은 최고 수준의 기술적 전문성이 필요했다. 버니를 괴롭힌 것은, 자신이 진정한 기술자의 역할은 하지 못하면서, 기술이란 포장 뒤에서 판매 할당량을 채우기 위해 재고를 밀어내는 잡놈에 불과하다는 생각이었다. 무엇보다 버니를 못 견디게 만든 것은, 자신이 훨씬 더 성능 좋은 장치를 얼마든지 쉽게 고안해 낼 수 있는 경우에도, 형편없는 자사 제품을 고객에게 문제해결책이랍시고 팔아야 하는 것이었다.

버니의 큰 욕구가 무엇인지 알 수 있을 것이다. 그는 사람을 미친놈으로 만드는 판매 일을 떠나서, 당장은 아니라도 프리랜서 발명가가 되어 미래에 가능한 보상-재정적으로, 심리적으로 등을 추구하는 것이었다. 그는 자신의 힘으로 꾸려가는 사업을 하고 싶었다. 하지만 아내 샌디는 동의하지 않았다. 그녀는 그가 존경도 받으면서 높은 보수를 받는 직업을 포기한다는 생각이 두려웠다. 샌디는 다가올 모든 불확실성이 두려웠다. 그녀는 미래의 위험만을 두려워 한 것이 아니었다. 그녀는 버니가 예전에 그랬던 것처럼 성공적인 발명가가 될 수 있을지,

그런 능력이 있는지도 확신할 수 없었다. 그래서 샌디는 단호한 태도를 취했다. 만약 버니가 지금 직업을 그만두면 둘 사이의 관계도 끝이라고 위협했다.

버니는 그 욕구를 포기한 채 7년을 보냈다. 아마도 그의 생각에는 그냥 세월만 죽인 것이었을 것이다. 혹은 샌디가 옳고, 자신이 원하는 대로 하는 것은 현실성이 없다고 체념했을 수도 있다.

그러다가 어느 해 여름 가족이 모두 모였을 때, 버니는 그의 누이와 긴 산책을 했다. 그는 자신이 가졌던 꿈에 대해 이야기했고, 샌디가 어떤 식으로 반대하는지도 이야기했다. 그리고는 자신이 얼마나 비현실적이고 미숙한 사람인가에 대해 자책하기 시작했다. 그렇지만, 언제나 샌디를 좋아했던 버니의 누이는 생각이 달랐다. 그녀는 버니를 자책과 불만족의 상태에서 끌어내서 사실 관계를 분명하게 해주었다. 언젠가는 버니도 노인이 될 것이고, 그 때가 되면 그의 일생은 자신의 꿈을 따랐는지 아닌지로 평가될 것이다. 꿈을 포기한다는 생각은 곧 인생을 포기한다는 것이니, 지금 버니가 직면하고 있는 어쩔 수 없는 선택지는 그의 욕구를 충족시킬 것이냐 혹은 샌디와의 관계에 머물 것이냐 중의 하나를 택하는 것이다.

결국 버니는 자기 직업을 그만두고 발명가가 되었고, 샌디는 자신이 말한 그대로 그를 떠났다. 버니는 옳은 일을 한 것일까? 많은 일이 샌디가 예상한 대로였다. 버니의 새로운 생활은 악전고투 바로 그것이었다. 명성과 부는 그의 손이 닿는 곳에서 기다려 주지 않았다.

10년이 지난 후까지 버니는 돈을 모으지 못했고, 오히려 약간의 빚을 지게 되었다. 결국 그의 발명품 중 몇 개가 성공했지만, 그것이 그를 부자로 만들어 주지는 않았다. 버니는 그의 꿈이 이뤄낸 결과에 대해 약간은 실망했다. 하지만 결정적인 것은 이것이다. 버니는 자신의 꿈을 따른 것을 후회하지 않았다. 그는 자부심을 느꼈다. 버니는 실제로 자신이 매일 하는 일을 즐기고 있다.

버니는 샌디와의 관계를 끝내고 싶어 한 적이 없었다. 관계를 유지하는 동시에 새로운 생활도 할 수 있었으면 좋았을 것이다. 그러나 둘 중의 하나를 선택할 수밖에 없는 상황이 되었을 때, 버니는 일생일대의 욕구를 만족시키는 쪽을 택했고, 그 결정은 잘한 것이었다.

___ 당신이 원하는 한 가지 일

모든 사람이 버니처럼 한 가지 큰 욕구를 갖지는 않는다. 그리고 일생의 큰 욕구를 갖고 있는 사람들 대부분은 지금 살고 있는 방식을 통해 그 욕구를 충족시키고 있다. 그러나 충족되지 않고 있는 중요한 욕구가 있다면 스스로에게 아래 질문을 해보라.

질문 31

당신에게 아주 중요한데 충족되지 않아서, 나중에 돌이켜 볼 때 인생 전체가 만족스럽지 않았다고 후회할 그런 특별한 욕구가 있는가? 그리고 그것을 원하는 대로 할 수 없을 것 같다는 생각 때문에 의기소침해지기 시작했는가?

내가 말하는 것이 어떤 종류의 욕구인가? 때로 당신이 원하는 것은 관계 내부에 있고, 파트너가 당신에게 직접 주었으면 하는 것일 수 있다. 그러나 버니의 사례에서 보듯, 파트너가 들어줄 수 없는 욕구일 경우도 있다. 버니가 샌디에게 원한 것은 꿈을 좇을 수 있게 허용해 달라는 것뿐이었다. 사람들이 갖고 있는 많은

욕구가 이와 비슷하다. 관계와는 별 상관이 없는데도 파트너가 가로 막고 서서 욕구충족을 방해한다.

─── 상자 속 욕구

가장 사람을 피폐하게 만드는 일 중의 하나는, 어느 쪽이든 결정하면 평화와 분명한 확신을 얻을 수 있는데도, 어느 쪽으로도 결정하지 못하고 허공에 떠있는 것이다. 당신의 욕구를 상자 속에 넣으면서 이렇게 말할 수 있으면 얼마나 기분이 나아질지를 상상해 보라.

"이 욕구를 충족시키지 못하는 것은 너무나 가슴 아픈 일이지만, 난 이것을 포기할 수 있고, 이 관계가 머물기에 너무 괴롭다고 느낌을 멈출 수 있어." 혹은 당신이 이렇게 말할 수 있으면 얼마나 더 기분이 좋아질지를 상상해 보라. "내 파트너와 나는 협상 기술을 익힐 필요가 있고, 나는 내 욕구 충족을 위한 노력을 계속할 거야. 하지만 욕구가 충족되지 않는다 해도 지금 이 관계가 유지하기 곤란한 관계라고 느낄 가능성은 별로 없어." 그러나 이렇게 말할 수 없다고 상상해보라.

진단 31

당신이 아주 중요한 욕구를 갖고 있는데 지금 그 욕구를 충족시키지 못하고 있고, 나중에 돌이켜 볼 때 그 때문에 일생이 만족스럽지 못했다고 말할 가능성이 있다면, 그리고 파트너가 당신의 욕구 충족을 가로막아 방해하고 있어서 해결책을 찾아내기가 불가능하게 여겨진다면, 그러면 당신은 관계를 정리하고 떠나는 것이 행복할 것이고, 관계를 유지하면 불행할 것이다.

삶에 너무도 중요하지만 충족되지 않는 욕구는 미움의 씨앗이 된다.

이 진단이 진정으로 말하는 바는 '해볼 테면 해보고, 아니면 입 닫고 가만히 있으라'는 것이다. 인생에서 행복하기 위해 당신이 원하는 것을 자세히 살펴보라. 만약 그 욕구들이 정말 중요해서 당신 일생의 행·불행을 좌우한다면, 당신은 관계 안에서 그 욕구를 충족시킬 방법을 찾아야 한다. 그리고 그 말은 타협하는 것을 배우고 당신의 욕구를 희석시킬 다른 것을 무엇이든 얻는다는 의미다. 아니면, 당신은 혼자 힘과 책임으로 욕구를 충족시킬 방법을 찾고, 파트너는 당신을 떠나야 한다. 둘 중 하나를 선택해야 하는 것이다.

하지만 그 욕구들이 당신 미래의 행복을 전적으로 좌우하는 것이 아니라면, 수단 방법을 다해서 충족시킬 방법을 찾기는 하되, 그것이 관계를 끝낼 이유라고 생각하는 것은 그만 두는 것이 마땅하다.

충족되지 않은 욕구는 양가감정의 주요 원인이다. 그러니 당신의 큰 욕구를 있는 그대로 보라. 그 욕구가 충족되지 않을 때 당신의 행복에 어떤 차이가 생기는지를 보라. 진단은 분명하다. 욕구가 충족되지 않는 것 때문에 당신의 일생이 불만스럽게 되는지 확실하지 않거든, 그건 그리 큰 욕구가 아니니 그 때문에 관계를 끝낼 이유는 없다. 충족되지 않는 욕구가 당신의 일생을 불만스럽게 만드는 것이 분명한데도 관계를 지속한다면, 당신은 스스로를 저주할 것이고 파트너는 비참해질 것이다.

17

친밀함

· · ·

"가까운 만큼 편안하다고 할 수 있을까?"

사람들은 관계 속에서 친밀함을 추구한다. 하지만 가까움은 쉽게 얻을 수 있는 것이 아니다. 가깝게 느끼면 기분이 좋다. 하지만 가까움은 상처를 줄 수도 있다. 이것이 친밀함이 주는 약속이자 문제다. 이 문제를 확실하게 정리해 보자.

그렇지만 너무 늦은 것은 아닌가? 이제 우리는 진단 여행의 종착점에 가까이 왔는데, 당신이 추구하는 분명한 결론은 아직도 찾지 못했으니, 맘이 불편할 수도 있고, 당신에게 뭔가 문제가 있는 것이 아닐까 고민할지도 모른다. 걱정하지 말라. 이 시점에 이르기까지 이미 많은 사람들이 분명한 확신을 얻었는데, 아직 그러지 못했다고 해도 당신이 잘못되었을 가능성은 거의 없다.

당신이 아직도 어찌하는 것이 최선인지를 알아내지 못한 이유는, 단지 관계를 끝내는 것이 낫다는 진단 질문을 인정하기 싫었기 때문일 수도 있다. 그밖에도 여러 경우가 있을 수 있다. 그리고 나는 요점을 피해 돌려 말하는 사람이 아니니 당신도 곧 알게 될 것이다. 관계를 끝내고 떠나라고 지적하는 것이 없다면, 관계를 유지하는 쪽이 행복하리라는 것을 가리키는 것이다.

의사에게 가는 경우와 같다. 잘못된 것이 아무것도 없다면 모든 것이 괜찮은 것이다. 아주 훌륭하진 않을지 모른다. 하지만 괜찮은 것이다. 그리고 그것이 당신이 찾고 있던 분명한 확신 중의 하나인 것이다.

그러나 당신이 아직도 분명한 확신을 얻지 못한 이유는 이제부터 다루려는 복잡하기 짝이 없는 영역에 숨어 있을 수도 있다. 이 영역에선 두 사람이 함께 하면서, 서로에게 점점 더 가까워질 때 어떻게 느끼는지를 탐구한다. 기분 좋게 느끼면서 가까워지고, 당신들이 가까워지기 때문에 기분 좋게 느끼는 것이 관계를 맺는다는 일의 핵심적인 의미다.

그렇지만 이 영역이 왜 그렇게 복잡한지를 알아야 한다. 사람이 가까워지는 것이 얼마나 어려운 일인지 잘 알 것이다. 사람들이 가까워졌을 때만 얼마나 더 가까워질 수 있는지를 알 수 있는데, 어째서 그런지를 당신은 안다. 관계가 얼마나 성공적인지를 재는 척도로 친밀함을 사용하는 것이 얼마나 잔인하고 실망스러운 일인지도 안다.

친밀함에 문제가 생길 때 관계를 끝내야 한다면, 우리는 모두 관계 밖으로 쫓겨날 것이다. 그러니 어디가 탈락의 기준점인가? 이 장에서는, 어떤 경우 친밀함이 상처를 주는지, 친밀함이 생겨나지 않는 상황은 어떤 것인지, 그리고 무엇이 특별한 친밀감을 만드는지를 살펴본다.

32단계 ▶ 가까워질수록 상처를 입게 될 때

친밀함에 대해 이야기할 때 우리는 상처입기 쉬운 상태를 이야기한다. '상처입기 쉽다vulnerable'는, 글자 그대로는 '상처를 입을 수 있다'는 뜻이다. 그러나 가장 상처입기 쉬울 때 생긴 상처가 관계를 유지하기 곤란할 정도로 악화시키는 것은 정확히 무엇 때문인가?

 가까워진다는 것이 무슨 뜻인지 얘기해 보자. 그것은 다른 사람에게는 보여준 적이 없는 어떤 부분을 상대에게 보여준다는 뜻이다. 그러면 상대는 당신이 보여준 것을 좋아하고, 그렇게 보여준 당신을 좋아한다. 그리고 상대는 그렇게 좋아한다는 것을 당신에게 알린다. 그러면 당신이 상대보다 심리적으로 더 벌거벗고 내보인 것을 어리석다고 느끼면 안 되기에, 상대편도 다른 사람에게 보여주지 않았던 면을 당신에게 보여준다. 그리고 당신은, 상대가 보여준 것을 좋아하고 그렇게 보여준 상대를 좋아한다는 것을 상대편에 알려준다.

 이것을 '상호 감사하는 노출의 확대'라고 부르자. 그리고 물론 노출은 신체, 심리, 감정의 어느 측면에서나 가능하다. 그리고 서로에게 이런 식으로 벌거벗고 고마워하는 동안에, 당신들은 자신을 드러내 준 것에 대해 서로 고마워할 뿐 아니라 둘 사이에 특별한 무엇을 드러냈다는 사실을 고마워한다. 그리고 문제는 거기서 시작된다.

 서로에게 자신을 드러내면서 상대를 멋진 사람이라 말하고 있는 한, 서로를 고맙게 느낄 것이 확실하다. 하지만 당신이 보여준 것이 정말 상대에게 전해졌는지 궁금하다. 당신이 드러낸 것을 상대가 제대로 보았는지를 알기 위해, 서로에게 다른 어느 누구도 말해 줄 수 없는 진실을 말할 필요를 느낀다. 예를 들어 당신들 중 한 사람이 어떻게 자라왔는지를 이야기하면서, 정말 개인적인 어떤 일을 드러냈을 때, 상대가 당신이 말한 것에 대해 다른 사람은 할 수 없는 말을 하면, 상대가 당신의 적나라한 모습을 보았다고 생각하게 되는 것이다. 예컨대 상대가 이런 식으로 말하는 것이다. "가족들이 당신에게 어떻게 했는지를 여러 가지로 얘기했지만, 내가 보기에 당신은 그 중 많은 부분을 즐겼고, 그것을 가족들에게 대항하는 무기로 사용한 것처럼 보여요."

당신은 진실을 들을 때까지는 안달을 한다. 그렇지만 당신은 이전처럼 행복할 수 없다. 당신은 상대에게 꽤 괜찮게 자신을 드러낸 것 같은데 아직 좋은 말을 듣지 못했다. 그리고 당신을 적나라하게 드러내는 위험을 감수하고 있을 때는 특히, 당신을 기쁘게 하는 말 이외에는 듣고 싶지가 않다. 그래서 당신은 거부당했다고 느낀다. 그때 큰 싸움이 일어난다.

이런 얘기가 익숙하게 느껴지지 않는가? 그리고 두 사람은 마치 연습이 모자란 볼룸 댄서가 서로의 발등을 밟는 것처럼, 서로에게 드러내기를 확대해 가면서, 서로 충돌하기를 계속하게 된다.

___ 친밀함이 공포로 바뀌는 순간

여러 가지 사소한 위험이 있긴 하지만 이 문제를 잘 다룰 수 있는 확실한 방법이 있다. 당신이 비판적으로 말하거나, 어떤 제안을 거부하거나, 혹은 당신 파트너가 적나라하게 자신을 드러낸 것에 대해 화가 나거나, 당신 파트너는 자기가 드러낸 진실에 대해 당신이 화를 내는 것에 대해 화가 나거나 간에 근본적으로는 여전히 상대편을 아주 멋지다고 생각한다는 것을 서로에게 전해주기만 하면 된다. 그러면 마음에 상처야 좀 생기겠지만 친밀감이 공포로 변하는 것은 막을 수 있다.

그러면 언제 친밀감이 공포로 변하는가? 때때로 상처 받는 것 정도였던 친밀감이 언제 세상에서 가장 불편한 것으로까지 변하는가?

파트너의 행동을 살펴 볼 때, 당신과 가까워짐에 따라 파트너가 가장 관심을 갖는 것이 당신에게 화내고 비판하는 것인 듯 느껴지는가?

어떤 사람들은 진짜로 가까워지고 싶어 하기 때문에 가까워진다. 어떤 사람들은 자기 생활에 대한 불평을 쏟아내기 위해 가까워지려 한다. 또 어떤 사람은 당신과 섹스를 하고 싶어서 가까워지려 한다. 그리고 또 어떤 사람들은, 당신에게 상처를 주기 위해 가까워지고 싶어 한다. 여기 사례를 보면 당신은 질문 32가 당신에게 적용되는지 아닌지를 알 수 있을 것이다.

—— 테레사 이야기

테레사는 폴을 존경하고 찬탄하다가 사랑하게 되었다. 폴은 정신과 의사였는데, 정신 장애를 가진 빈민들을 위해 헌신적으로 활동하는 보기 드문 사람이었다. 융자 관련 회사에 근무하면서 회사의 규칙이나 관행 때문에, 도움이 필요한 사람을 돕지 못하는 현실에 좌절하고 있었던 테레사는 폴을 영웅처럼 보게 되었다.

폴을 개인적으로 만나고 싶기도 했고, 회사 자금을 지원할 수 있는 길을 찾아보고 싶기도 했기 때문에 테레사는 폴과 회사 관계자들이 만나는 저녁 자리를 주선하였다. 곧 두 사람은 서로를 알아보았다. 테레사와 폴은 광범위하게 서로의 신념과 태도를 공유하게 되었다. 특히 빈민가에서 성장하는 사람들이 얼마나 심리적인 부담을 갖게 되는지, 그리고 그들에게 도움을 제공하는 것이 얼마나 중요한 것인지에 대해 공감했다. 그들은 같은 음악을 좋아하는 것을 알게 되었다. 그들은 같은 영화를 좋아하였고, 그 영화를 집에서 피자를 먹으며 비디오로 보기 좋아하는 것까지 같았다. 섹스에서도 같은 취향이라는 걸 알게 되었다.

영화를 말하다 보니 1930년대 영화에서 몇 달인가 시간이 흐른 것을 표현하기 위해, 달력이 천천히 한 장 한 장 넘어가는 장면이 생각난다. 테레사에게 적용한 다면, 뭔가 끔찍한 일이 일어나고 있다고 느낄 때까지 오랜 시간이 걸린 것을 그 렇게 표현할 수도 있을 것이다.

테레사의 영웅이었던 폴은 예상치 못한 결점을 가지고 있었다. 게다가 그는 테레사에게 악마적인 기질을 드러내 보이기 시작했다.

정신과 의사의 옷을 입은 늑대 슬프게도 모든 일은 폴을 테레사의 신으로 만든 바로 그 특징으로부터 시작되었다. 바로 폴이 갖고 있는 향상에 대한 갈망과 통찰이었다. 테레사는 폴을 찬탄하기에 바빠서 폴이 상황의 개선을 위한 욕구와 통찰을 테레사에게로 돌리기 시작했을 때, 자신의 내부에서 무슨 일이 일어나고 있는지를 정확히 볼 수 없었다. 테레사가 폴을 순수한 마음으로 사랑했기 때문에, 폴은 테레사의 결점과 공포를 낱낱이 알게 되었다. 결국 사랑이란 당신 파트너에게 당신의 적나라한 모습을 보인 것에 대해 결코 미안하다고 말하는 것이 아닌 것이다. 그렇지 않은가?

그리고 거기서 테레사는 폴이 자신을 심하게 닦달하는 것을 알게 되었다. 처음 시작은 점잖은 통찰이었다. 폴은 단지 테레사에게 그런 점을 '가리켜 보일 뿐' 이었다. 테레사는 나중에 이렇게 말했다. "믿기 어려울 거예요. 그때 우리는 아주 많은 대화를 했는데, 내가 할 수 있었던 말은 '알았어요'와 '당신이 옳아요' 그리고 '맞아요' 뿐이었어요."

"당신이 뭐가 잘못되었는지를 말해주지" 처음에 통찰은 비교적 중립적이었다. 테레사가 언제나 마지막 순간까지 일을 미루는 것은 어린 시절 부모가 너그러운 태도로 테레사를 키운 것과 관련이 있다는 식이었다. 그러나 일단 자신의 통찰에 대한 테레사의 저항이 약화되자, 폴의 통찰은 좀 더 비판적으로 변하기 시작했다. 이제는 테레사에게 게으른 경향이 있다는 식으로 말하는 것이 아니라, 그녀가 인생에 대해 느슨하고, 게으르며, 너절한 태도를 갖고 있다고 말하기 시작했던 것이다.

비판적인 통찰에 대해 테레사는 저항할 엄두조차 내기 어려웠다. 왜냐하면, 저항하려는 시도 자체가 폴이 비판하고 있는 바로 그 게으름과 방어적 태도라는 약점을 보이는 것으로 여겨졌기 때문이었다. 그렇게 해서 그들 사이에 폴이 테레사의 잘못된 점을 지적하는 바탕이 잘 만들어진 다음부터, 폴은 테레사의 생활 전반에 걸쳐 그녀가 향상하기 위해 해야 할 일들을 설교하기 시작했다. 그는 테레사가 무엇을 먹어야 하고(그녀가 먹던 것 보다 훨씬 적게 먹어야 하는 것은 당연하고) 어떻게 운동량을 점점 늘려가야 하는지를 지시했다.

그는 테레사가 그릇된 정보를 많이 갖고 있고, 잘못된 개념을 갖고 있기 때문에, 전부터 확신하고 있는 의견일지라도 그걸 말하기 전에 다시 공부할 필요가 있다고 주장했고, 공부하는 방법을 알려 주었다. 이런 상황에서 테레사에게는 모든 일에 대해 아주 올바르고 확신에 찬 견해를 갖고 있는 폴과 논쟁하는 것 자체가 불가능했다.

폴의 말에 따르면, 테레사가 돈에 대해 아주 사악한 태도를 갖고 있기 때문에- 이건 폴이 지적해 주기 전엔 테레사가 알 도리가 없었던 일이다- 폴이 계약을 맺고 있는 자선 단체에 십일조 개념으로 가진 돈의 10퍼센트를 기부하는 것 외에도 테레사의 향상을 위해 투자할 수 있도록 폴에게 돈을 주어야 했다.

오랜 동안 테레사는 이 파괴적인 과잉간섭을 받아들였다. 그것이 폴이 사랑과 관심을 표현하는 방식이든가, 최악의 경우라도 폴이 이만한 성취를 이루게 만든 요인이자, 처음 그를 찬탄하게 만든 완벽주의의 표현이려니 생각하면서.

"당신을 미워하기 때문에 이 일을 할 뿐이야" 그러나 충격이 커가자 결국 테레사도 깨닫게 되었다. 그들이 가까워졌을 때 폴이 테레사를 대하는 방식과 강도는, 증오까지는 아닐지 몰라도 엄청난 노여움이 원동력이었음이 분명하였다.

폴은 많은 시간 테레사를 냉정하게 대했다. 그것은 테레사도 느낄 수 있었다. 그렇게 함으로써 테레사로 하여금 이전에 그랬던 것처럼 다시 가까워지기를 갈망하게 만들었다. 그런 다음 폴은 그녀의 친밀함에 대한 갈망을 이용해서 테레사의 모든 면에 대한 그의 가혹한 판단을 참아낼 수밖에 없게 만들었다. 폴은 처음에 두 사람이 가졌던 부드럽고 안전한 친밀감을 약속함으로써 테레사를 유혹하였다. 하지만 그런 친밀함은 테레사가 다시 좋아졌을 때만 가능한 것이었고, 테레사가 완벽해져야만 주어질 수 있는 것이었다.

어느 주말 테레사는 지독한 감기로 침대에 누워 있었다. 테레사는 폴이 자신을 간호하거나 아니면 최소한 혼자 놔두기를 바랐다. 그러나 폴의 입장에서 테레사의 고통과 무력함은 이런 저런 설교를 할 수 있는 절호의 기회였다. 폴은 감기를 앓는다는 것이 테레사가 자신을 돌보는 데 얼마나 무지한지를 보여주는 것이며, 그녀 자신 속에 자라는 독소를 방치하고 있었음을 보여주는 신호라고 설교를 해댔다. 폴의 말에 따르면, 테레사가 자신을 정화할 수 있는 유일한 길은, 폴을 거기에 앉혀 놓고 자신이 이제까지 했던 모든 나약하고, 오류투성이며, 사악한 생각과 느낌을 드러내 놓는 것이었다.

테레사는 깨달았다. 폴은 그녀를 세뇌하고 있었던 것이다. 그러자 깜짝 놀랄 정도로 갑자기 모든 일들이 명확해져갔다. 폴은 증오와 노여움, 파괴적인 성정으로 가득한 사람이었다. 그리고 폴이 친밀함을 좋아한 것은, 그것이 상대에게 고통과 손상을 가할 기회를 제공하기 때문이었다.

테레사가 이 사실을 깨달을 때까지 왜 그렇게 오랜 시간이 걸렸을까? 부분적으로는 폴의 사회적 역할 때문이었다. 그는 지역사회를 위해 정말로 좋은 일을 했다. 또 한편으로는 친밀감을 발전시키는 당연한 방법처럼 보이게 하면서 파괴적인 비판을 쉽게 받아들이게 만든 그의 치밀하고 점차적인 방식 때문이었다. 그리고 또 한편으로는 테레사의 친밀함에 대한 갈망 때문이었다. 갈망 때문에 테레사는 가까워지기 위해 치러야 하는 비용이 엄청나다는 것을 알아차리기 힘들었다.

잔인하게 굴지 말아요

테레사의 얘기는 가까워지는 중에 상처를 입게 되는 것이 어쩌다 일어나는 일이 아니라, 친밀함을 형성하는 경험 중에 필수적으로 일어나는 것이라고 믿는 사람들에게도 극단적인 사례다. 이것은 누군가가 심각하게 개인적인 기억을 이야기했는데 그 파트너가 오해했다거나 적절하게 반응하지 못했다는 차원의 사례가 아니다. 테레사의 사례는 친밀함을 느낄 때 할 수 있는 비판적 의견이, 상상이상으로 말하는 사람이 훨씬 통렬하고 가혹한 것이었다는 정도의 사례가 아니다. 진정한 친밀함은 그런 정도의 불상사는 쉽게 이겨낸다.

하지만 테레사 이야기는 당신이 거쳐야 할 고비와 주의해야 할 사항을 잘 보여주고 있다. 당신이 이 고비를 넘을 때 객관적인 측정 방법은 없다. 그렇지만 여기 진단이 있다.

진단 32

누군가와 가까워지는 중에 때때로 상처를 입는 것은 정상적인 일이다. 하지만 파트너가 계속해서 당신에게 화를 내고 비판하기 위해서 사는 것처럼 보인다면, 그때 당신은 관계에서 친밀함과 안전을 결코 느낄 수 없을 것이다. 이럴 때는 관계를 끝내는 것이 당신의 행복을 위하는 길이다.

파트너와 가까워지는 것이 복싱 경기를 하기 위해 링에 오르는 것처럼 느껴진다면, 경기를 끝낼 때이다.

진단을 어떻게 적용할지 알아보자. 그 누구라도 끊임없이 비난받고, 비판의 대상이 되고, 통제당하고 세세한 점까지 관리 당한다고 느끼는 것을 좋아할 사람은 없다. 그렇지만 앞에서 살펴본 대로 당신 욕구를 말살하는 것이 주된 관심사인 권력지향 인간과 거래하는 것이 아닌 한, 대개의 경우 마치 재판받는 듯한 느낌이라고 상대에게 알리면, 상대는 후퇴하는 것이 보통이다. 그리고 대부분의 관계에서는, 비난과 비판이 엷어지게 되면, 더욱 친밀해지면서 서로를 더욱 고마워하게 되는 친밀감이라는 안전한 낙원을 만들게 된다.

이 진단은 관계를 뒤죽박죽 혼란스럽게 만들면서 자신의 비판을 고집하기 위해 사력을 다하고, 자신의 판단을 강요하기 위해 당신과 가까워지려고 안달하는 사람들에게 초점을 맞춘 것이다. 그런 사람들은 안전을 제공하기는커녕 파괴한다. 그러면 관계를 끝내고 떠나야 한다.

하지만 나는 비판이란 개념을 강조하고 싶지는 않다. 이 진단은 당신 파트너가 전혀 비판적이지 않더라도 적용되는 것이다. 열쇠는 당신의 느낌이다. 이 뒤죽박죽인 세상에서 파트너와 함께 살면서, 무슨 이유에서든 가까이 지내기보다는 거리를 두는 것이 더 낫게 느껴지고, 더 안전하게 느껴지고, 가까이 가면 나쁜 일이 일어날 것이라는 느낌 때문에 가까워지는 것을 피하게 될 때를 말하는 것이다.

이 진단은 당신이 단지 친밀한 것을 편치 않게 느끼는 사람인 경우에는 적용되지 않는다. 모든 사람이 진실로 가까워지는 것을 좋아하는 것은 아니다. 그렇지만 거리를 좀 두며 지내는 것을 좋아하는 것과 가까이 가면 상처를 입게 될까봐 두려워하는 것은 다르다.

── 분하고, 섭섭하고, 화가 치미는 감정에 휩싸여 있다면

특히나 당부를 해야 할 경우가 있다. 당신과 파트너가 싸움의 중간에 노여움과 증오에 집착하고 있는 경우다. 그때는 당신이 긴장을 풀고 가까이 가면 눌려 있던 화가 폭발한다. 그것은 긴장이 풀려서 노여움에 대한 통제력을 잃었기 때문일 수도 있고, 그것이 무엇이든 간에 파트너에게 가까이 가는 것이 처음 당신을 화나게 했던 것을 다시 자극했기 때문일 수도 있다.

당신이 다가오기만 하면 마치 기다렸다는 듯 화를 퍼부을 목적으로 노여움을 쌓아놓는 듯이 보이는 사람과, 그렇게 하고 싶어 하지 않는 사람 사이엔 큰 차이가 있다. 그 차이는 당신 파트너가 그 문제를 해결하고자하는 의사가 있는지 없는지에 좌우된다. 우리가 전에 다루었던 '모든 게 당신 탓이야' 장으로 돌아가 보자. 만약 파트너가 노여움에 집착하는 문제를 인정하지 않거나, 파트너가 노여움을 쌓아두기 때문에 가까워지는 것이 위험해지거나 불가능해진다면, 당연히 진단 32가 적용된다.

33단계 가까이 갈수록 멀게만 느껴질 때

다음 단계로 진행해 보자. 이제까지 친밀함이 상처를 줄 때 어디에 선을 그을지를 이야기했다. 이제는 친밀함이 생기지 않을 때 어디에서 선을 그어야 할지를 논해 보자. 다시 말해서, 당신들이 가까워져서 좋지 않은 일이 일어났다는 것이 아니라, 아예 당신들이 가까이 가지도 못한 것이 문제일 때를 살펴보자.

이 결정적인 주제에 대한 접근법이 어디에서 왔는지를 이야기하고 싶다. 친밀함이란 사람들에게 상상 이상으로 중요하다는 걸 안다. 일정 수준의 친밀함은 사람들 관계에 대한 큰 보상이다. 우리는 서로 가까울 때 행복하고 성공적이라고 느낀다. 가깝지 않으면 불행하게 느끼고 실패했다고 느끼곤 한다.

다른 한편으로, 친밀함에 얼마나 속임수가 많을 수 있는지도 안다. 한 걸음만 더 나아가면 가능할 것 같은 친밀감을 향해 끝없이 애쓰는 것보다 더 심한 고뇌가 없다는 것도 안다. 우리가 진정으로 추구하는 친밀함을 갖는 것은 벌레와 잡초와 버섯에 오염되지 않은 정원을 가꾸는 것만큼이나 어려운 일이다. 당신에게는 충분하지 않은 친밀함이 파트너에겐 지나치게 친밀한 것일 수 있다. 당신에겐 어떤 일을 하는 것이 엄청난 친밀감의 표현이지만, 파트너는 전혀 다른 일을 해야 친밀감의 표현으로 받아들일 수도 있다.

아주 짧고 보편적인 예를 들어 보자. 한 커플이 4년 간 만났다가 헤어졌다가 다시 만나기를 되풀이 했었다. 이제는 평생을 함께 할 것인지 아닌지를 결정해야 할 시점에 이르렀다. 여자 쪽의 가장 큰 불만이자 불행의 원인은 파트너가 그녀를 사랑한다고 말하지 않는 것이다. 그녀에게 친밀감이란 그런 말을 듣는 것을 의미했다. 그녀에게 그런 말을 들을 수 없는 삶은 삭막하기 그지없는 감정의 사막을 걸어가는 것이었다.

그러나 남자 쪽의 관점은 달랐다. "당신을 사랑해"라는 말은 기계적이고 형식적인 것으로 오히려 진실한 감정을 희석시키는 것이었다. 남자 쪽의 관점에서는 그런 말을 하지 않는 편이 더 친근하게 느껴진다는 것이었다. 그런 피상적인 감상을 표현하면서 사는 인생은, 그에게 삭막한 감정의 사막 그 자체였다. 두 사람 모두 정직하다. 어디에서 선을 그어야 할까? 스스로에게 다음 질문을 해보자.

질문 33

당신과 파트너가 친밀함에 대해 이야기할 때, 친밀함이 무엇이고 어떻게 얻을 것이냐를 두고 자주 싸움이 벌어지는가?

친밀함에 대해 사람들이 저지르는 실수중 하나는, 파트너가 친밀함을 원하지 않는다고 생각하는 것이다. 하지만 자신이 친밀함을 원치 않는다고는 결코 말하는 법이 없다. 사실상, 내가 친밀함을 불편해 하거나 친밀함을 두려워하는 커플, 혹은 그런 커플 중의 한 사람과 작업할 때, 대개의 경우 나는 희망을 느낀다. 아마 그들은 과거에 상처를 받았거나, 친밀감을 찾아보기 어려운 가정에서 성장했거나, 단지 그런 일에 익숙하지 않은 것일 뿐이다. 어떤 사람은 한술 더 떠 이렇게 말하기도 한다. "나는 그렇게 많은 친밀함을 원하지 않아요." 실제로 그런 일이 많지는 않지만 그래도 당신이 친밀함을 원한다면 그 사람과 충분히 타협이 가능하다.

파트너가 당신만큼 많은 친밀함을 원하지 않는다는 것은 문제가 되지 않는다. 파트너가 친밀함을 원하기는 하는데, 당신과 전혀 다른 방식의 친밀함을 원할 때 진짜 문제가 되는 것이다. 보통 친밀감의 문제라고 하면, 한 여자와 또 '내 감정을 건드리지 말라'는 식의 남자 사이에 생기는 고전적인 친밀감의 문제를 떠올릴 것이다. 하지만 내가 보았던 것 중에 두 사람 사이의 친밀감 문제로 가장 끔찍했던 경우를 이야기해 보려 한다.

___ 테리와 플로

동성애자 커플이었던 테리와 플로는 친밀함이란 개념에 대해 둘 다 편안하게 느끼는 사람들이었다. 게다가 두 사람 모두 심리치료사여서, 매일매일 상담을 하는 일을 통해 서로에게 친밀감을 느끼고 표현할 수 있었다. 문제는 친밀함에 대해 완전히 반대되는 시각을 각자가 고집하고 있었다는 점이었다.

테리에게 친밀함의 최고 수준은 마음 속 깊은 곳의 가장 어두운 비밀과 감정들을 드러내는 것이었다. 그녀에게 친근하다는 것은 두려워하는 것을 이야기하거나, 상대가 상처받았거나 상처받을 수 있음을 보여 줄 때 함께 울어주는 것이었다. 다른 사람 누구에게도 하지 않을 이야기를 하고, 다른 사람에게 보여준 적 없는 깊이의 느낌과 함께 그 이야기를 해야 친근한 것이었다. 그녀에겐 친밀함에 대해서라면 그것만이 진실이었다.

플로에게 친밀함의 최고 수준은 처음 방문한 도시의 거리를 한가롭게 거닐면서, 이 경험에 대한 그들의 반응 속에 말없이 공명하는 일치감을 느끼는 것이었다. 혹은 정원 일을 함께 할 때 바쁘게 일하면서 같은 방식으로 보고, 무언가를 창조할 때 톱니가 맞물리듯 서로의 행위와 감각이 맞아 떨어지는 것이었다. 또는 일을 함께 하며 어떤 행동을 공유하거나, 함께 일할 때 손발이 척척 맞거나, 함께 한 일에 대해서 같은 방식으로 느끼는 것이었다.

안타깝게도 각자가 생각하는 친밀함이 상대에게는 전혀 친밀함이 아닌 것으로 받아들여지는 것이다. 친밀함을 함께 일하는 것으로 생각하는 플로에게는 테리의 감정적 친밀감은 고통스런 시간낭비로 여겨졌고, 그들의 관계를 부담스럽게 만드는 것이었다. 깊은 감정의 교류와 공유를 친밀함이라 생각하는 테리에게는, 함께 하는 행동을 통한 친밀감이란 플로의 관점은 친밀감에 반하는 것으로 여겨졌다. 서로에게 가까워지는 것을 회피하기 위해 하는 일이라 생각한 것이다.

테리와 플로는 '일할 때'는 이 세상 어느 두 사람 보다도 동기화되어 있고 능숙한 사람이었다. 그렇지만 결국 관계를 끝내고야 말았는데, 친밀함의 의미에 대한 서로의 견해 사이에 다리를 놓는 것이 불가능했기 때문이었다. 사람들이 친밀함 문제 때문에 관계를 끝내고 행복해 하는 경우는, 백이면 백 바로 이와 같은 상황 때문이었다. 친밀함에 대한 각자의 비전이 서로 양립할 수 없었기 때문에 두 사람은 그 문제로 다툴 수밖에 없었던 것이다.

진단 33

당신과 파트너가 친밀함이 무엇이고 어떻게 얻을 수 있는지에 대해 동의할 수 없다면, 그리고 그 차이에 대해 다리를 놓기 보다는 각자의 입장을 고수하는 것이 더 중요하다면, 그때는 당신과 같은 상황에 있었던 사람들이 결국 그 관계를 끝내고 나서야 행복을 느꼈고, 관계에 머물렀을 때는 불행해했다는 것을 기억하라. **가까이 갈수록 멀어진다면, 결코 가까워질 수 없다.**

당신은 이것을 테스트해 볼 수 있다. 그의 성장 배경 때문이든 다른 무엇 때문이든 당신과 가까워지는데 문제가 있는 파트너는 이렇게 말할 수 있다. "우리가 가까워진다는 것이 당신에게는, '어떤 것이든 당신에게 일어날 수 있는 일'을 의미한다는 것을 이해했어. 그리고 나는 기꺼이 할 수 있는 일을 할게. 아니면 최소한 그런 식으로 가까워질 수 있는 방향으로, 전보다는 나아진 모습을 보이도록 하겠어."

그러면 당신들이 아직 멀리 떨어져 있어도 거리는 점차 줄어들 것이며, 그렇게 거리가 줄어드는 것을 당신도 느낄 수 있게 될 것이다. 하지만 당신들이 친밀함에 대해 아주 심각하게 반대되는 비전을 갖고 있다면, 파트너의 마지막 소원은, 가까워진다는 것이 당신에게 어떤 의미인지를 이해하는 것이다. 왜냐하면 파트너의 관점에서 보면 당신의 비전은 잘못된 것이며, 위험하기까지 할 것이기 때문이다.

어떤 의미에서는 이렇게 말할 수도 있다. 사람들은 자신이 모르는 것은 배울 수 있지만, 이미 틀렸다고 생각하고 있는 것을 배울 수는 없다.

앞서 제시한 두 가지 진단에는 공통점이 있다. 가까워지는 것이 안전하지 않은 경우에 초점을 두고 있다. 진단 32는 가까워질 경우 당신이 공격당할 가능성 때문에 안전하지 않은 경우다. 진단 33은 가까워지면 친밀함에 대한 당신의 비전이 공격당할 수 있기에 안전하지 않은 경우에 초점을 맞춘 것이다.

34단계 ▶ 우리에게 아직 함께하는 즐거움이 있을까?

친밀함에 대해 이야기하는 이유를 분명히 해 보자. 두 사람이 함께 사는 것 법에 관한 치료사의 이론을 받아들여 그대로 살기를 바라서가 아니다. 함께 사는 것이 좋은 기분이 들어야 하기 때문이다. 친밀함에 대해 논의한 것은, 아주 가깝게 느낄 때 기분이 좋을 것이라는 가정에 확신을 갖고 있기 때문이다.

남아있는 삶을 기분 좋게 살아야 한다. 그런데 어떻게 그리고 어떤 방식으로 기분 좋을 수 있을까? 그리고 기분이 좋지 않다면, 관계를 끝내는 것이 낫다는 말이 성립되는 것은 어떤 때일까?

이제까지 당신이 거쳐 온 서른세 개의 질문 중에 기분이 너무 나쁘면 관계를 끝내는 것이 좋다는 식으로 말한 적은 없었다는 것이 놀라운 일은 아닐 것이다. 우리는 미묘한 지점에 와 있다는 것이다.

이쯤에서 사람들 대부분이 불평하는 것은 권태이다. 아침부터 저녁까지 당신들이 서로에게 하는 행동이 너무나 뻔하고 끔찍스럽게 따분하다는 것, 거기서 당신은 그가 무슨 말을 할지 토씨 하나까지 알고 있다는 것, 그가 말하는 것을 들어야 한다는 생각만으로도 비명을 지르고 싶다는 것 등이다.

그렇다고 해도, 더할 나위 없이 좋은 관계에서도 때때로 싸움이 있고, 친밀함에 대해 좌절을 느끼는 경우 도 있다는 사실을 받아들이고 나서 성숙해졌던 것처럼, 권태 역시 두 사람이 함께 늙어 가는 관계에서 피할 수 없는 것이고, 혹은 처음 6개월이 지나고 나면 어떤 관계에서나 느낄 수밖에 없는 것임을 받아 들여야 한다. 그리고 나는 이혼한 커플 중에 어느 한쪽이라도, 함께 늙어 권태로워 보이기는 하지만 결혼 생활을 유지하고 있는 커플을 부러워하지 않는 사람을 본 적이 없다. 적어도 그들은 서로를 미워하지는 않는다. 적어도 그들의 관계는 유지되고 있다. 최소한 그들은 역사를 공유하고 있는 것이다.

여전히, 당신은 어딘가에서 선을 그어야 한다. 차라리 혼자 있는 것이 매력적으로 보일 정도의 냉랭함이나 공허한 권태가 있다. 바로 이 문제와 씨름하던 사람들과 함께 한 내 경험을 근거로 아래의 질문을 내 놓는다.

당신과 파트너, 둘만의 관계에서 함께하는 재미가 있는가?

이 질문은 두 사람이 함께 하는 매 순간 즐길 수 있는 굉장한 재미가 있는지를 묻는 것이 아니다. 얼마나 자주 재미를 느끼느냐를 묻는 것도 아니다. 두 사람이 함께 즐기는 것이 얼마나 재미있는지를 묻는 것도 아니다. 그 보다는 당신과 파트너가 기분이 내킬 때, 어떻게든 서로를 자극하고 흥미를 느끼게 해서 재미있는 경험을 함께 할 수 있느냐는 것이다.

격무에 시달려 너무 피곤하기 때문에 집에서 두 사람이 함께 멍청히 앉아서 TV를 보는 것이 현실일지라도, 서로의 말 한마디에 두 사람 모두가 웃고 농담하고 시시덕거릴 수 있다는 환상이나 믿음을 가지고 있느냐는 것이다. 또는 밖으로 외출해서 즐거운 시간을 가질 수 있느냐는 것이다.

이런 일이 자주 있는 것이라고 느끼지는 않을 줄 안다. 하지만 당신은 상황이 괜찮으면 그럴 가능성이 있다고 느끼는가가 중요하다. 관계를 유지하고 있는 사람들은 권태와 말다툼에 대해 불평한다. 하지만 여기 진단이 있다.

당신과 파트너가 함께 재미를 느낄 수 있는 가능성이 전혀 없고, 앞으로 노력해도 남은 생에 두 사람이 다시 함께 즐거움을 느낄 수 있으리라는 희망이 없다고 느껴진다면, 그런 상황에 있었던 대부분의 사람들이 관계를 끝냈을 때 행복했고, 관계를 유지한 사람들은 불행하게 느꼈다는 것을 명심하라. 하지만 당신들 사이에 재미를 느낄 가능성이 충분히 살아있을 때는, 그것은 당신들의 관계가 끝내기엔 너무 괜찮은 관계라는 신호다.

재미는 사랑의 접착제다.

재미있게 지낸다는 것이 무슨 뜻인지를 설명하고 넘어가겠다. 물론 그 의미는 당신에게 재미있는 것이어야 한다는 뜻이다. 당신이 기준이다. 베란다에 앉아 이웃 사람들이 살아가는 소소한 이야기를 하는 것이 재미있다면, 그것이 당신의 재미이다. 당신들 옆구리에 상처가 날 때까지 서로를 간질이는 것이 재미있다면, 그것이 당신의 재미이다. 국가 예산 집행의 우선순위를 두고 길고 복잡한 토론을 하는 것이 재미있다면, 그것이 당신의 즐거움이다. 파트너와의 섹스가 재미있다면 그것이 당신의 재미이다.

그리고 사람들마다 어떤 것을 재미있어하는 지에 대한 생각이 다를 뿐만 아니라 재미를 원하는 정도도 다르다. 어떤 사람들은 하루에 세 번씩 거칠고 이국적인 섹스를 하는 것을 원하는데, 다른 사람들은 가끔 한 번씩 섹스하기를 원하는 것처럼, 어떤 사람들은 다른 사람들이 심심하다고 여길 정도의 정도와 횟수에도 만족한다. 예를 들어 내 생각에 나는 재미있는 것을 좋아하는 사람이고, 다른 치료사들에 비해서도 분명히 그렇다고 생각하는데, 딸들은 내가 전혀 재미있는 사람이 아니라고 생각한다.

그러니 당신이 기준을 잡으라. 나는 다만 당신이 관계에서 재미를 느낄 가능성이 더 이상 없을 때 관계를 끝내는 것이 나을 거라고 이해할 수 있기를 바라고, 마찬가지로 아직도 쉽사리 즐길 수 있는 재미가 있다면 당신의 관계를 유지하는 것이 좋으리라는 것을 인정하길 바랄 뿐이다.

___ 친밀함과 재미

관계에서 기본적인 만족을 이끌어 내는 핵심요소로 재미라는 것이 얼마나 중요한지 알고 싶다면, 가까이 느낄 수 없기 때문에 관계를 끝낸 사람들이 행복했다고 말한 적이 없음을 주목하라. 친밀감이 중요하기는 하지만 시간이 흐르고 나이가 들어가면서 파트너 사이에 아주 특별한 친밀감이 없어도, 관계는 충분히 만족스러울 수 있다. 그들은 좀 더 가까워지기를 바랄 수도 있지만, 그들이 친밀하게 느끼지 못한다고 해서 관계를 떠났을 때 행복할 수 있다는 보장은 없다.

그러나 일정 수준의 친밀함이 유지되는 것 보다는 특별한 방법으로 재미를 느낄 수 있는 것이 더 롱런할 수 있다. 이야기를 이렇게 정리해 보자. 서로를 가깝게 느끼지만 재미있게 지낼 수 있는 가능성이 모두 사라진 사람들은, 충분히 가깝지는 않지만 여전히 함께 할 수 있는 재미거리가 남아있는 사람들에 비해, 훨씬 더 불행하고 그들의 관계를 끝낼 때 더 많은 만족을 느꼈다. 어떤 종류의 재미이든, 재미는 '친밀함의 오르가즘'이다.

18

운명공동체라는 느낌

.
.
.
.

"내 사랑은 당신 뿐이야"

35단계 우리는 미래에 대한 꿈을 공유하는가?

초등학교 시절을 회상해 보자. 친구들 중 하나가 당신이 누군가를 좋아하는 것 같다고 생각하면, 친구들은 그 즉시 이런 노래로 당신을 놀린다.

존과 메리는 한 나무에 앉아John and Mary, sitting in a tree,

뽀뽀를 하지K-I-S-S-I-N-G.

처음 사랑이 오고, 이어서 결혼이 오고First comes love, then comes marriage,

그 다음에 메리는 유모차를 밀고 온다네Then comes Mary with a baby carriage.

이제 질문에 답해 보라. 왜 '한 나무에 앉아'인가? 사랑에 빠지면 어째서 두 사람이 한 나무에 앉게 되는가? 왜냐하면 당신이 나무에서 떨어 질 수 있기 때문이다. 그러면 사랑에서도 떨어지게 된다. 그것은 사랑의 영원한 신비이다. 어떻게 당신이 사랑에 빠져들고, 다시 사랑에서 벗어날 수 있을까?

그리고 끔찍하게 좌절되는 얘기지만, 열정의 힘(당신이 사랑 때문에 올라가 앉을 수 있었던 나무의 높이를 말해야 할까?)은 사랑으로부터 떨어져 나오는 것을 막지 못한다. 열정이 거의 없거나 아주 큰 열정을 갖거나 마찬가지다. 당신은 땅위에 내동댕이쳐질 뿐이다.

물론 사랑을 해서 결혼을 하고 유모차를 밀게 되기 전까지는, 나무에 딱 매달려서 혹시라도 나무에서 떨어질까 매순간 걱정할 필요는 없다. 그때까지 당신은 그렇게 되지 않으려고 어떤 식으로든 보호받으려 할 것이다. 때때로 당신의 관계가 계속 유지하기 곤란하다고 느껴, 그만 관계를 끝낼까를 고민하는 상황에선 특히 그런 보호를 받고 싶을 것이다. 사랑의 나무 위에 앉아 있는데 당신을 받쳐 줄 것이 아무것도 없다면 어떻게 될까? 사랑 자체가 흔들리는 것처럼 보일 때, 당신을 받쳐줄 다른 무엇이 있을까?

어떤 사람에게는 이런 보호장치와 같은 것이 존재하고 있으며, 당신도 그것을 알 필요가 있다. 어떤 사람들은 사랑 그 자체보다 강력하게 사랑의 나무에 두 사람을 묶어 주는 초강력 접착제 같은 것이 있다. 이것은 사람 사람마다 아주 다르다. 당신들이 이런 것을 갖고 있는지(그런 것이 없다고 해서 나쁘다는 뜻은 아니다)를 알고 싶다면 스스로에게 아래 질문을 해보라.

질문 35

당신들은 일생 동안 함께 추구할 목표나 꿈을 공유하고 있는가?

질문에 답하기 전에 질문의 취지에 맞는 응답 몇 가지를 예로 들어 보겠다.

- 한 커플에게는 가벼운 정신지체와 신체장애를 가진 그들의 아이를 돌보고, 가르치고, 살아나갈 수 있도록 키우는 것이 공동의 프로젝트다.
- 다른 커플은 공동체와의 긴밀한 관계 속에, 전원에 자기 집을 짓고, 먹거리를 스스로 일구고, 땀 흘려 일하면서 살아가는 비전을 공유하고 있다.
- 다른 커플에게는 두 사람 모두 파도타기 선수가 되는 것이 꿈이다. 생활을 위해 벌이가 되는 일을 하는 것도 중요하지만, 최고로 멋진 해변에서 최고의 파도를 탈 수 있을 때는 언제든지 두 사람이 함께 바다를 향해 떠날 수 있는 것이 무엇보다 중요하다.
- 다른 커플에게는 보수적인 목표가 있다. 다시 기독교인으로 태어나서, 매일 기도하고, 교회 활동을 열심히 하고, 자녀들을 집에서 가르치고, 열심히 정치 활동을 해서 그들의 가치관이 반영되는 나라를 만드는 것이 공동의 목표이다.
- 다른 커플에게는 함께 예술가가 되는 것이 꿈이다. 한 사람이 전업으로 그림에 전념하면 다른 사람은 교습을 통해 생계를 책임진다. 번갈아 서로를 지원하고 계속해서 서로 자극한다.
- 또 다른 커플은 정원이 그들의 공동 목표다. 다른 사람들처럼 집을 관리하는 것과 함께 정원을 가꾸는 정도가 아니다. 이들의 목표는 자기들이 사는 지역에서 가장 유명한 정원을 만드는 것이다.
- 또 다른 커플은 함께 증권 투자를 위한 포트폴리오를 만든다. 이들의 목표는 가능한 한 빨리 큰돈을 벌어서, 더 이상 돈벌이를 위한 일을 하지 않고 자기들만의 인생을 즐기는 것이다.
- 정치인으로 성공하는 것이 공동의 꿈이고 과업인 커플도 있다.
- 또 다른 커플은 컴퓨터 소프트웨어 회사를 만드는 것이 꿈이다. 틈새시장에

서 함께 곤란을 이겨내고 전국적으로 강한 기업을 만들고 싶어 한다.

고상한 비전일 필요도 없고, 다른 사람이 공감할 수 있는 비전이어야 할 이유도 없다. 커플이 관계를 이룬다는 것이 그냥 함께 사는 관계 이상의 것이어야 한다는 것을 말하고 싶은 것이다. 서로를 진정으로 사랑하던 헐리우드의 커플들이 파국을 맞는 이유 중 하나가 각자 독립적인 성공 이력을 원하는 것이다. 물론 개인적 성공이 나쁜 것은 아니지만, 그들에겐 공유할 비전이 없는 것이다.

동시에 나는 공유하는 꿈과 목표가 뭔가 특별한 것이어야 한다는 인상을 주고 싶지 않다. 많은 사람들에게 꿈은 다만 자기 집을 갖고, 가족을 이루고, 친구들을 만들고, 은퇴 후의 삶을 즐길 만큼의 저축을 하는 것일 수 있다. 문제는 꿈이 얼마나 특별한 것이냐가 아니라 그 꿈이 두 사람을 한데 묶어 줄 수 있는 힘이 있느냐는 것이다.

이런 초강력 접착제를 가진 커플들도 다른 커플과 마찬가지로 곤경에 빠진다. 그들은 서로에게 상처를 주고 서로에 대해 실망하기도 한다. 그들도 다른 사람이나 마찬가지로 의사소통에 문제가 있을 수 있고, 자신들의 성격상 결점 때문에 상대에게 피해를 주기도 한다. 오히려 그들은 공동의 비전을 추구하다가 맞닥뜨리는 장애 때문에 서로를 비난하거나 의기소침해 하는 것 같이, 다른 커플들에게는 생소한 문제 때문에 괴로움을 겪을 수도 있다. 그리고 그들은 다른 사람들과 마찬가지로 관계에 대한 양가감정에 시달릴 수도 있다.

그러나 공유하고 있는 비전이 있다면 계속 함께 갈 수 있고, 다른 관계에선 찾아볼 수 없는 강인함과 집중력이 있는 관계를 유지할 수 있다. 이제 진단을 살펴보자.

진단 35

당신과 당신 파트너가 미래에 대한 목표나 꿈을 공유한다면, 당신의 생활을 그 목표나 꿈을 중심으로 구성할 수 있고 다른 무엇보다 그 목표에 대해 신경을 쓸 수 있다면, 그리고 두 사람이 어떤 식으로든 함께 노력하면서 만족감뿐만 아니라 의미까지 느낄 수 있다면, 당신들처럼 의미 있는 일을 함께 추구하는 상황에 있었던 사람들 대부분은 당신들의 관계가 끝내기엔 아까운 관계임을 보여 주었다. 열정을 함께 나누면 인생을 함께하기가 쉽다.

—— 함께하는 일이 굉장한 일일 필요는 없다

함께 사는 특별한 이유가 있다고 느끼는 사람들에 대해 꼭 짚어주고 싶은 것이 있다. 내가 여기에 소개한 사례들에 있는 것처럼, 당신이 파트너와 공유하고 있는 어떤 프로젝트나 활동을 지적할 수 있다면 당신들 관계 유지에 도움이 될 것이다. 하지만 목표나 꿈을 공유하는 것이 절대적으로 필요한 것은 아니다. 무엇이 됐든 당신들이 왜 함께 하는지에 대한 이유가 되기만 하면 된다.

어떤 커플은 둘 사이에 존재하는 특별한 일치감을 함께 하는 이유로 든다. 당신이 두려움을 느끼는 특별한 방식이 있고, 당신 파트너가 두려움을 느끼는 특별한 방식이 있을 수 있다. 그리고 두 사람이 완벽하게 같은 방식으로 두려움을 느낄 수도 있는데, 그러면 당신은 함께 괴로워할 수 있는 다른 사람과 함께 있는 것이다. 함께 하는 이유가 밤늦게까지 깨어있는 것을 좋아하는 것처럼 단순한 것일 수도 있다. 사회적 우상이나 잘난 체 하는 사람들을 비판하고 뭉개는 것과 같이 부정적이고, 냉소적인 지성을 공유하는 것이 함께 하는 이유가 될 수도 있다. 한 사람은 방법론에 강하고 다른 사람은 창조적이어서 서로를 보완하여 능력을 높여주기 때문에 함께 한다는 다소 기묘해 보이는 이유도 있을 수 있다.

마음속 깊이 진지하게 느끼기만 한다면, 당신들이 운명적으로 함께 묶여 있다는 신비감 같은 것도 이유가 될 수 있다. 함께 묶여 있다는 말은 당신들이 우연히 만났던 그 때 만나지 못했더라도, 필연적으로 다른 방식으로라도 만날 수밖에 없었으리라고 믿는다는 것이다.

그리고 당신이 이런 이유 중 어느 것도 댈 수가 없다면 어찌해야 할까? 당신이 질문 35에 '아니오'라고 대답할 수밖에 없다면 어떻게 해야 할까? 걱정할 것이 없다. 초강력 접착제의 도움 없이 사랑의 나무 위에 올라가 있는 사람들도 다른 사람 누구 못지않게 행복할 수 있다. 공통의 꿈이나 목표를 갖고 있는 커플이 그렇지 않은 커플보다 실제로 더 행복한 것은 아니다. 당신들이 서로 사랑하고 서로를 좋아하고 서로를 즐긴다면, 공동의 목표니 뭐니 하는 다른 것이 무슨 소용 있을까?

관계를 의심스럽게 생각하는 사람이 특별한 소속감을 느끼고 있다면, 그것이 바로 관계를 끝내기 아쉽다는 강력한 증거일 수 있다. 하지만 그런 소속감이 없더라도 관계는 여전히 끝내기 아까울 정도로 좋은 상태일 수 있다.

36단계 ▶ 마지막 한 걸음

우리 과정도 거의 끝나가고 있다. 이제까지 당신은 사람들로부터 내가 배운 것들 중, 관계를 끝낼 것이냐 유지할 것이냐의 결정에 초점을 맞춰 선별한, 중요하고 특별한 주제들을 모두 살펴보았다. 우리가 도달한 이 마지막 단계에 실질적인 문제는 전혀 없다. 그냥 질문일 뿐이다. 스스로에게 자문할 필요가 있는 중요한 질문이자 마지막 질문이다.

질문 36

관계와 관련된 모든 문제들이 오늘 마술처럼 모두 해소된다고 가정한다면, 당신은 여전히 관계를 유지해야 할지 끝내야 할지에 대해 양가감정을 느낄까, 아니면 그렇지 않을까?

아직까지 분명한 확신을 얻지 못했다면, 이 질문에 대한 진실한 답이 어떤 것일지 만 생각해 보라. 당신은 이미 관계를 유지하거나 끝낸 사람들을 행복하게 만든 중요한 요인을 가리키는 서른다섯 개의 진단을 읽었다. 그 질문들에 대한 당신의 답은, 떠나서 행복했고, 머물렀을 때 불행했던 일반적인 사람들이 갖고 있었던 문제 중 아무것도 당신에게 해당되지 않음을 보여주었다. 그러니 만약 질문 36에 대한 당신의 답이 '그렇다'라면 그건 다른 사람들의 관계를 파괴했던 문제가 전혀 없어도 당신은 여전히 당신의 관계에 대해 회의적이라는 것을 뜻한다. 그리고 그것은 아주 중요하다.

진단 36

아무런 문제가 없는데도 당신이 관계 유지를 원하는지 아닌지 모르겠다면, 그건 파트너나 관계에 대해 심각한 불안을 느끼고 있다는 표시다. 이런 식으로 느끼는 사람은 관계를 끝내야 행복하고, 관계를 유지하면 불행하다.

잘못된 것이 하나도 없는데도 관계 유지를 원하는지 아닌지를 모르겠다는 것은, 당신이 관계 유지를 원하지 않는다는 뜻이다.

분명한 '그렇다'는 관계의 지속이 곤란할 만큼 나쁘다는 뜻이다. 당신의 답이 '아니다'라면, 다시 말해 당신이 "아니야, 내 관계의 모든 문제가 해결된다면 나는 관계를 지속하고 싶어."라고 말한다면, 당신의 관계는 끝내기에는 아까운, 좋은 관계라는 뜻이다.

그렇다. 이 질문에 대한 당신의 답은 '그렇다' 아니면 '아니다'이다. 어느 쪽이든 당신은 이제까지 추구해 온 분명한 확신을 발견한 것이다.

___ 길고 고된 여행 끝에 찾은 진실

마침내 우리는 끝까지 왔다. 일종의 여행과 같았고, 우리는 함께 해왔다. 또한 확신하건데, 감동적인 여행이었을 것이다. 처음에 당신은 불확실한 관계를 어떻게 할지 결정할 수 없어서 그 문제에 붙들려 있었다. 당신은 관계를 끝내야 할지 유지해야 할지를 분명하게 보여주는 증거를 찾아내고 싶어 했다. 그리고 이제 확실한 증거를 발견했을 것이다. 질문 대한 당신의 답변에 따라, 어떤 진단은 당신이 그 관계를 끝내고 떠나는 것이 가장 행복한 길이라고 했을 수도 있다. 왜냐하면 당신과 같은 답을 한 사람 대부분이 관계를 끝내고 행복해 했으니까.

이 책의 어딘가에서 그런 결과가 있었다면, 당신은 진실을 발견한 것이다. 그 진실이란 당신의 관계가 머물러 있기 어려울 정도로 나쁜 관계란 사실을 알려주는 것이다. 진실은 당신이 원하기만 한다면 언제나 이 책속에서 찾을 수 있을 것이다. 아주 단호하게 말하고 다음과 같이 말하고 싶다.

당신과 같은 답을 한 사람들 대부분이

관계를 떠나서 행복했고

관계에 머물렀을 때 불행했다고 말하는 한,

당신의 관계는 계속 유지하기 어려울 정도로 나쁜 관계가 틀림없다.

이런 경우라면 당신에겐 더 이상의 물어볼 필요도 없다. 나아갈 길을 제시할 수 없는 또 다른 질문들은 나아갈 길을 제시해주는 질문에 대한 답변을 바꿀 수 없다는 사실 때문이다. 분명한 부정적 사실 하나가 당신이 원하는 모든 것이며, 다른 사실이 의미하는 것은 전혀 중요하지 않다. 이러한 방식이 혼란과 양가감정을 끝낼 수 있는 진단적 작업인 것이다.

이와 반대로 당신의 관계가 끝내기에 아까울 정도로 좋은 관계인지를 분명하게 알려주는 무엇인가? 답은 이렇다.

계속 유지하기 어려울 정도로 나쁜 관계라고 지적하는 진단이 없다면,

당신의 관계는 끝내기 아까울 만큼 좋은 관계가 틀림없다.

이렇게 간단명료하다. 만약 어떤 질문에 대한 답변이, 당신과 같은 상황에 있던 사람들 대부분이 관계를 유지하고 머물렀을 때 행복했고, 관계를 떠났을 때 불행했다고 말한다면 안심해도 좋다. 그것은 당신의 관계에 특별한 강점이 있다는 신호이며, 관계를 끝내기에는 너무 아까울 정도로 좋다는 강력한 확신임에 틀림이 없다는 것이다. 달리 더 확인할 필요가 없다. 빠져나가라는 신호가 없다면 그건 확실히 머물라는 의미다. 일단 마음을 다잡기만 하면, 원하는 것을 얻고 만족감을 느낄 수 있다.

새롭게 얻게 된 이 분명함이 조금은 감정적이고 또 약간은 아슬아슬하다고

생각할 수도 있다. 어떤 사람들에게는 시간을 두고서야 서서히 이해될 수도 있다. 필요하다면 책으로 돌아가서 모든 질문에 대한 당신의 답이 여전한지를 다시 확인해 봐도 좋다. 발견한 것을 받아들일 수 있을 때까지 충분한 시간을 두어야 한다.

당신이 찾은 분명한 결론이 머물라고 하든 떠나라고 하든, 이 책은 여기서 끝나지 않는다. 잠시 앞으로 일어날 일에 대해 이야기하고자 한다.

19

다음 단계

좋다. 당신은 찾던 것을 발견했다. 관계를 유지해야 행복할지 끝내야 행복할지를 이해하게 되었다. 어느 쪽이든 당신에겐 새로운 인생이 시작될 것이다. 분명한 결론의 좋은 점이 바로 그것이다. 분명한 결론으로 인해 당신은 갈팡질팡 어쩔 줄 몰라 하는 일 없이, 남은 삶을 즐겁게 살아갈 수 있다. 분명한 결론의 감정적 측면에 대한 이해를 돕기 위해 몇 가지만 더 이야기하기로 한다.

___ 머물기에 너무 힘겨운 관계라면

소중했던 사람에게 작별 인사를 하기는 너무 고통스럽다. 그렇지만 옳은 결정을할 때는, 앞으로 좋은 일이 있을 거라는 확실한 느낌이 오게 마련이다.

당신이 꼭 해야만 했던 일에 최선을 다했음을 알아야 한다. 단지 관계를 구성하는 재료들이 당신이 누릴 수 있는 행복을 만들 정도로 충분치 않았을 뿐이다. 비옥한 땅에 씨를 뿌렸을 경우에만 실패했다고 말할 수 있다. 씨를 뿌린 곳이 바위 위라면, 씨앗이 자라지 못한 것은 바위 때문이지 당신 때문이 아니라는 뜻이다. 물론 그 바위가 당신 파트너란 얘기는 아니다. 당신과 파트너는 단지 서로에게 어울리지 않았을 뿐이었을 수도 있다.

이제 관계가 끝났다는 것을 인정함에 따라 많은 감정이 떠오를 것이다. 그 중에는 슬픔의 느낌도 있다. 물론 당신은 모든 감정을 느낄 자격이 있다. 하지만 일어나는 감정이 의미하는 바를 이해하는 것이 중요하다. 그리고 당신이 몇 달 혹은 몇 년을 낭비하면서 얻어낸 명제는 "나는 분명한 것을 원할 뿐이다"였다. 그런데 결국 관계를 끝내는 것이 옳다는 분명한 결론을 얻은 지금, 슬픔을 주체할 수 없다는 것이 무슨 뜻인가? 당신이 알아야 할 것 중 가장 중요한 것은 슬픔이 느껴진다고 해서, 발견한 진실이 당신의 진실이 아님을 뜻하는 것은 아니라는 점이다. 당신이 관계를 떠나는 것이 최선이라면, 떠난다는 생각으로 슬퍼진다고 해서 바뀔 것은 없다. 슬픔은 당신이 머물러야 할지 떠나야 할지의 결정에 별 새로운 정보가 되지 않는다. 단지, 상실에 대한 자연스런 반응일 뿐이다.

그러니 슬픔을 느끼면 느끼는 대로 놔두는 것이 좋다. 다만 그 때문에 오랜 동안 당신을 그렇게 어렵게 만들었던 관계에 대한 양가감정에 다시 빠져들지 않도록 해야 한다. 관계를 끝내는 것이 최선이란 결정을 마음에 분명히 굳힌 상태에서, 슬픔이 스러질 때까지 기다리도록 하라.

아주 많은 감정을 느끼게 될 것이다. 죄의식, 해방감, 분노, 희망, 절망, 기쁨 등. 하지만 어떤 감정을 느끼든 그렇게 느끼는 것이 정상이고 자연스러운 일이라고 생각하라. 당신에게 필요한 지원을 얻을 수 있음을 확신하라. 느낌이 분명한 결론을 절대로 손상시키지 못하게 하라.

그 다음엔 어찌될까? 틀림없이 당신의 마음속에는 미래에 대한 희망과 두려움이 공존할 것이다. 희망은 기운을 북돋는 중요한 자원이다. 아마 모든 아픔과 어려움에 대해 작별을 고하고 싶을 것이다. 그리고 새로운 삶에서 발견될 새로운 기회를 기대할 것이다. 그리고 당신은 이러한 희망을 가질 자격이 있다.

그러나 당신도 사람이니 앞날이 불안할 것이다. 파트너에게 관계를 끝내고 싶다고 말하면 무슨 일이 생길지 걱정된다. '쿨하게' 이별하고 싶은데 골치 아프게 질질 끌게 될까봐 신경이 쓰일 수도 있다. 새롭게 출발하는 인생에 무엇이 기다리고 있을지 몰라 불안할지도 모른다.

이 모든 걱정에 대해 당신과 같은 과정을 거쳐 간 사람들이 무슨 말을 했는지 들어 볼 필요가 있다. 그들 대부분의 이렇게 말한다. 관계를 끝내는 과정은 어렵지만 그럴만한 가치가 있고, 침착하게 생각하기만 하면 최악의 상황 같은 것 없이 처리할 수 있다. 그러니 두려워할 것이 없다.

___ 당신에게 찾아올 좋은 미래를 생각하라

좋은 시절이 올 것을 기대하라. 기억하라, 당신에게 탈출을 권했던 진단은 당신과 같은 답을 한 사람들 대부분이 관계를 끝냈을 때 행복했고, 관계에 머물렀을 때는 불행했다고 말했다. 이 말을 최대한 중요하게 느끼길 바란다. 관계를 끝내고 떠나는 것이 어렵겠지만, 당신은 진실을 보았으니, 그 진실에 따라 살기만 하면 행복할 것이 틀림없다.

물론 인생이란 것이 보증할 수 있는 것이 아니다. 그런 보증을 하기에 인간이란 존재가 너무 복잡하다. 하지만 당신과 같은 상황에 있던 사람들 대부분이 행복했으니, 당신도 행복해질 수 있다고 기대하는 것이 당연하지 않은가?

그리고 바로 새로운 사람과의 관계에 들어가든, 당분간 독립된 생활을 하든, 행복할 것이라고 기대하는 것이 좋다. 대부분의 사람들은 어느 시점에선가 자기와 맞는 사람과 사랑하게 될 것을 기대한다. 하지만 이 순간에 진실은 파트너와 관계를 계속 유지하기 보다는 혼자 사는 것이 행복하다는 것이다.

당신 앞에 놓인 인생이 모험으로 가득할 것이란 사실은 말할 필요조차 없다. 새로운 인생을 생각할 때 느끼는 흥분과 기대는 나조차 상상하기 어렵다. 그 문제를 확신하기 어려우면, 당신이 지금 헤쳐나아가고 있는 상황을 예전에 경험한 사람들이 하는 말을 잘 들어 보라. 같은 내용이 계속해서 반복된다.

- "내가 할 수 있을 줄은 몰랐었지요. 그렇지만 이전의 내 처지나 그때 상상했던 처지보다 훨씬 나은 상태에 있습니다."
- "어려운 일이었어요. 하지만 내가 소중히 여기던 사람이나 일들과의 관계를 계속하려 애썼고, 그렇게 할 수 있었다는 것이 기뻐요."
- "나 자신에 대해 얼마나 많은 것을 배웠는지 그리고 자신을 위해 얼마나 많은 새로운 일을 했는지 믿어지지 않을 정도예요."

이런 것들이 모험이 아니라면 달리 무엇을 모험이라 하겠는가? 행운을 빌며 또 축하를 보낸다. 이제 당신은 마침내 관계에서 자신을 해방시킬 수 있게 되었다. 고통과 혼란으로부터 풀려났으며, 최소한 새롭고 더 나은 인생을 꾸려갈 자유를 찾은 것이다.

___ 떠나기에 너무 괜찮은 관계라면

관계를 유지하는 것이 행복을 위한 최선의 길임을 알게 된 사람은 복합적인 감정을 느낀다. 어떤 면에서는 떠날까 고민했던 관계에 다시 한 번 헌신해야 함을 의미한다. 당신의 관계가, 유지하는 것이 더 나은 관계라는 말을 듣고 굉장한 안도감을 느꼈을 수 있다. 하지만 또한 이럴까 저럴까를 고민했을 만큼 만족스럽지 않은 것이 분명했던 관계를 다시 안정해야 한다는 생각에 두려울 수도 있다.

그러니 당신이 관계에 머물러야 한다는 생각에 겁먹고 움츠려든다 해도 전혀 이상할 것이 없다. 이런 느낌을 이해하는 것이 중요하다. 그런 느낌이 든다는 것이, 관계에 머물러서 가장 행복할 수 있다는 결론을 발견한 것 자체가 실수라는 신호는 아니다. 누구라도 어려운 일에 직면하면 있을 수 있는 자연스런 반응이다. 양가감정으로 인해 관계에서의 문제를 회피하려고 했음을 인정해야하는 것은 당신의 몫이다. 양가감정을 암암리에 매력 있게 만든 이유 중의 하나가 바로 그것이다. 양가감정을 핑계로 문제를 다뤄야 하는 곤경에서 벗어날 수 있었던 것이다.

하지만 이 모든 사실이 뜻하는 것은 당신의 일은 당신이 해야 한다는 것이다. 문제를 방치해 두고 저절로 좋아지길 기다리는 일이 더 이상은 불가능하다는 것을 인정해야 한다. 당신을 위한 관계이며, 인생의 다른 모든 일들과 마찬가지로, 노력한 만큼 대가가 돌아온다는 것을 명심해야 한다.

관계를 위해서 노력해야 한다는 것을 진정으로 납득해야 한다. 관계를 유지하라는 진단은, 당신처럼 행동한 사람들 대부분이 관계를 떠나서가 아니라 관계에 머물렀을 때 행복했다는 것을 말하는 것이다. 그러니 당신은 머물렀을 때 행복할 것이다. 인생에서 완벽한 보증이란 있을 수 없는 법이지만, 당신이 관계를 유지할 때 더 행복하리라는 것만은 내가 장담할 수 있다.

그동안 당신을 괴롭혔던 양가감정에 작별을 고하고 보면, 당신의 관계가 생각했던 것 보다 빠르게 개선되는 것을 알게 될 것이다. 이제 당신의 에너지는 전혀 다른 방향으로 작용한다. 당신의 에너지는 더 이상 머물러야 할지 떠나야 할지를 고민하는 데 낭비되지 않는다. 그런 식으로 고민하는 것은 마치 어질러진 집에 살면서 치우고 정리할 생각은 않고, 완전히 새로운 집을 찾는데 모든 시간과 에너지를 쓰는 것과 같다. 이제 당신의 시간과 에너지를 집을 수리하고 가꾸는 데 쏟아 붓는 것을 상상해 보라. 꽤 빠른 시간 내에 살만한 곳이 될 것이다. 마찬 가지로 머물러야 할지 어쩔지를 생각하는 데 쓰던 모든 에너지를 당신의 관계를 개선하는 데 쓸 수 있게 된 것이다.

관계 개선에 시간과 에너지를 쓴다는 것이 실제로 무슨 뜻인가? 멋지고 현명 해지는 것이고 사랑이 충만한 상태가 되는 것이다. 사랑이란 측면은 복잡할 게 없다. 파트너를 상냥하게 대하는 것이다. 파트너가 해주었으면 하는 일을 당신 이 해주는 것이다. 스스로는 생각할 수 없지만 파트너가 원하는 일이 있다면, 찾 아내서 그것 역시 해준다. 그러면 된다.

물론 멋지고 현명해지는 것은 조금 더 어렵다. 당신이 관계를 의심스러워했다 는 것은 다른 관계들처럼 많은 문제가 있는 것은 아니더라도 어느 정도는 문제 가 있었다는 뜻이다. 그러니 멋지고 현명해진다는 것은 그런 문제들에 초점을 맞춰서 해결 방법을 찾기 위해 노력하는 것을 뜻한다.

당신의 관계에 다시 헌신하게 된 것을 축하하고 행운을 빈다. 당신은 이제 의심 에서 벗어나고, 주저함에서 벗어나, 결국 당신의 사랑과 에너지를 관계에 쏟아 부 을 수 있게 되었고, 당신이 받아 마땅한 모든 것을 보답 받을 수 있게 되었다.

✤ 감사의 글

이 책은 진실과 사랑에 관한 것이다. 찰스 포스터 박사의 연구가 없었으면 불가능했을 것이다. 이 책의 내용 모두 포스터 박사와 공동으로 작업한 결과다. 박사의 연구와 통찰, 아이디어가 이 책에 가득하다. 우리는 모든 일에 완벽한 파트너였다. 포스터 박사로 인해 진실을 탐구하는 우리의 모든 노력은 '사랑'이라는 결실을 얻을 수 있었다.

책에 등장한 모든 이들에게 깊이 감사한다. 그들은 놀랄 만큼 개방적이고 협조적이었다. 그들로부터 배운 모든 것이 건물을 짓는 벽돌처럼 이 책을 이루는 근간이 되었다.

감사를 표하자니, 많은 사람들이 떠오른다. 이 작은 지면에 그들의 이름을 나열하는 것 이상으로 감사를 표할 수 있는 방법이 없으니, 빚을 진 느낌이다. 이 사람들은 내게 동료였고, 교사였으며, 영웅이었고, 친구였다. 그 사람들은 개인적으로나 직업적으로, 이곳 체스넛힐 혹은 다른 곳에서, 여러 해에 걸쳐 내게 특별한 가르침을 주었다. 그들은 내게 해준 일이 얼마나 가치 있는 것인지 생각도 않고 있겠지만, 그 일들이 이 책을 만드는 데 큰 역할을 하였다. 루이즈 베이트 에이미스, 셰이에 아르하트, 리사 반쿠프, 수잔 비켈하우프트, 루스 보크, 미하일

칙센트미하이, 알렉시아 도르진스키, 배리 딤, 도로시 퍼만, 로저 피셔, 베티 프리단, 다이아나 후스 그린, 제니퍼 핵, 제이 헤일리, 줄스 헨리, 캐슬린 헌팅턴, 알란 카프로우, 알프레드 카진, 마이클 커셴바움, 메리 조 코차키안, 랍비 해롤드 쿠시너, 에다 레샨, 리차드 마렉, 애미 민처, 살바도르 미누친, 낸시 모스카티요, 엘리 뉴버거, 모리 포비치, 신시아 로우, 이지 루드스키, 앤 루슬링, 킴 섀퍼, 지타 세레니, 마이론 샤라프, 주디스 실즈, 아이비 피셔 스톤, 리차드 스튜어트, 월터 왓슨, 폴 바츨라윅, 로사 웩슬러, 로버트 화이트, 엘리 위즐, 베스 윈십, 그리고 해롤드 지스킨트……. 모두에게 감사의 말을 전한다.

슬프게도 몇 사람은 세상을 떠나 내 감사의 말을 들을 수가 없다. 그래도 나는 그들에게 감사를 표해야겠다. 프레드 에이버리, 그레고리 베이트슨, 허버트 베르고프, 마틴 부버, 폴 굿맨, 월터 그린, 돈 잭슨, 펄 카치, 버지니아 사티어, 그리고 바세비스 싱어가 그들이다.

나의 대리인으로 호와드 모르하임 같은 명사를 만난 것은 정말이지 엄청난 행운이다. 나와 이 프로젝트에 대한 그의 신념과 재능이 없었더라면, 이 책은 세상에 나오기 어려웠을 것이다. 호와드 모르하임 씨에게 깊은 감사를 전하고 아울러 그의 조수인 케이트 헨게러에게도 감사를 표한다.

편집자인 데보라 브로디는 열의와 지성으로 나를 열광하게 만들었다. 이 책에 신경 써준 것을 감사하고, 이 책의 정보가 더 많은 사람들에게 전달될 수 있게 효과적이고 적절한 조치를 취해 준, 굉장한 능력에 대해 감사를 보낸다.

또한 이 책을 위해 노력했고, 기꺼이 도움을 주었던 펭귄 앤 더튼 출판사의 엄청나게 훌륭한 사람들에게도 감사하고 싶다. 그들 모두의 이름을 언급할 수는 없지만, 마빈 브라운, 주디 쿠르타드, 아놀드 돌린, 엘레니 코스터와 피터 메이어만큼은 꼭 거명하고 싶다. 줄리안느 바바토의 훌륭한 문장 편집에 감사를 전하고, 제니퍼 무어의 노고에도 감사한다. 마지막으로 나를 위해 예전부터 애써주었고 앞으로도 그렇게 할 리사 존슨의 역할이 얼마나 중요한지 잘 알고 있다는 걸 감사와 함께 알리고 싶다. 그리고 트레이스 게스트에게 특별한 감사를 전한다.

이전에 출판된 내 책의 독자들이 보내준 믿기 어려울 정도의 격려와 지지에 감사하고 싶다. 단지 내 책이 그들에게 얼마나 도움이 되었는지를 알리고 싶어 전화와 편지를 보내온 셀 수 없이 많은 사람들에게 특히 감사드린다.

366

마지막으로(마지막이 최소를 뜻하는 것은 아니다) 이 책을 쓰도록 권유한 나의 고객, 환자들에게 감사해야만 한다. 당신들의 이름을 드러낼 수 없지만, 당신들은 그게 당신 얘기인지를 알 것이다.

◇당신은 언제나 옳습니다. 그대의 삶을 응원합니다. ─ 라의눈 출판그룹

뜨겁게 사랑하거나
쿨하게 떠나거나

초판 1쇄 | 2007년 7월 11일
개정판 1쇄 | 2016년 10월 20일

지은이 | 미라 커센바움
옮긴이 | 장은재
발행인 | 설응도
발행처 | 라의눈

편집주간 | 안은주
편집장 | 김지현
편집팀장 | 최현숙
마케팅 | 최제환
경영지원 | 설효섭

출판등록 | 2014년 1월 13일(제2014-000011호)
주소 | 서울시 서초구 서초중앙로29길 26(반포동) 낙강빌딩 2층
전화 | 02-466-1283
팩스 | 02-466-1301
e-mail | eyeofrabooks@gmail.com

ISBN : 979-11-86039-66-3 03180

* 잘못 만들어진 책은 구입처나 본사에서 교환해 드립니다.
* 책값은 뒤표지에 있습니다.
* 라의눈에서는 독자 여러분의 소중한 아이디어와 원고 투고를 기다리고 있습니다.